# 名詞類の文法

福田嘉一郎・建石始 [編]

庵功雄・眞野美穂・坂本智香
建石始・山口治彦・高山善行
松瀬育子・塚本秀樹・福田嘉一郎
岩男考哲・金水敏・益岡隆志

くろしお出版

Studies on Grammatical Characteristics of Japanese Nominals

© Yoshiichiro FUKUDA and Hajime TATEISHI

First published 2016

All rights reserved. No part of this publication may be reproduced, stored in a retrieval system, or transmitted in any form or by any means, without the prior permission in writing of Kurosio Publishers.

Kurosio Publishers
3-21-10, Hongo, Bunkyo-ku, Tokyo 113-0033, Japan

ISBN 978-4-87424-717-4
printed in Japan

# 目　次

序 ..................................................................... iii

## 第 I 部　名詞句の構造

### 第 1 章
近代語から現代語における名詞修飾に関わる言語変化についての一考察
──1 項名詞に前接する限定詞を例に── 　　　　庵　功雄　　3

### 第 2 章
日本語同格名詞句についての一考察 　　　　眞野美穂　21
──固有名詞が含まれる場合──

### 第 3 章
［一つ＋の＋NP］と［NP＋の＋一つ］ 　　　　坂本智香　41
──名詞文の述語名詞句での用法に関する考察──

### 第 4 章
指示詞的用法を持つ名詞修飾表現研究 　　　　建石　始　61
──コーパスを使った「問題の」・「例の」・「あの」の分析──

## 第 II 部　名詞類の特殊相

### 第 5 章
直接引用しか許さない引用形式 　　　　山口治彦　81
──引用名詞類の日英対照研究──

### 第 6 章
準体句とモダリティの関係をめぐって 　　　　高山善行　105
──中古語の実態──

目　次

第 7 章
ネワール語における =gu kha: 文とノダ文　　　　　松瀬育子　121

第 8 章
敬語表現と名詞指向性　　　　　塚本秀樹　143
――日本語と朝鮮語の対照言語学的研究――

## 第Ⅲ部　名詞類の統語現象

第 9 章
主題に現れうる名詞の指示特性と名詞述語文の解釈　　　　　福田嘉一郎　167

第 10 章
引用形式を用いた提題文の主題名詞句と叙述の類型　　　　　岩男考哲　185
――「といえば，といったら，というと」を中心に――

第 11 章
「ウナギ文」再び　　　　　金水　敏　203
――日英語の違いに着目して――

第 12 章
叙述の類型と名詞文の構造　　　　　益岡隆志　215

あとがき　　　　　233
索　引　　　　　235
執筆者紹介　　　　　238

# 序

　日本語文法の研究は，1970年代以降，長足の進歩を遂げた。さまざまな文法カテゴリが発見され，それぞれについて多くのテーマが設定されてきた。しかしながら，名詞類の文法に関しては，未開拓の領域が大きく残されているように思われる。これは，日本語の名詞類に性，数，定／不定といった，他の諸言語に見られるような形態的あるいは統語的な特徴が乏しいことにもよるが，研究の観点や方法を新しくするなら，豊かな成果が期待できるともいえる。名詞類はアリストテレスの時代から，言語で世界を描き取るための最も基本的な語類ととらえられていた。本書は，日本語文法の解明に長く携わってきた研究者と，将来性に富む中堅・若手の研究者とが集い，名詞類の文法について，多様な側面から，新鮮な議論を展開するという趣旨で編まれたものである。

　本書は3部から成る。第Ⅰ部では名詞句の内部構造について論じる。日本語の名詞類に文法カテゴリは認められないとしても，名詞類の指示特性に関わる表現は日本語に存在する。そのような表現を含む名詞句の構造について，第Ⅰ部の各章は考察している。近年整備されてきた大規模コーパスの利用が目立つのも，この部の研究の特徴である。
　**第1章**では，限定詞「この」と「その」の，代行指示（「こ」「そ」の部分のみが先行詞と照応する用法）における選択の問題を，近代語から現代語にかけて名詞修飾の様相が変化した例として取り上げる。**第2章**では，日本語に生じる，固有名詞を含む同格名詞句（「我々 日本人」「○○さん 本人」「祖国 日本」「ヴィクトリア 英女王」等）を分析し，先行研究で指摘されて

いるよりも広い意味関係に同格が観察されることを指摘する。第3章では，「一つのNP（名詞句）」「NPの一つ」という形式が文の述語である場合（これは第III部の議論に通じる）の使用状況を整理し，両形式の使用を特徴づける要因を探る。第4章では，指示詞（限定詞）的用法の「問題の」「例の」がどのような名詞を修飾し，どのような文脈で用いられるかについて，「あの」の用法と併せて考察する。この章で扱う現象は従来ほとんど分析されてこなかった。

　第II部では特殊な名詞類について論じる。いわゆる普通名詞，固有名詞などの一般的な分類ではとらえられない文法的特徴を示す名詞類について，第II部の各章は考察している。この部の研究はすべて，対象を現代日本語に限らない対照言語研究，あるいは歴史的研究である。

　第5章では，O・イェスペルセンが観察を始めた引用名詞類を取り上げる。引用名詞類（"One *'I'm sorry for you!'* weighs more than ten *'I told you so's!'*"「あったらいいなをカタチにする」等）とは，言葉を具体的な発話でなく表現の名前と見なし，言葉を名詞として文の中に取り込むものであると規定したうえで，日本語と英語の引用名詞類の用法を対照する。第6章では，中古日本語を対象として，準体句（名詞節）におけるモダリティ形式（「べし」「む」「らむ」等）の実態を，準体句中の生起，後続要素（〈準体句＋〉「は」「φ」「を」等），主節の叙法との組合せについて記述・分析する。第7章では，ネワール語（シナ・チベット語族チベット・ビルマ語派）の '= gu kha:'（名詞化接辞とコピュラ動詞の文末における複合形）の用法と，日本語の「のだ」の用法とを対照する。その前提には，日本語のいわゆるノダ文を名詞述語文の一種とする考え方がある。第8章では，日本語と朝鮮語の敬語表現を対照し，日本語の敬語は朝鮮語の敬語と比べて名詞による表現をとりやすいと主張する。主張の根拠の一つは，日本語の「生産的接頭辞＋名詞」（接頭辞：「お」「ご」）と同じ型の敬語表現が朝鮮語には認められないことである。

　第III部では名詞類の統語的役割について論じる。日本語の文において特

徴的な名詞類の役割は，主題の基になることと述語になることであり，これらについて第III部の各章は考察している。統語的役割との関わりで名詞類の指示特性や同定性が問題となる場合は，第I部の議論に通じる。

　**第9章**では，日本語の文の主題(「……は」)に現れうる名詞の指示特性(特定／非特定，定／不定)を観察し，そこに認められる制約が名詞述語文の解釈とどのような関係にあるかについて考察する。その結果として，(ウナギ文を除く) 名詞述語文「NP$_1$ は NP$_2$ だ」の命題「[NP$_1$ が NP$_2$]」が単に「NP$_1$ = NP$_2$」という意味を表していることを示す。**第10章**では，引用形式に由来する「といえば」「といったら」「というと」が主題を提示する文について，それらが常に属性叙述文であること，また，3標識の用法は，文が主題名詞句の内在的属性を表すものか非内在的属性を表すものか，主題名詞句が (話者にとって) 同定可能か否かなどの観点から説明できるということを述べる。**第11章**では，日本語の名詞述語文の一種であるウナギ文を取り上げ，西山佑司氏の「ウナギ文＝措定文」説を基本的には受け入れつつ，新たに「英語のウナギ文」というべき現象を提示し，それに基づいて，ウナギ文に少なくとも3種類の構文が区別できることを指摘する。**第12章**では，名詞述語文(措定文)が属性叙述文を代表するとの見方に立って，主題を「カテゴリー化」する属性叙述文の構造を「あの人 (対象) ハ [職業 (領域〈部面〉) ガ作家だ (属性)]」または「あの人 (対象) ハ [顔 (領域〈部分〉) ガ [形 (領域〈部面〉) ガ卵型だ (属性)]]」と一般化する。さらに，日本語ではこの属性叙述文の構造が事象叙述文(動詞述語文に代表される)においても鋳型のように活用されると説明する。

　本書の一章を執筆している益岡隆志氏は，2016年3月をもって，神戸市外国語大学での36年半にわたる勤務を終えた。周知のように，益岡氏は現代日本語文法の研究者として，統語論を中心に，文法論の主要なテーマの大部分に関わるほど幅広く諸現象を取り扱い，また，諸言語のなかの日本語という観点から，文法研究にさまざまな新しいテーマや概念をもたらしてきた。それと同時に益岡氏は，日本語学から一般言語学への発信，文法学のより大

序

きな構想ということを常に意識し，既存の理論にとらわれることなく，三上章，寺村秀夫の系譜に連なる記述的・体系的研究を貫いてきた。まさに現代日本語学が隆盛に向かう時期に益岡氏は第一人者であり続けたといえ，その功績と，他の研究者に与えた影響は計り知れない。益岡氏の業績は，海外の日本語研究者にも広く知られている。

　詳しくはあとがきに譲るが，益岡氏は若い研究者たちとの勉強の場を持っていて，その研究者たちが，名詞類の文法をテーマとするパネルセッションやワークショップを，学会で精力的に行っていた。名詞類について論じたものは，名詞修飾節に関するものを除くと，益岡氏にさえこれまで多いとはいえない。編者らは，上の中堅・若手の研究成果を含む論集を編んで，益岡氏の退職記念に代えることを思い立った。そこで，当該のテーマに関わる業績を持つ庵功雄氏，高山善行氏，塚本秀樹氏，金水敏氏に趣旨を伝えて執筆を依頼し，快諾を得た。さらに，やはり益岡氏が主宰する上述とは別の研究会に属し，益岡氏とは職場も共にした山口治彦氏と福田が加わることとなって，本書の骨子が定まったのであった。この企画を採り上げ，刊行の実現へと導いてくれた，くろしお出版の関係諸氏に御礼申し上げる。

　益岡隆志氏の研究は，もちろん今後もますます発展してゆくものである。その一区切りを記念して，本書を益岡氏に献呈したい。

2016 年 8 月
編者　福田　嘉一郎

第Ⅰ部

# 名詞句の構造

# 第1章
# 近代語から現代語における名詞修飾に関わる言語変化についての一考察
1項名詞に前接する限定詞を例に

庵　功雄

## 1. はじめに

　動詞の研究に比べ，名詞の研究は大きく立ち後れている。筆者はこれまで，名詞についていくつかの考察を行ってきた (cf. 庵 1995a, 1999, 2007, Iori 2013) が，本章[1]では，近代語と現代語の相違という観点からこの問題について少し考えてみたい。

## 2. 2種類の名詞

　庵 (1995a, 2007)，Iori (2013) などで指摘してきているように，日本語の名詞は2種類に大別できる。
　次の例を考えてみよう。

（1）　先日，田中先生が学会の会場でその<u>著書</u>に目を通しておられた。
（2）　先日，田中先生が学会の会場でその<u>本</u>に目を通しておられた。

　（1）と（2）は下線部の名詞「著書」と「本」が異なるだけの最小対立対

---
[1] 本章は，2015年9月2日に国立国語研究所で行われた第8回コーパス日本語学ワークショップにおいて口頭発表した内容および庵 (2015) の内容に加筆修正したものである。

であるが，両者の間には次に挙げる三つの統語的／意味的な違いがある。

　第一の相違点は先行文脈の必要性である。すなわち，（1）は始発文においても使うことができるが，（2）ではこれが不可能である。これは次のような談話から証明できる。

（3）A： 先日，学会の会場で田中先生がその著書に目を通しておられたよ。
　　　$B_1$： ああそうですか。
　　　$B_2$： えっ，どの（著書）？
（4）A： 先日，学会の会場で田中先生がその本に目を通しておられたよ。
　　　$B_1$：#ああそうですか[2]。
　　　$B_2$： えっ，どの（本）？

　つまり，「その著書」を含む（3）はそれだけで充足できるので，何の疑問も誘発せずに($3B_1$)のように談話を閉じられる[3]。しかし，「その本」は先行文脈で言及されたものでなければならない（本章では現場指示の解釈は無視する）ので，先行文脈が存在しない始発文で（4A）が発せられた場合にはそれに対して($4B_1$)のように答えて談話を閉じることはできず，必ず($4B_2$)のような疑問が誘発される（(3A)に対しても($3B_2$)のように答えることは可能だが，（4）の場合とは異なり，これは義務的ではない）。

　第二の相違点は「この」との交換可能性である。

（5）　先日，学会の会場で田中先生が{その／*この}著書に目を通しておら

---

[2]　#は当該文脈で意図している解釈は不可能であることを表す。

[3]　ここで「談話を閉じることができる」というのはあくまで「統語的には」ということである。例えばｉAには欠如項はないので，この文に対してｉ$B_1$と答えて談話を閉じることは「統語的には」問題はない。ただし，通常は（Aが話題を提供しようとしていることに対する）語用論的な配慮からｉ$B_2$のように答えるのである。
　ｉ．A：昨日，私，映画を見たの。
　　　$B_1$：ああ，そう（ですか）。
　　　$B_2$：えっ，どんな？

れた[4]。

（6） 先日，生協で本を買って読んだ。{その／この}本は言語学の本でなかなか面白かった。

（5）の「その著書」は「この著書」に置き換えられないが，（6）の「その本」は（適切な文脈においては）「この本」と置き換えられる（両者の置き換え可能性については庵（2007, 2012），Iori（2015）などを参照されたい）。

第三の相違点は「その」の省略可能性である。

（7） 先日，田中先生が学会の会場で著書に目を通しておられた。
（8） 先日，田中先生が学会の会場で本に目を通しておられた。

（7）は（4）と同義で「著書」は必ず「田中先生の著書」を指すのに対し，（8）の「本」は決して「田中先生の本」を意味せず「不定」の本を表す。

以上の各点を図示すると次のようになる。

（表1） 名詞のタイプと限定詞

| | 「そのN」が始発文で使用可能 | 「その」が「この」と置換可能 | 「その」が省略可能 |
|---|---|---|---|
| 著書（代行指示） | ○ | × | ○ |
| 本（指定指示） | × | ○ | × |

代行指示と指定指示（詳細は第3節）に見られるこのような違いは，「著書」（タイプの名詞）と「本」（タイプの名詞）との構造的な違いに由来するものと考えられる。その違いとは，名詞が「項」を取るか否かということである。以下の例を考えていただきたい。

（9）A： 昨日久しぶりに著書を読んだよ。
　　 $B_1$：#ああそうですか。
　　 $B_2$： えっ，誰の／#どんな？[5]

---

[4]  *はその文がどのような文脈でも文法的に正しくない（＝非文法的である）ことを表す。

[5]  （9$B_2$）（10$B_2$）では「どんな」は使えない。一般に，始発文で1項名詞を含む文が発せら

(10) A ： 昨日街で作者を見かけたよ。
　　 $B_1$：#ああそうですか。
　　 $B_2$： えっ，何の／#どんな？
(11) A ： 昨日久しぶりに本を読んだよ。
　　 $B_1$： ああそうですか。
　　 $B_2$： えっ，誰の／何の／どんな？[6]
(12) A ： 昨日街で作家を見かけたよ。
　　 B ： ああそうですか。
(13) A ： 昨日読んだそうだよ。
　　 $B_1$：#ああそうですか。
　　 $B_2$： えっ，何を？

　聞き手に何の前提もない始発文で(9A)(10A)を発したとき，それに($9B_1$)($10B_1$)のように答えて談話を閉じることはできず，必ず($9B_2$)($10B_2$)のような疑問を誘発する。これは，始発文で(13A)を使うと，それに対して($13B_1$)のように答えて談話を閉じることはできず，必ず($13B_2$)のような疑問が誘発されるのと同様の現象であり，このことから「著書」や「作者」は各々「誰の」「何の」を「統語的」な「項」として取る[7]ことがわかる。

---

れたときそれは「どんな」を誘発しない。これは，「どんな」は名詞の属性を尋ねるものであり，属性を尋ねることは指示対象が確定している名詞に対してのみ可能である（したがって，($11B_2$)では「どんな」が誘発され得る）と考えることで説明できる。

[6] ($9B_2$)($11B_2$)では共に「誰の」が使われているが，前者の「誰の」が名詞の「項」であるのに対し，後者の「誰の」は i の「長髪の」と同様の「付加語(adjunct)」だと考えられる（($11B_2$)における「何の」も同様に付加語である）。
　i. A ： 昨日テレビ局で長髪の作家に会ったよ。
　　 B ： ああそうですか。
　ii. A ： 昨日テレビ局で長髪の作者に会ったよ。
　　 $B_1$：#ああそうですか。
　　 $B_2$： えっ，何の？
　ii からわかるように，一般に，1項名詞に付加語がついても，項は依然不足したままである。

[7] ただし i のような「総称文」や ii のような「所有」を表す文では「〜の」が必要でなく

以上のことから，次のように言える (cf. 庵 1995a, 2007, Iori 2013, 2015)。

(14) 「そうですかテスト」
AとBの対話の始発文で話し手Aが「φN$^8$」（Nは名詞）を含む文を発したとき，協調的な聞き手Bが「ああそうですか」（に相当する表現）で答えて談話を閉じられるとき，その名詞Nを「0項名詞 (zero-place noun)」と称し，そのように答えることができず，必ず「Xの？」（Xは疑問詞）という疑問を誘発するとき，そのNを「1項名詞 (one-place noun)」と称する。1項名詞は統語的に項を必須的に取るのに対し，0項名詞は項を必須的には取らない。

例えば，(15)(16)から「著書」は1項名詞であるのに対し，「本」は0項名詞であることがわかる[9]。

(15) A： 先日，田中先生が学会の会場で著書に目を通しておられたよ。
    B：?? ああそうですか。／えっ，誰の？
(16) A： 先日，田中先生が学会の会場で本に目を通しておられたよ。
    B：ok ああそうですか。／えっ，誰の？

1項名詞には次のようなものがある。なお，この場合の（　）内の分類名は便宜上のものであり，重要なのはあくまで「そうですかテスト」によって項を同定できるか否かである。

(17) 頭，顔（身体部位）；蓋，取っ手（部位）；弟，妻（親族名詞）；

---

なる。
  i. 妹は姉の言うことを黙って聞くものだ。
  ii. 太郎には妹が2人いる。
  これは，前者の場合は，総称文の持つクラス指示性のため関係を表示する必要がなくなるためであり，後者の場合は，名詞が非指示的に使われているためである。

[8] φはそこに音形を持つ要素がないことを表す。
[9] 「1項名詞－0項名詞」の区別は，西山(2003)の「非飽和名詞－飽和名詞」の区別と似ているが，両者は別の概念である。両者の関係については，庵(2007)を参照されたい。

大統領，部長（職階）；上，前（相対名詞）；会場，本場（場所）；
実現，修理（動名詞）；大半，10％（分量）；
生徒，作者，資金（その他）…

## 3. 名詞の種類と限定詞の使い分け

このように，日本語の名詞は2種類に大別されるが[10]，この違いは文脈指示（anaphoric）用法の限定詞（determiner）「この」と「その」の使い分けに反映している（庵 1995b, 2007, Iori 2013, 2015）[11]。

「この」と「その」の文脈指示用法は「指定指示」と「代行指示」に分かれる。「指定指示」は「この／そのNP」全体で先行詞（antecedent）と照応するものであるのに対し，「代行指示」は「こ／そ」の部分だけが先行詞と照応するものである。

(18) この間築地で寿司を食べたんだが，{この寿司／その寿司}はうまかった。　　　　　　　　　　　　　　　　　　　　　　（指定指示）
(19) この間築地で寿司を食べたんだが，{この味／その味}はよかった。
　　　　　　　　　　　　　　　　　　　　　　　　　　　　（代行指示）

ここで，現代日本語書き言葉均衡コーパス（BCCWJ）における，「その」と「この」に後接する名詞の分布とその頻度を見ると次のようになる[12]。

---

[10] 固有名詞は全て0項名詞である。

[11] ア系統には結束性（cohesion）に関わる意味の文脈指示用法は存在しないため，「あの」は考察対象に含まれない（cf. 庵 1994, 2007）。

[12] 検索には中納言を用い，長単位検索を行った（キー：語彙素＝其の／此の，キーから1語：品詞＝名詞）。

(表2) 「その」と「この」に後接する名詞の分布とその頻度（BCCWJ）

| 順位 | その | | この | | 順位 | その | | この | |
|---|---|---|---|---|---|---|---|---|---|
| 1 | 事 | 2,727 | 事 | 2,694 | 26 | 辺 | 393 | 地 | 457 |
| 2 | 物 | 2,478 | 点 | 1713 | 27 | 一つ | 391 | 作品 | 435 |
| 3 | 時 | 2,476 | 法律 | 1670 | 28 | 下 | 381 | 時代 | 422 |
| 4 | **中** | 2,437 | 場合 | 1592 | 29 | **手** | 375 | 二人 | 418 |
| 5 | 後 | 2,417 | 問題 | 1443 | 30 | **姿** | 373 | 町 | 385 |
| 6 | 他 | 2,043 | 時 | 1431 | 31 | 結果 | 372 | 前 | 384 |
| 7 | 為 | 2,031 | 人 | 1377 | 32 | 度 | 357 | 方法 | 370 |
| 8 | 人 | 1,463 | 本 | 896 | 33 | 内容 | 336 | 地域 | 367 |
| 9 | 日 | 1,288 | 辺り | 810 | 34 | 話 | 326 | 他 | 356 |
| 10 | 場 | 1,127 | 二つ | 778 | 35 | 年 | 317 | 部屋 | 355 |
| 11 | **上** | 1,063 | 国 | 757 | 36 | **顔** | 314 | 方 | 352 |
| 12 | 間 | 832 | 時期 | 754 | 36 | **目** | 314 | 条 | 344 |
| 13 | 頃 | 815 | 日 | 748 | 38 | **先** | 298 | 法案 | 343 |
| 14 | 内 | 798 | 辺 | 704 | 39 | 辺り | 287 | 手 | 343 |
| 15 | 意味 | 793 | 男 | 702 | 40 | 夜 | 272 | 件 | 335 |
| 16 | **前** | 723 | 中 | 683 | 41 | 一方 | 264 | 章 | 330 |
| 17 | 侭 | 688 | 間 | 670 | 42 | 気 | 258 | 世界 | 307 |
| 18 | 点 | 621 | 侭 | 637 | 43 | 場合 | 256 | 場 | 302 |
| 19 | 言葉 | 614 | 子 | 634 | 43 | **次** | 256 | 時点 | 284 |
| 20 | 男 | 601 | 言葉 | 604 | 45 | 家 | 247 | 程度 | 269 |
| 21 | 方 | 584 | 事件 | 572 | 46 | 原因 | 246 | 店 | 266 |
| 22 | 理由 | 563 | 種 | 568 | 47 | 国 | 207 | 頃 | 252 |
| 23 | 子 | 474 | 家 | 547 | 48 | 通り | 206 | 仕事 | 244 |
| 24 | **声** | 440 | 年 | 518 | 49 | 場所 | 205 | 質問 | 242 |
| 25 | **名** | 411 | 話 | 490 | 50 | **数** | 197 | 項 | 242 |

　(表2)において□で囲んだものは1項名詞の用法でしか使われないものであり，ゴシック体にしたものは1項名詞としての用法を持ち得るものである。これを見ると明らかなように，「その」は1項名詞と結びつきやすい[13]。

---

[13] このことは，「その」と「この」を比べた場合，代行指示では「その」が無標であり，

## 4. 現代語と近代語の違い

　以上見たように,「その」は 1 項名詞と結びつきやすい。本章では代行指示について考えるが[14],そこで考えるべき問題点がある。例えば,現代語の場合,(20) では「その」をつけないのが普通である。

(20)　実験は {その／\*この／φ} 結果が重要だ。

　つまり,現代語では,「この」は多くの場合,統語的に排除されるが[15],「その」も文体的理由で避けられることが多く,実際には「ゼロ (φ)」が最も普通に使われるということである。
　ところが,近代の文語文を見ていると,現代語よりも「その」の使用が多いことに気づく。現代語なら「ゼロ」が想定される場合に「その」が使われていることが多いということである。
　本章では,こうした直感を確かめるべく,コーパスを用いて調査を行った。具体的には,現代語としては BCCWJ を,近代語としては太陽コーパスを用いて調査を行った。

---

指定指示では「この」が無標であることの帰結である (cf. 庵 2002, 2007, 2012, Iori 2015)。

[14]　指定指示について詳しくは庵 (2007, 2012),Iori (2015) を参照されたい。

[15]　代行指示において「この」が使えるためには一定の条件を満たす必要がある。具体的には,「テンスを越える照応」であることが必要である。次例を見ていただきたい。
　i. これまで解説した SQL ステートメントは,実行すれば常にその {／\*この／φ} 結果が表示されました。
　　　(BCCWJ,矢野まどか『Access で学ぶ SQL とデータベースの基礎』(PB2n_00024))
　まず,i のような「テンスを越えない照応」の場合は「この」は統語的に使えない。
　一方,ii のような「テンスを越える照応」の場合は「この」が使える場合がある。
　ii. 八九年,当時のゴルバチョフ・ソ連大統領は,郵電局の傘下にある民生通信を,株式会社に移行させた。この {／その／φ} 結果,各共和国や自治州の電話局が独立し,旧ソ連内には数百もの民間電話会社が生まれた。　　　　　　　(AERA 1993.5.25)
　この現象についての詳しい議論は,庵 (1995a, 2007),Iori (2013) を参照されたい。

## 5. コーパスによる調査

本節では，調査の結果を報告する。なお，今回の検索対象語は，BCCWJ における「その」の前接頻度上位 100 位の中で，「この」も「ゼロ」も可能であるものを選んだ。その結果，検索対象語は以下の 10 語となった[16]。

(21) 一部，影響，結果，原因，内容，背景，表情，方法，目的，理由

(50 音順)

### 5.1 現代語の調査

現代語については BCCWJ を用いて検索を行った。まず，可能な限り名詞が連結されるように長単位で検索を行った。また，「ゼロ」の用例を適切に採集するために，キーの指定を行わなかった。中納言における検索条件は以下の通りである。

(22) キー：指定せず，
　　　キーから後方 1 語：語彙素＝＜当該の名詞＞，
　　　キーから後方 2 語：品詞＝助詞

その後，「キー」の部分が「の」および「連体形」であるものを Excel 2010 のフィルター機能で排除し[17]，残ったものを目視で「ゼロ」かそうでな

---

[16] これ以外に，「過程，可能性，気持ち，周辺」もあるが，これらはいずれも，太陽コーパスでの用例がないか，非常に少ない（「可能性」以外は用例ゼロ）ため，調査対象外とした。

[17] つまり，名詞修飾成分が前接したものは「ゼロ」と見なさないということである。こうした扱いをしたのは，名詞修飾成分には部分的に「定化 (definitization)」の機能があるためである。次例を考えていただきたい。
　i. 昨日買った本 (the book I bought yesterday)
　ii. 司馬遼太郎が書いた本 (a book written by Ryoutarou Siba)
　i の場合は「定 (definite)」の読みが優先され，ii の場合は「不定 (indefinite)」の読みが優先されると思われる。つまり，それぞれ（　）内の英語の表現に対応する読みが優先される。これは，1 日に買う本は 1 冊であることが多く，司馬遼太郎は多くの本を書いている，といった百科事典的知識にもとづくものであるが，日本語には統語的な冠詞が存在せず，英

いかに振り分けた。

一方,「その」「この」については,次のようにした。

(23) キー:語彙素=＜当該の名詞＞,
キーから前方1語:語彙素=其の／此の

以上の基準で検索した結果は次の通りである。

(表3)「ゼロ,その,この」の分布(BCCWJ)

|  | ゼロ | (%) | その | (%) | この | (%) | 合計[18] |
|---|---|---|---|---|---|---|---|
| 一部 | 1,529 | 81.20[19] | 348 | 18.48 | 6 | 0.32 | 1,883 |
| 影響 | 3,302 | 87.35 | 433 | 11.46 | 45 | 1.19 | 3,780 |
| 結果 | 2,282 | 57.52 | 1,430 | 36.05 | 255 | 6.43 | 3,967 |
| 原因 | 2,015 | 72.80 | 658 | 23.77 | 95 | 3.43 | 2,768 |
| 内容 | 2,514 | 63.25 | 1,340 | 33.71 | 121 | 3.04 | 3,975 |
| 背景 | 2,187 | 81.09 | 399 | 14.79 | 111 | 4.12 | 2,697 |
| 表情 | 1,095 | 81.41 | 242 | 17.99 | 8 | 0.59 | 1,345 |
| 方法 | 1,061 | 45.01 | 407 | 17.27 | 889 | 37.72 | 2,357 |
| 目的 | 6,321 | 91.86 | 442 | 6.42 | 118 | 1.71 | 6,881 |
| 理由 | 2,227 | 55.15 | 1,695 | 41.98 | 116 | 2.87 | 4,038 |
| 合計 | 24,533 | 72.82 | 7,394 | 21.95 | 1,764 | 5.24 | 33,691 |

このうち,「この」の割合が突出して高い「方法」について,少し考察する。まず,「その」と「この」の例を挙げる。

(24) ガムシャラに努力しても,その(／*この)方法が間違っていたらなん

---

語などの統語的に冠詞を持つ言語のように,冠詞で定性(definiteness)を表示することができない(日本語と英語などの冠詞(特に定冠詞)の比較については庵(2003)を参照)。そのため,本来は定性を表示する限定詞(determiner)ではなく,修飾成分(modifier)である名詞修飾成分が擬似的に定性を表す機能を担っている。このように,名詞修飾成分の機能は定性に関して一定しないので,本章ではこれを「ゼロ」とは見なさないことにした。

[18] 「ゼロ,その,この」が前接するものの合計であって,「当該の名詞+助詞」の全数ではない。

[19] 同じ名詞における「ゼロ,その,この」それぞれの%を表す。ここで言えば,「1,883」に対する「1,529」の%を表している。

の意味もない。

(BCCWJ，ジーコ『ジーコの「勝利の法則」』(LBj7_00026))

(25) 例えば，小麦の隣に白菜や，キャベツ，大根などを植えたり，なすと大豆を隣り合わせにして栽培したりするのです。<u>今で言う共生栽培，昔で言う作入れ農法です。</u>この(／*その)方法で栽培すると土壌病原菌が増，土壌が団粒化構造になって保水・排水性が良くなり，根が深く生えて，簡単には引き抜けないほどになります。

(BCCWJ，小泉武夫編著『食の堕落を救え！』(PB45_00215))

(24)と(25)を比較すると，(24)は「ガムシャラに努力することの方法」という意味で代行指示だが，(25)は「今で言う共生栽培，昔で言う作入れ農法」を「方法」で受け直したもの(庵2007で言う「ラベル貼り」)であり，指定指示である。したがって，「ゼロ，その」とパラディグマティックな関係にある用法の比較という点では考察対象とすべきものではないと言える。しかし，こうした名詞の「この」と「その」の違いが取り上げられることもあるため(cf. 石黒2014)，参考資料として，数値を挙げておく。

これに関して，寺村(1977=1992: 293)に重要な指摘がある。寺村は「結果」について(26)を挙げた上で，(27)のように述べている。

(26) 伊藤が暗殺されたのは，既に統監をやめてはいたが，<u>韓国人のこうしたうらみが凝縮した結果</u>であった。　(寺村(1977=1992)の(175))[20]
(27) 「原因」とか「理由」は，もっぱらその相対性による修飾(逆補充)しかできないようだが，「結果」には上のような使い方と，先に5.3.2で見たような(例文(49)〜(51))使い方があり，その正しい解釈は重要である。　(寺村1977=1992: 293)
(28) ある週刊誌の記事によると，ある有力な広告代理店の，最近の調査では，<u>テレビ番組でスリラーものが「面白い」と答えたパーセンテージは，東京・阪神とも女性の方が男性よりも4.5%から18.9%ほ</u>

---

[20] (26)は実例であると思われるが，原著には出典が記されていない。

ど上まわっているそうである。コメディやメロドラマ，ホームドラ
　　　マなどよりもスリラー・ドラマの方が女性に受けているという結果
　　　が出たというのである。

　　　　　　　　　　　　　（松本清張「黒い手帳」。寺村（1977=1992）の（49）。
　　　　　　　　　　　　　　　　　　下線と二重下線は原著，波線は筆者）

　（26）は「韓国人のこうしたうらみが凝縮したことの結果」であり，（24）の代行指示に対応するものである。一方，（28）は波線部の内容を，「結果」を主名詞とする連体修飾節で受け直したものであり，（25）の指定指示（「ラベル貼り」）に相当するものである。

　寺村（1977=1992: 278）が指摘しているように，（28）には「という」が介入可能であるのに対し，（26）は（寺村（ibid.）の言う「相対性にもとづく「逆補充」」なので）「という」を介入させられない。また，対応する英語の表現が存在するのは（28）であり，（26）に対応する英語の表現はない。寺村（1977=1992, 1980）で指摘されているように，両者の違いは学習者にとって難しいものである。本小節で取り上げた「その」「この」の関係は両者の違いに対応するものであり，その違いを認識しておくことは重要である。

## 5.2　近代語の調査

　近代語の調査は太陽コーパスを用いて行った。（19）の10語を「ひまわり」で検索し，全例について，「ゼロ，その，この」の用例数を数えた。

　「ゼロ」の認定基準は現代語の場合と同様で，目視で数えた。

　「その」と「この」については，次のようにして数えた。

　まず，当該の10語をそれぞれ検索し，検索結果をファイルに保存する。次に，前文脈の最後から1文字，2文字，3文字を取る。そうすると，それぞれは1～3文字のNグラムになる。この1文字のものについて，フィルターで「の，が」および「この，その」の読み方になり得る漢字を含むものを抽出し[21]，抽出された結果を別のシートに移す。続いて，最後の1文字が

---

[21] 「ひまわり」では漢字の読みは検索対象にできないため，「其が」のような場合，読み

「の」「が」「当該の漢字」であるものそれぞれについて，2文字，3文字のNグラムを参照しながら，「その」と「この」に該当するものの数を数えた。

その結果，「その」に該当するものとしては「その，其の，其，其が，そが，それが」が抽出され，「この」に該当するものとしては「この，此の，斯の，是の，此，是，斯，これが，之が，是が」が抽出された。

(表4)　「ゼロ，その，この」の分布（太陽コーパス）

|  | ゼロ | （％） | その | （％） | この | （％） | 合計 |
|---|---|---|---|---|---|---|---|
| 一部 | 111 | 49.33[22] | 106 | 47.11 | 8 | 3.56 | 225 |
| 影響 | 150 | 51.02 | 129 | 43.88 | 15 | 5.10 | 294 |
| 結果 | 114 | 12.03 | 780 | 82.28 | 54 | 5.70 | 948 |
| 原因 | 94 | 33.10 | 165 | 58.10 | 25 | 8.80 | 284 |
| 内容 | 139 | 55.60 | 110 | 44.00 | 1 | 0.40 | 250 |
| 背景 | 49 | 83.05 | 9 | 15.25 | 1 | 1.69 | 59 |
| 表情 | 17 | 85.00 | 3 | 15.00 | 0 | 0.00 | 20 |
| 方法 | 93 | 22.91 | 156 | 38.42 | 157 | 38.67 | 406 |
| 目的 | 529 | 51.86 | 385 | 37.75 | 106 | 10.39 | 1,020 |
| 理由 | 155 | 41.44 | 189 | 50.53 | 30 | 8.02 | 374 |
| 合計 | 1,451 | 37.40 | 2,032 | 52.37 | 397 | 10.23 | 3,880 |

## 6.　考察

（表3），（表4）からわかるように，現代語と近代語で，1項名詞に前接する「ゼロ」と「その」の分布には差が見られる[23]。

---

方が「そが」なのか「それが」なのかは特定できない。ただし，文脈上，いずれも「その」に該当するので，今回の調査に関してはこの点は問題にならない。

[22]　（表2）と同じく，「225」に対する「111」の％を表す。

[23]　（表3），（表4）の全ての名詞について，BCCWJと太陽コーパスの「ゼロ」と「その」の値に関する2×2のカイ二乗検定を行った結果は次の通りである。カイ二乗検定にはjs-STAR 2012（http://www.kisnet.or.jp/nappa/software/star/freq/chisq_ixj.htm）を利用した。

目的：$\chi^2(1) = 1057.17$，結果：$\chi^2(1) = 683.36$，方法：$\chi^2(1) = 116.26$，
理由：$\chi^2(1) = 17.16$，影響：$\chi^2(1) = 255.90$，原因：$\chi^2(1) = 176.77$，
内容：$\chi^2(1) = 8.65$，一部：$\chi^2(1) = 103.45$，背景：$\chi^2(1) = 0.03$，
表情：$\chi^2(1) = 0.004$

(表5)「ゼロ，その，この」の分布（BCCWJ と太陽コーパス）

|  | BCCWJ | | | | | | 太陽コーパス | | | | | |
| --- | --- | --- | --- | --- | --- | --- | --- | --- | --- | --- | --- | --- |
|  | ゼロ | (%) | その | (%) | この | (%) | ゼロ | (%) | その | (%) | この | (%) |
| 目的 | 6,321 | 91.86 | 442 | 6.42 | 118 | 1.71 | 529 | 51.86 | 385 | 37.75 | 106 | 10.39 |
| 結果 | 2,282 | 57.52 | 1,430 | 36.05 | 255 | 6.43 | 114 | 12.03 | 780 | 82.28 | 54 | 5.70 |
| 方法 | 1,061 | 45.01 | 407 | 17.27 | 889 | 37.72 | 93 | 22.91 | 156 | 38.42 | 157 | 38.67 |
| 理由 | 2,227 | 55.15 | 1,695 | 41.98 | 116 | 2.87 | 155 | 41.44 | 189 | 50.53 | 30 | 8.02 |
| 影響 | 3,302 | 87.35 | 433 | 11.46 | 45 | 1.19 | 150 | 51.02 | 129 | 43.88 | 15 | 5.10 |
| 原因 | 2,015 | 72.80 | 658 | 23.77 | 95 | 3.43 | 94 | 33.10 | 165 | 58.10 | 25 | 8.80 |
| 内容 | 2,514 | 63.25 | 1,340 | 33.71 | 121 | 3.04 | 139 | 55.60 | 110 | 44.00 | 1 | 0.40 |
| 一部 | 1,529 | 81.20 | 348 | 18.48 | 6 | 0.32 | 111 | 49.33 | 106 | 47.11 | 8 | 3.56 |
| 背景 | 2,187 | 81.09 | 399 | 14.79 | 111 | 4.12 | 49 | 83.05 | 9 | 15.25 | 1 | 1.69 |
| 表情 | 1,095 | 81.41 | 242 | 17.99 | 8 | 0.59 | 17 | 85.00 | 3 | 15.00 | 0 | 0.00 |
| 合計 | 24,533 | 72.82 | 7,394 | 21.95 | 1,764 | 5.24 | 1,451 | 37.40 | 2,032 | 52.37 | 397 | 10.23 |

　ここで，BCCWJ と太陽コーパスについて，「ゼロ」と「その」だけの比率をグラフにすると，次のようになる[24]。

---

（「背景，表情」は有意差なし，その他は全て 0.1% 水準で有意）
　つまり，「背景，表情」以外の名詞では，BCCWJ の「ゼロ」と太陽コーパスの「その」が有意に多く，前者の「その」と後者の「ゼロ」は有意に少なかった。
[24] 上述のように，「この」は基本的に指定指示なので，ここでは省略した。

第 1 章　近代語から現代語における名詞修飾に関わる言語変化についての一考察

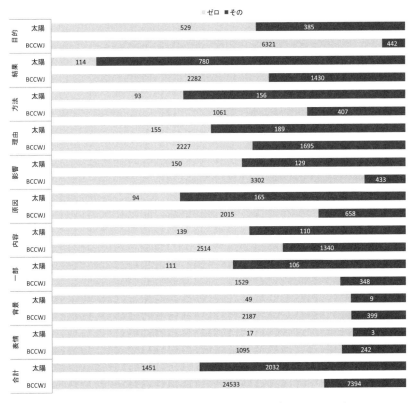

（図 1）「ゼロ」と「その」（BCCWJ と太陽コーパス）

近代語で「その」の使用が多いことの理由は複数考えられるが，その 1 つは「そ」が単独で語として使えるということである。この点を確かめるべく，太陽コーパスで「そ」が指示詞として使われている例を数えたところ，次のようになり，「が，は，を」以外の助詞との共起例はなかった（「の」を除く）。

（表 6）「そ」の分布（太陽コーパス）

| | |
|---|---|
| が | 142 |
| は | 353 |
| を | 92 |
| 合計 | 587 |

17

それぞれの例は次の通りである。

(29) 隨て露は東洋の外交上に斟酌する所なかるべからず。例へば彼れ朝鮮に野心を逞うし，そが公使等の手を經て朝鮮の王室に畫策し，〜

(『太陽』1895 年 8 号，稲垣満次郎「一大外交」)[25]

(30) 討幕派はその意外なるに驚きぬ。そは，討幕の密勅を乞ふも，今は幕府を討つべき名なきにくるしめばなり。

(『太陽』1895 年 2 号，落合直文「しら雪物語」)

(31) たとへその身吐瀉する事なくとも，傍人若しこれある時は，そを見たる人，必ずや又胸わろくなりて，嘔吐をせんもはかりがたし。

(『太陽』1895 年 7 号，「青山白水と旅行」)

このように，『太陽』の当時はまだ，「そ」が単独で語としての用法を持っており，そのことが，（代行指示の）「その」の使用を容易にしていたと考えられるのである[26]。

## 7. おわりに

本章では，近代語から現代語にかけての変化の例として，代行指示における限定詞の選択の問題を取り上げた。筆者は先に，大規模コーパスを用いて，近代語と現代語における漢語サ変動詞の自他の変化について考察したが（庵・張 2015），こうした考察は，言うまでもなく，各種の大規模コーパスが整備されてきたおかげで可能になったものである。改めてこれら諸コーパスの製作に携わられた関係各位に心よりお礼申し上げる。今後，本章で行ったような形での実証的な研究が数多く行われ，これまでの，現代語のみ，近代語のみの研究では明らかになっていないさまざまな言語事実が解明される

---

[25] 「そが」の「が」は主格ではなく属格であり，「そが」は「その」と同義で使われている。

[26] 現代語において，代行指示では基本的に「その」が使われ「この」が使われないことに関する説明については，庵（2007: 第 8 章）を参照されたい。

ことを期待したい。

## 付記

本章は日本学術振興会科学研究費補助金による基盤研究（C）「テキストの結束性を重視した母語別作文コーパスの作成と分析」（研究課題番号：25370577　研究代表者：金井勇人）の研究成果の一部である。

## 使用したコーパス

現代日本語書き言葉均衡コーパス（BCCWJ），太陽コーパス．

## 参照文献

庵功雄（1994）「結束性の観点から見た文脈指示」『日本学報』13，大阪大学．
庵功雄（1995a）「語彙的意味に基づく結束性について」『現代日本語研究』2，大阪大学．
庵功雄（1995b）「コノとソノ―文脈指示の二用法―」宮島達夫・仁田義雄編『日本語類義表現の文法（下）』くろしお出版．
庵功雄（1999）「名詞句における助詞の有無と名詞句のステータスの相関についての一考察」『言語文化』35，一橋大学．
庵功雄（2002）「「この」と「その」の文脈指示用法再考」『一橋大学留学生センター紀要』5．
庵功雄（2003）「見えない冠詞」『言語』32巻10号，大修館書店．
庵功雄（2007）『日本語研究叢書21　日本語におけるテキストの結束性の研究』くろしお出版．
庵功雄（2012）「指示表現と結束性」澤田治美編『ひつじ意味論講座6　意味とコンテクスト』ひつじ書房．
庵功雄（2015）「近代語から現代語にかけての名詞修飾表現の変化についての一考察―1項名詞に前接する限定詞を例に―」『第8回コーパス日本語学ワークショップ予稿集』，国立国語研究所．（http://www.ninjal.ac.jp/event/specialists/project-meeting/files/JCLWorkshop_no8_papers/JCLWorkshop_No.8_23.pdf, 2016年7月2日取得）
庵功雄・張志剛（2015）「漢語サ変動詞に見る近代語と現代語」『日本語の研究』第11巻2号．
石黒圭（2014）「指示語にみるニュースの話し言葉性」石黒圭・橋本行洋編『話し言葉と書き言葉の接点』ひつじ書房．
寺村秀夫（1977=1992）「連体修飾のシンタクスと意味―その3―」『日本語・日本文

化』6. 大阪外国語大学［再録：寺村秀夫（1992）『寺村秀夫論文集Ⅰ』くろしお出版］.
寺村秀夫（1980）「名詞修飾部の比較」國廣哲彌編『日英語比較講座第2巻 文法』大修館書店.
西山佑司（2003）『日本語名詞句の意味論と語用論―指示的名詞句と非指示的名詞句―』ひつじ書房.
Iori, Isao (2013) "Remarks on some characteristics of nouns in Japanese." *Hitotsubashi Journal of Arts and Sciences* 54-1, 一橋大学.
Iori, Isao (2015) "What can the research on Japanese anaphoric demonstratives contribute to general linguistics?" *Hitotsubashi Journal of Arts and Sciences* 56-1, 一橋大学.

# 第2章

# 日本語同格名詞句についての一考察
固有名詞が含まれる場合

眞野美穂

## 1. はじめに

　日本語には，(1)のように，2つの独立したアクセントを持つ名詞句が並び，両方が文中で同じ役割を担い，同じ指示対象を持つ同格（apposition）の構造が存在すると考えられる。これら同格名詞句には，(1)，(2)から分かるように，構成する名詞句の関係や語順について制限があり，(3)，(4)のように名詞句の入れ替え可能性や「の」による連体修飾との書き換えなどにおいても差異が観察される。

(1) a.　祖国 日本　　　b.　我々 日本人　　c.　ヴィクトリア 英女王
(2) a. *日本 祖国　　　b. *日本人 我々　　c.　英女王 ヴィクトリア
(3) a.　祖国の日本　　b. *我々の日本人　　c. *ヴィクトリアの英女王
(4) a. *日本の祖国　　b.　日本人の我々　　c.　英女王のヴィクトリア

　しかし，日本語の同格名詞句について詳細に論じた先行研究はほとんど見られず，その性質が解明されているとは言い難い。また，修飾関係を表す「の」などの要素なしに生じる(1)のような同格名詞句間の修飾関係と，形式を持つ他の連体修飾関係との共通点や相違点も未だ明らかでない。

　本章では，同じ指示対象を持つ2つの名詞句が，間に明示的な要素を介

在させずに独立した句として並んで現れ，かつ文中で同じ役割を果たすものを「同格名詞句」とする。固有名詞を含む同格名詞句の実例を分析することによって，同格に現れる意味関係の範囲と特徴を明らかにし，その機能の一端を探ることを目的とする。

## 2. 先行研究とその問題

### 2.1 同格（apposition）とは

　最初に問題となるのが，「同格」の範囲である。日本語における「同格」の定義に関しては，先行研究においても定まった見解はないようであり，ないとする見方さえ存在する。『言語学大辞典』（1996）の「同格」の項目には以下のような説明があり，日本語には同格は存在しないとみなしている。

> ある名詞が他の名詞と単に（何らかの機能語をおかずに）併置（coordinate）され，その名詞の意味を限定するとき，この2つの名詞の関係を同格という。…日本語の場合は，特に固有の日本語では，名詞の間の同格ということは起こらない。…日本語では，名詞を限定する言葉は常にその名詞に従属する。…名詞が他の名詞を限定する場合には，先行する，限定辞となる名詞に属格名詞ノをつけて表す。…ただ，日本語でも，漢語はちょっと趣を異にする。…漢語は中国語の特性をそのまま伝えて，名詞と名詞の間に何らの形態標識を介在させない。たとえば，イギリスノ国王アルフレッド，この場合，一見，英語などの同格に類似するが，これは，同資格の語の併置ではなく，<u>単なる羅列（juxtaposition）に過ぎない</u>[1]。　　　　　　　　　　（pp.978–979）

　しかし，この見方には少なくとも2つの問題がある。まず，(1b)や「兄頼朝」のように，漢語ではない語の並置も観察される点，そして単なる羅列

---

[1] 「…」の部分は，一部省略を表している（以下，同様）。下線は筆者による。

であれば幅広い意味関係で許容されるはずであるが，（2）や「*佐藤 小学生，*美人 佐藤」のような例から分かるように，その語順や名詞句間の意味関係にはかなり厳しい制限があるという点である。

一方，『オックスフォード言語学辞典』（2009）では，「同格」について以下のようにもう少し広い記述がなされており，この定義に従うと，日本語の（1）のような例は，同じ指示対象を持ち，同じ文法役割を果たしていることから，「同格」とみなされるだろう。本章では，日本語にも同格構造が存在すると考え，論を進める。

> 1つの要素が同じ種類の別の要素と並置されている統語関係，特に，異なる指示対象を持たない名詞句間の関係についていう。…同格関係は［2つの］要素が並立しているとみなされるが，それらの役割はより大きな構造の中では異なっていないような場合[2]についてもいえる。（p. 250）

## 2.2　先行研究

### 2.2.1　全般的な研究

先に述べたように，日本語の「同格」に着目した研究は管見の限り，非常に限られている。ただし，「切手7枚」のように，数量を限定するような数量詞が後部要素に生じる名詞句並置を扱った研究は多数存在し，それらを同格構造とみなすものも多い。しかし，本章ではこのような数量詞が片方の要素であるもの以外にどのような同格が存在し，どのような特徴を持つかを明らかにするため，数量詞を含むものは対象から除外することとした。本章で扱う同格関係にある並置された名詞句については，小林（1996）を除き，断片的にしか取り上げられていないようである。最初に，「同格」に言及のある先行研究を紹介する。

芳賀（1962: 117–126）は，遊離語[3]の一部として（5）のような後部名詞句が

---

[2]　例えば，それらの名詞句が文中では目的語の役割を果たしている，など（筆者注）。

[3]　積極的に関係づけのはたらきをせず，ただ消極的に文脈の中に意味を持つ，といった形の文節を指す（芳賀1962）。

前部名詞句の代表となるような関係にある例を「同格」としている。また，鈴木（1972）は，はだか格の用法の1つである「名詞を並べる」用法の中に，(6)のような例，「いわゆる同格」を含めている。森岡（1994）は，名詞の並立法（同位・修飾・再帰）の一種として分類し，(7)をあげ，統語的には全体を一名詞と同じ一成分とみなしている（cf. 服部 1999）。しかし，これら先行研究ではいずれも同格の存在[4]が指摘されているにとどまっており，詳しい分析は行われていない。

(5)　同格：__が__を代表する関係　例）特急 あさかぜ号，名人 栃錦
(6) a.　戦犯，岸信介
　　b.　わたしたち はたらくものが
(7) a.　同位：首都 東京，作家 井上靖，宿舎 みどり荘，横綱 千代の富士
　　b.　修飾：中野区 中野，東京 郊外，アジア 周辺
　　c.　再帰：彼 自身，物 そのもの，経済政策 自体

### 2.2.2　小林（1996）と残された問題

　小林（1996）は，数少ない日本語における同格の研究である。まず小林は，「同格」を，「1つの語が1つの格をとるふつうの形に対して，2つ並んだ語が同じ1つの格をとり，同じ文中で構文上，同じ機能を果たしていること」(p.3) と定義し，3つの同格を表す形式（N1 N2／N1 の N2／N1 という N2）を比較する。そして，同格関係を表す N1 と N2 の間には意味的ヒエラルキーが見られ，配列や語順を制約していることを指摘した。また，3つの形式のうち，本章が研究対象とする［N1 N2］に見られる意味関係について，「N2 は具体的な実体を示し，N1 はそれを引き立て強調するために添えられたもの。意味の主眼は N2 で，N1 はそれを修飾または補うもの」(p.8) であるとする。具体的には，［N1 N2］に，(8)のような様々な意味関係が見られ

---

[4]　益岡・田窪（1992）では，名詞を並置した形として，本章における同格に対応する次のような例があげられているが，「同格」という用語は使われていない。
　　i.　a. 強調表現：田中氏その人，この問題そのもの
　　　　b. その他：切手7枚，何か冷たいもの

るとしている．それぞれの具体例は（9）に示すようなものである．

（8） ［N1 N2］に観察される意味関係
   a． 人称代名詞＋具体的な実体：(N1 の働き) N2 の指示，特定化
   b． 総称的な名称＋具体的固有名詞：N2 の本質，内面性を強調
   c． 代表的な側面・資格＋具体的実体：N2 の主な属性を強調
   d． 特徴や別称＋具体的な実体：N2 の特性を強調
   e． 外来語＋和訳：N2 の意味補足・強調
（9）a． われわれ 日本人
   b． 男 寅次郎
   c． 首都 東京
   d． 征服王 アレキサンダー
   e． アパルトヘイト 人種隔離

　小林（1996）は上記の意味関係によって，3 つの同格形式の許容度や他の表現との言い換えの可能性が異なることを指摘している点でも示唆的な研究であるが，いくつかの問題が残されている．第一の問題は，（8）にない他の意味関係の存在である．実例を見ると，（10）のように N1 に固有名詞，つまり具体的な実体を示す名詞が来るものが存在する点は問題である．

（10）　細川 総理大臣，ユウキロックさん ご本人

第二の問題としては，同格名詞句で観察される様々な N1 と N2 の関係とその特徴や機能が明らかではない点があげられる．

## 2.3　本章の目的

　本章では，これら先行研究の問題を踏まえ，日本語の同格名詞句について，実際のデータに基づき，その性質の解明を目指す．しかし，未だ全体像の見えていない構造であるため，本章ではその第一歩として，同格名詞句の中でも片方に固有名詞を含むものに焦点を当て，分析を進める．より特定された情報を表す固有名詞を一方に含むことで，もう一方の名詞句との関係が

把握しやすくなると想定できるためである。

## 3. 分析

### 3.1 データ

#### 3.1.1 データ収集方法

　本章では，同格名詞句間（NP1 NP2）にどのような意味関係が存在するのか，そしてそれぞれの名詞句の性質を明らかにするために，先行研究で取り上げられている例に加え，『現代日本語書き言葉均衡コーパス』（BCCWJ: Balanced Corpus of Contemporary Written Japanese）からの実例を対象に分析を行う。

　まず，NP1，NP2 のどちらかに固有名詞（両方も含む）を含むものを対象とするため，BCCWJ の検索方法としては，中納言 1.1.0 の長単位検索を使用する。固有名詞句をいずれかの名詞句に含む名詞句の並置構造を探すため，以下の 1，2 のような検索を行い（キーは下線部），記載の件数の結果を得た。

　　1.　「名詞 1（固有名詞）＋名詞 2 ＋格助詞」を検索（35,322 件）
　　2.　「名詞 1 ＋名詞 2（固有名詞）＋格助詞」を検索（14,273 件）

　しかし，このようにして得られたデータには，明らかに同格構造とは考えられない（11）のような様々なものが含まれていた。

(11) a.　複合語：ヴィクトリア様式，ベトナム料理
　　 b.　氏名，住所，年月：勝 新太郎，沖縄県 北谷町，平成 12 年 3 月
　　 c.　項関係にあるもの：山内みな 降壇

日本語においては，「の」による連体修飾関係においても，名詞句間に様々な関係が存在することが指摘されている（西山 2003 他）。西山（2003）が「NP1 の NP2」という「の」による連体修飾構造に見られると指摘しているすべての意味関係が，（12）のように今回の調査データにおいても観察された。このように，得られたデータには同格とは考えられない様々なものが含

まれていたため，次節で本章が同格名詞句とみなす条件について提案する。

(12) a. NP1 と関係 R を有する NP2：日ハム 森本，さまぁ〜ず 大竹
  b. NP1 である NP2：首位 近鉄，雷神 ゼウス，古都 フィレンツェ
  c. 時間領域 NP1 における NP2 の指示対象の断片の固定：現代 ローマ，戦後 日本
  d. 非飽和名詞 NP2 とパラメータの値 NP1：パプア・ニューギニア 本土，ベトナム 現地
  e. 行為名詞句 NP2 と項 NP1：ナポレオン 支配，山内みな 降壇

### 3.1.2 同格名詞句の必要条件

本章では，同格名詞句の必要条件として (13) の条件を設定し，すべてを満たす例のみを同格名詞句とみなすこととした。

(13) a. （音）アクセントが一語化しないもの
  b. （格）どちらかの名詞句を削除しても文法的であるもの
  c. （意味）指示対象が同じであり，片方の名詞句を削除しても文の意味が変わらないもの

これらの条件は，『オックスフォード言語学辞典』の記述 (2.1 参照) や，より多くの研究がなされている英語の同格[5]の規定をもとに，音韻面での条件を加えたものである。Quirk, Greenbaum, Leech, and Svartvik (1985: 1302) は，英語における同格（中でも「完全な同格（full apposition[6]）」）の条件として，(14) をあげている[7]。

---

[5] 詳しくは，Meyer (1992) など。

[6] それに対し，部分的同格 (partial apposition) はいずれかの条件を満たしていないものであり，例えば ic は (13c) の条件を満たしていない。
  i. a. An unusual present was given to him for his birthday, a book on ethics.
    b. An unusual present was given to him for his birthday.
    c. *Was given to him for his birthday, a book on ethics.

[7] Quirk et al. (1985) はさらに，同格要素が同じ品詞に属する厳しい同格（strict apposition）

(14) a. Each of the apposition can be separately omitted without affecting the acceptability of the sentence.
  b. Each fulfils the same syntactic function in the resultant sentences.
  c. It can be assumed that there is no difference between the original sentence and either of the resultant sentences in extralinguistic reference.

(13)の条件について第一に，同格名詞句というためには，名詞句同士が独立したものでなければならない。そのため，音韻的に一語化[8]しているものは除くこととした。ただし，前部要素が平板アクセント，後部要素が頭高アクセントを持つ場合，複合語との区別がアクセントから判別が困難なため，これも除いている。つまり，音韻的に2つのアクセント核を持つ(15a)は条件を満たしているが，(15b, c)は満たしていないため，データからは除くことになる。

(15) a. たま＋えきちょう
       →たまえきちょう（*たまえきちょう）　　（二名詞句）
  b. ベトナム＋りょこう→ベトナムりょこう　　（複合語）
  c. らいじん＋ゼウス→らいじんゼウス　　（判別不能）

第二に，同格名詞句であれば，両方の名詞句が同じ文法機能（格）を持ち，片方の要素を削除しても，文は同様に成立するはずである。(16a)では，片方を削除した(16b, c)は文法的となるが，(17a)では(17c)のように前部名詞句は削除できるものの，後部名詞句を削除すると，(17b)のように(17a)と同様の意味では非文となるため，(17a)は同格名詞句ではないと言える。

(16) a. 強国中国をよみがえらせる意欲のもとで…
       （BCCWJ，王敏『なぜ噛み合わないのか』(PB43_00739)）

---

と，異なる品詞に属するもの同士からなる弱い同格（weak apposition）を区別するが，本章が対象とするのは名詞句同士のもののみであるため，厳しい同格に議論は限定されることになる。

[8] 複合語のアクセント規則の詳細については，窪薗・太田(1998)などを参照されたい。

b.　強国をよみがえらせる意欲のもとで…
　　c.　中国をよみがえらせる意欲のもとで…
(17)a.　千九百六十年，ベトナム統一をめざす南ベトナム解放民族戦線が結
　　　　成され…　　　　　　（BCCWJ，木村靖二・佐藤次高・岸本美緒他
　　　　　　　　　　　　　　　　　　　『詳説　世界史』（OT33_00087））
　　b.　#…，ベトナムをめざす南ベトナム解放民族戦線が…
　　c.　…，統一をめざす南ベトナム解放民族戦線が…

　第三の基準は，同じ指示対象を持つかどうかである。同格であれば，同じ指示対象を表すはずであり，(18)はその典型的な例である。しかし，(19)のような例は指示対象が前部要素と後部要素で全く異なる。厳密に同じ指示対象かどうかは判定が困難な場合もあるため，まずは完全に異なる指示対象を持つ場合のみを除外することとした。

(18)a.　…権限はすべて国防省それ自体にある…　（国防省＝それ自体）
　　b.　…クンバおばばが命じた。　　　　　　　（クンバ＝おばば）
(19)a.　寛一お宮の像で記念撮影…　　　　　　　（寛一≠お宮）
　　b.　青柳さんご指摘の通り…　　　　　　　　（青柳さん≠ご指摘）

　このような3つの条件すべてを満たす例は(20)にあげる下線部のようなものであり，以下ではそのような例を同格名詞句構造と考え，考察の対象とする。

(20)a.　…ヴォルセールの休戦条約でフランスとの戦いは停止したが，アン
　　　　リ二世の宮廷と千五百五十六年ナポリ副王アルバ公に領土を侵略さ
　　　　れた教皇パウルス四世には反フェリペ感情が強く，千五百五十七年
　　　　一月十三日フランスは宣戦し…
　　　　　（BCCWJ，久保田正志『ハプスブルク家かく戦えり』（PB12_00125））
　　b.　トニーいわく，「五時までスリランカ全体がストップだ」。
　　　　　（BCCWJ，波勝一広『スリランカで午後の紅茶を』（LBj2_00046））
　　c.　大ヒット映画『相棒』　（BCCWJ，Yahoo!ブログ（OY06_00270））

d. …民法から鎌田薫早稲田大学教授の参加をいただき，…
（BCCWJ，天野巡一『自治のかたち，法務のすがた』（PB43_00557））

### 3.2 同格名詞句の意味

まず，得られたデータから，観察された名詞句の意味とその関係について，固有名詞が生じる場所（前部要素NP1か後部要素NP2か）で分け，考察する。

#### 3.2.1 「NP1（固有名詞）＋NP2」の場合

先行研究では，NP1に固有名詞が生じる例についてはほとんど触れられていなかったが，実例からは以下のような意味の名詞句が観察された。(21d)では各名詞句が指す指示対象が正確には異なるため，本章では同格とは扱わない。しかし，同格に類する表現と考えられるため，記載している。

(21) a. 固有名詞＋再帰代名詞類：ユウキロックさん ご本人，PLO それ自体，自治省 みずから，ベトナム 現地，パプア・ニューギニア 本土，埼玉・大分 両県
b. 固有名詞（人物）＋親族名称：大内弘世・義弘 父子，ラ・ファイエット 夫人
c. 固有名詞（人物）＋属性（肩書き）：浅野 生活習慣病予防研究所所長，長瀬勝彦 駒澤大学助教授，ヴィクトリア 英女王，たま 駅長，細川 総理大臣，小泉 首相
d. 具体例＋属性：文化センターほか 各プレイガイド，定家等 當代の有名歌人，宮部継潤ら 浅井の家来

#### 3.2.2 「NP1＋NP2（固有名詞）」の場合

一方，NP2が固有名詞の場合には，(22)のような意味の名詞句が観察された[9]。先にあげた(21)とは異なる意味の名詞句も生じていることが分かる。

---

[9] (22a, f)の（ ）内の例は，今回のデータ内では見つからなかったものであり，小林(1996)

(22) a. 人称代名詞[10]＋固有名詞：(私 山田洋平，我々 日本人)
  b. 親族名称等＋固有名詞：父 覚恵，長男 梅之進，実兄 八百次郎，夫 ナポレオン，わが子 キリスト，遠藤健三の妻 道子，元親四男 盛親，その娘 小勝
  c. 属性（肩書）＋固有名詞：アメリカ・ベル研究所所長 ケリー，イギリス首相 チャーチル，フランス皇帝 ナポレオン，宇和島藩七代藩主 伊達宗紀，軍縮大臣 宇垣
  d. 属性（その他）＋固有名詞：オムレツ屋さん ラケル，カトリック教国 スペイン，ツアコン 藤木さん，幼子 キリスト，女神 クロアカ，原爆の街 広島，子象 ババール，指揮者 ゲルギエフ
  e. 非飽和名詞＋固有名詞：隣国 美濃，故郷 ナザレ，祖国 アメリカ，対岸 北九州市，通過点 ジュラ，次の訪問国 ドイツ，終点 中之島，出身地 長野県，母校 明邦大学
  f. 別称＋固有名詞：(征服王 アレキサンダー，花の都 パリ)
  g. 状態名詞＋固有名詞：首位 近鉄，鎖国 日本

(22c, d) の属性に関しては，便宜的に肩書きとそれ以外に分けているものの，その境界は明確ではない。また，(22e) の非飽和名詞とは，「隣国，祖国」など，「xの…」というパラメータの値が設定されない限りそれ自体では意味が充足しない名詞である(西山 2003)。(22b, d) の親族名称の大部分や属性の一部にも非飽和名詞が含まれるが，(22e) にはそれ以外のものを示している。興味深いことに非飽和名詞が同格の前項 (NP1) として生じた場合，後項 (NP2) にはパラメータの値ではなく，必ずその対象物を指定する名詞句が生じるようである。例えば，「隣国 美濃」は，「(ある国の) 隣国が美濃」であるという解釈であり，「美濃の隣国」という解釈はない。これは (23) の

---

の例を取り上げている。

[10] ただし，すべての人称代名詞が生じるわけではない。
 i. a. あなたがた 日本人，彼ら 日本人
   b. *君 日本人，*あなた 山田洋平

ように非飽和名詞が飽和された場合も同様である。

(23) a. 私の祖国 日本（私の祖国が日本である）
　　 b. 彼の母校 鳴門教育大学（彼の母校が鳴門教育大学である）

また，(22g) であげるような状態を表す状態名詞では，「首位」が「首位であるチーム」のように対象を指し示す場合に限り同格に近づくことがあり，同格に含めている。

　以上 (21)，(22) の例から分かるように，先行研究で指摘されている以上に同格構造は広く，NP1 と NP2 の間には様々な意味の関係が存在することが分かった。そして，固有名詞が NP1 に生じることもあるため，一律に「N2 は具体的な実体を示し，N1 はそれを引き立て強調するために添えられたもの。意味の主眼は N2 で，N1 はそれを修飾または補うもの」（小林 1996: 8）と，とらえることは難しい。次節では観察された名詞句の種類と叙述方法から，これら同格名詞句の特徴と機能を探る。

## 3.3　考察

### 3.3.1　名詞句の種類と出現位置

　まず，前節で示した名詞句の種類ごとに出現可能位置を検討する。結果を（表1）にまとめ，それぞれの例を (24) に示す。

(24) a.　ユウキロックさん ご本人／*ご本人 ユウキロックさん
　　 b.　我々 日本人／*日本人 我々
　　 c.　夫人 ラ・ファイエット／ラ・ファイエット 夫人
　　 d.　細川 総理大臣／総理大臣 細川
　　 e.　オムレツ屋さん ラケル／*ラケル オムレツ屋さん
　　 f.　隣国 美濃／*美濃 隣国
　　 g.　征服王 アレキサンダー／*アレキサンダー 征服王
　　 h.　首位 近鉄／*近鉄 首位

（表1）　固有名詞と共に生じる名詞句の種類と出現位置

| 名詞句の種類 | | 位置 | NP1 | NP2 |
|---|---|---|---|---|
| 代名詞 | a. 再帰代名詞類 | | × | ○ |
| | b. 人称代名詞 | | ○ | × |
| 名詞 | c. 親族名称 | | ○ | ○ |
| | d. 属性（肩書き） | | ○ | ○ |
| | e. 属性（その他） | | ○ | × |
| | f. 非飽和名詞 | | ○ | × |
| | g. 別称 | | ○ | × |
| | h. 状態名詞 | | ○ | × |

　代名詞に関しては，非常に語順は厳しく，再帰代名詞に関しては「再帰代名詞支配」という統語的要因から，必ず固有名詞NP1の後に続く後続名詞句NP2の位置に，人称代名詞に関しては必ずNP1の位置にしか生じないと考えられる．それ以外の名詞に関しては，基本的に固有名詞がNP2に生じ，NP1にそれ以外の名詞句が生じることが多いが，親族名称と属性（肩書き）は，NP1，NP2の位置共に生じる可能性がある点で特殊である．ただし，親族名称では，(25)のように生じる位置が限られるものが多く，NP2に生じると(26)のようにアクセントが一語化してしまうものも多数存在する．

(25) a.　NP1／*NP2：兄，弟，夫，わが子，長男
　　 b.　*NP1／NP2：父子，親子
(26)　<u>ゆみひこおにいさん</u>，<u>みちえおねえさん</u>，<u>カズマおとうさん</u>

　これらの名詞句がどのような振る舞いをするのか，固有名詞の位置ごとに次節以降で検証する．

### 3.3.2　名詞句の種類と振る舞い（NP2が固有名詞の場合）

　まず，数の多い，固有名詞がNP2に生じる場合について考える．それぞれ名詞句間の関係の違いを見るため，小林（1996）と同様に，他の表現との言い換え可能性を，今回得られた名詞句の種類ごとに検討する．

小林は「NP1 の NP2」,「NP1 という NP2」,「NP1 つまり NP2」,「NP2 つまり NP1」,という表現との言い換え可能性を,（8）のそれぞれの意味関係に対して検証しているが,本章ではさらに,「NP1 である NP2」,「NP1 すなわち NP2」,「NP2 という NP1」との交替を加え,調査で得られた様々な意味関係に対して検討を行い,それぞれの同格関係の特徴を探った。その例が（27）である。

(27) a. ＊我々の／である日本人　　　　　（人称代名詞）
　　 b. 長男の／である梅之進　　　　　　（親族名称）
　　 c. 藩主の／である重定　　　　　　　（属性　肩書き）
　　 d. オムレツ屋さんの／であるラケル　（属性　その他）
　　 e. 隣国の／である美濃　　　　　　　（非飽和名詞）
　　 f. 征服王の／であるアレキサンダー　（別称）
　　 g. 首位の／である近鉄　　　　　　　（状態名詞）

　（27）から分かるように，人称代名詞以外の名詞は，基本的に「NP1 の NP2」に書き換えが可能であり，さらに「NP1 である NP2」とも書き換えられることから，NP1 は叙述的な性質を備えており，NP2 の属性や状態を叙述していると考えられる。人称代名詞で許容されないことは，人称代名詞の指示的性質，そして叙述的な性質を持たないことに起因すると考えられる。一方，NP1 と NP2 を入れ替えた例が（28）である。

(28) a. 日本人の／である我々　　b. ＊梅之進の／である長男
　　 c. ＊重定の／である藩主　　d. ＊ラケルの／であるオムレツ屋さん
　　 e. 美濃<sup>#</sup>の／である隣国　f. ＊アレキサンダーの／である征服王
　　 g. 近鉄の／である首位

　この語順では，前接項が属性を叙述する（28a）が許容されるだけでなく，後接項の値を前接項が指定する（28e, g）が観察される点で（ただし，「美濃の隣国」ではそのような解釈は許されない。），先の語順と異なるふるまいが観察される。

これらの結果を，交替可能なものには「○」，揺れや名詞句による差が見られるものに関しては「△」，できないものに関しては「×」とし，まとめたものを（表2）に示す。

（表2）　名詞句の種類と振る舞い（NP2 が固有名詞の場合）

| 表現の種類<br>NP1 | NP1 の／<br>である NP2 | NP2 の／<br>である NP1 | NP1 と<br>いう NP2 | NP2 と<br>いう NP1 | NP1 つまり／<br>すなわち NP2 |
|---|---|---|---|---|---|
| a. 人称代名詞 | × | ○ | × | × | ○ |
| b. 親族名称 | ○ | × | × | ○ | ○ |
| c. 属性（肩書き） | ○ | × | × | ○ | △ |
| d. 属性（その他） | ○ | × | × | ○ | △ |
| e. 非飽和名詞 | ○ | ×／○ | × | ○ | ○ |
| f. 別称 | ○ | × | △ | △ | ○ |
| g. 状態名詞 | ○ | ○ | × | × | ○ |

さらに詳しく NP1 と NP2 の関係を考えるために，「という」による交替を考える。(29) から分かるように，基本的に「NP1 という NP2」では言い換えることができない。逆の語順「NP2 という NP1」の場合は，(30b–e) のように親族名称，属性（肩書き・その他）と非飽和名詞では許容される。

(29) a.　*我々という日本人　　　b.　*長男という梅之進
　　　c.　*藩主という重定　　　　d.　*オムレツ屋さんというラケル
　　　e.　*隣国という美濃　　　　f.　?征服王というアレキサンダー
　　　g.　*首位という近鉄
(30) a.　*日本人という我々　　　b.　　梅之進という長男
　　　c.　　重定という藩主　　　　d.　　ラケルというオムレツ屋さん
　　　e.　　美濃という隣国　　　　f.　??アレキサンダーという征服王
　　　g.　*近鉄という首位

これは，岩男（2013, 印刷中）の指摘する，「という」が持つ「前接項を唯一指定的に示す性質」と関連すると考えられる。固有名詞が NP2 に来ている (29) では，前接項である NP1 には，唯一指定的にならない名詞句が生

じているため,「という」の持つ「前接項を唯一指定的に示す性質」に反し,非文となる。それに対し,「NP2というNP1」が許される (30b–e) では,唯一指定的な固有名詞がNP1に生じているため,許容されると考えられる。一方,(30a) では,唯一指定的ではない名詞句「日本人」が前接項に来ているため不適格となり[11],(30f) では,両方の名詞句が唯一指定的であることが問題だと考えられる。状態名詞である (30g) の場合は,やはり先に述べたように,他の同格名詞句と違い,2つの名詞句の指示対象が厳密に同一であるとは言えないことが問題だと考えられるが,さらに状態名詞の例を増やした上で検討する必要があり,今後の課題としたい[12]。

また,「NP1 つまり/すなわち NP2」との言い換え可能性には,NP1 が特定の指示対象を持つかどうかが関係すると考えられる。基本的に,人称代名詞・親族名称・非飽和名詞・別称は特定の指示対象を持ち,その値を NP2 が指定するため,「NP1 つまり NP2」でも表現可能であるのに対し,属性(肩書き・その他)では対象が特定のものに定まらない場合があるため,その場合は (31d) や (32) のように言い換えの許容度が下がるのだと考えられる。

(31) a. 我々つまり/すなわち日本人
　　 b. 長男つまり/すなわち梅之進
　　 c. 藩主つまり/すなわち重定
　　 d. #オムレツ屋さんつまり/すなわちラケル
　　 e. 隣国つまり/すなわち美濃
　　 f. 征服王つまり/すなわちアレキサンダー
　　 g. 首位つまり/すなわち近鉄
(32) a. 横綱 朝青龍　　a'. #横綱つまり/すなわち朝青龍　（属性　肩書き）
　　 b. 古都フエ　　　b'. #古都つまり/すなわちフエ　　（属性　その他）

---

[11] ただし,唯一指定的な前接項の場合でも,iのように不適格であることから,被修飾名詞である人称代名詞に何らかの制約が存在する可能性がある。
　i. *山田洋平という私

[12] 状態名詞句を含む同格名詞句は,本章で示した現象以外においても他の同格名詞句と異なる振る舞いが観察されるため,稿を改めて議論したい。

しかし，これは段階的なものである。(31a–c) においても文脈上でそれぞれ「我々／長男／藩主」の指示対象が決まっていることが解釈の前提となっているからだ。(32) においても同様に，発話時に横綱が朝青龍一人のみである状況や，古都と解釈されるものが「フエ」のみである状況が想定されれば許容される文となる。

このような性質から，NP2 が固有名詞の場合の NP1 は，基本的に NP2 の性質や状態を叙述するものとなっており，NP2 は，性質や状態を表す親族名称・非飽和名詞・別称など特定の指示対象を持つ NP1 の値を指定する働きをしていると言える。ただし，NP1 に人称代名詞が来た場合は，すでにそれ自身が特定の指示対象を指し示しているため，NP2 はその性質や指示物を強調する役割を果たしていると考えられる。

### 3.3.3 名詞句の種類と振る舞い（**NP1 が固有名詞の場合**）

次に NP1 に固有名詞が来る場合を考察する。再帰代名詞を除き，ほぼすべての例が人物とその肩書きや親族名称と共に生じるのであるが，その言い換え可能性について（表3）にまとめる。

（表3）　名詞句の種類と振る舞い（NP1 が固有名詞の場合）

| NP2＼表現の種類 | NP1 の／である NP2 | NP2 の／である NP1 | NP1 という NP2 | NP2 という NP1 | NP1 つまり／すなわち NP2 |
|---|---|---|---|---|---|
| a. 再帰代名詞 | × | ◯ | × | × | ◯ |
| b. 親族名称 | × | ◯ | ◯ | × | ◯ |
| c. 属性（肩書き） | × | ◯ | ◯ | × | ◯ |

まず，「の／である」を使った言い換えにおける振る舞いは，NP2 が固有名詞の場合（表2参照）とちょうど逆であり，(33) のように不可能である。しかし，(34) からも分かるように入れ替えると言い換えが可能になることから，NP1 が固有名詞の場合は，NP1 の属性を NP2 が示している，もしくはNP1 を NP2 が強調していると考えられる。

(33) a. *ユウキロックさんの／であるご本人

b. *ラ・ファイエットの／である夫人
　　　c. *細川の／である総理大臣
(34) a. 　ご本人の／であるユウキロックさん
　　　b. ?夫人の／であるラ・ファイエット
　　　c. 　総理大臣の／である細川

　また，「という」による言い換えでも同様に，再帰代名詞を除き，NP2が固有名詞の場合とちょうど逆になり，(35)のように「NP1というNP2」による言い換えが許容される。これは前接項の固有名詞が唯一指定的であることに起因すると考えられる。一方，語順を変えた(36)は非文である。

(35) a. *ユウキロックさんというご本人
　　　b. 　ラ・ファイエットという夫人
　　　c. 　細川という総理大臣
(36) a. *ご本人というユウキロックさん
　　　b. *夫人というラ・ファイエット
　　　c. *総理大臣という細川

　「NP1つまり／すなわちNP2」という表現との言い換え可能性では，NP1が固有名詞の場合は前項が特定の指示対象を持つため，(37)のように問題なく成立するのも興味深い。

(37) a. 　ユウキロックさんつまり／すなわちご本人
　　　b. 　ラ・ファイエットつまり／すなわち夫人
　　　c. 　細川つまり／すなわち総理大臣

　このような性質から，NP1が固有名詞の場合，すでにNP1で特定されている指示対象についてのさらなる情報をNP2が叙述している，もしくは強調していると考えられる。

## 3.4 同格名詞句の種類

本節では，固有名詞句を含む同格名詞句について，生じる名詞句の種類と場所，その性質を考察した。その結果から，固有名詞句を含む同格名詞句の特徴は以下のようにまとめられる。(38) が代名詞を含むものであり，(39) はそれ以外の場合である。

(38) a. NP1（人称代名詞）＋ NP2（固有名詞）：我々 日本人
   指示対象の指示　　　指示対象・性質の強調
   b. NP1（固有名詞）＋ NP2（再帰代名詞）：ユウキロックさん ご本人
   指示対象の提示　　指示対象の強調
(39) a. NP1（名詞）　　　＋ NP2（固有名詞）：祖国 日本
   性質や状態を叙述　　NP1 の値を指定
   b. NP1（固有名詞）＋ NP2（名詞）：ヴィクトリア 英女王
   指示対象の提示　　　性質や状態を叙述・強調

小林 (1996: 8) は同格構造を，「N2 は具体的な実体を示し，N1 はそれを引き立て強調するために添えられたもの。意味の主眼は N2 で，N1 はそれを修飾または補うもの」としているが，これは小林の分析した (8) の同格構造が，基本的には (38a), (39a) にあたるものに限定されるものであったことに起因している。しかし，今回の調査で得られたデータから，同格構造には (38b), (39b) のようなタイプも観察されたことから，同格構造の解明にはこれらも含めたさらなる分析が不可欠であることが分かった。

## 4. まとめと今後の課題

本章では日本語に生じる同格名詞句を分析し，先行研究で指摘されているよりも広い意味関係に同格構造が観察されることを指摘した。そして，それぞれの名詞句の果たす機能に関して，様々な表現との言い換え可能性を通し，考察を行った。しかし，今回は固有名詞を含む同格名詞句のみを対象と

したため,固有名詞を含まない同格構造にはどのような関係が観察され,それらがどのような特徴を示すのか,どのように統語構造に位置づけられるかについては,今後研究を進める必要がある。また,日本語以外の言語の同格構造との差異を考察することで,日本語における同格構造の特徴や機能が見えてくるだろう。さらに研究を進めたい。

## 付記

　本章は,日本語文法学会第 14 回大会パネルセッションでの発表「同格名詞句の意味関係─固有名詞が含まれる場合─」を改変したものである。質疑応答での有益なコメントに感謝申し上げる。また,本研究を進めるにあたり,研究会での議論を通し多くの知識や示唆をいただいた益岡先生をはじめ TLM のみなさまにも感謝申し上げる。

## 参照文献

岩男考哲(2013)「引用形式が名詞をつなぐ表現の研究─「という」「といった」と「とか」をめぐって─」『日本語文法学会第 14 回大会予稿集』.
岩男考哲(印刷中)「引用形式が名詞句をつなぐ表現について─「という」「といった」「とかいう」について─」『信州大学教育学部研究論集』第 9 号.
亀井孝・千野栄一・河野六郎(1996)『言語学大辞典』三省堂.
窪薗晴夫・太田聡(1998)『音韻構造とアクセント』研究社.
小林幸江(1996)「「同格」をめぐって」『東京外国語大学留学生日本語教育センター論集』22.
鈴木重幸(1972)『日本語文法・形態論』むぎ書房.
中島平三・瀬田幸人(監訳)Peter Hugoe Mathews(著)(2009)『オックスフォード言語学辞典』朝倉書店.
西山佑司(2003)『日本語名詞句の意味論と語用論─指示的な名詞句と非指示的な名詞句─』ひつじ書房.
芳賀綏(1962)『日本語文法教室』東京堂.
服部隆(1999)「文の成分構成の問題─成分相当の名詞句をめぐって─」『上智大学国文学科紀要』16.
益岡隆志・田窪行則(1992)『基礎日本語文法─改訂版─』くろしお出版.
森岡健二(1994)『日本語文法体系論』明治書院.
Meyer, Charles F. (1992) *Appositions in contemporary English*. Cambridge: Cambridge University Press.
Quirk, R., S. Greenbaum., G. Leech, and J. Svartvik (1985) *A comprehensive grammar of the English language*. London: Longman.

# 第3章

# ［一つ＋の＋NP］と［NP＋の＋一つ］
名詞文の述語名詞句での用法に関する考察

坂本智香

## 1. はじめに

　数量名詞（鈴木 1972）は，連体助詞「の」を介して名詞句（NP）と結びつき，［数量名詞＋の＋NP］や［NP＋の＋数量名詞］という名詞句を形成することができる。これらの名詞句が名詞文「AはBだ」のB（述語名詞句）として用いられる場合には，数詞「一」と助数詞「つ」からなる数量名詞「一つ」が「の」を介してNPと結びついた［一つ＋の＋NP］や［NP＋の＋一つ］であることが多い[1]。

（1）　覗きは｛一つの病気／病気の一つ｝ですから，お灸を据えただけでは治りません[2]。
（2）　日本で4番目の長い歴史を持つ『遊亀公園付属動物園』。迫力ある猛獣を近くで見ることができるのは｛一つの魅力／魅力の一つ｝だ[3]。

---

[1] 本章では議論が複雑になるのを避けるため，特に必要のない限り，［一つ＋の＋NP］・［NP＋の＋一つ］が他の修飾成分を伴わず単独で用いられたものを考察対象とする。なお，例文中の下線はすべて筆者によるものである。

[2] 原文は「覗きは病気ですから，お灸を据えただけでは治りません。」（http://www.khk-dr.jp/mosimosi/9012sat.htm，2013年9月26日取得）である。

[3] 原文は「日本で4番目の長い歴史を持つ『遊亀公園付属動物園』。迫力ある猛獣を近く

しかし，［一つ＋の＋NP］と［NP＋の＋一つ］の間では，両方の使用が自然な場合と，いずれか一方の使用のみ自然な場合があることから，これら2形式の関係が問題となる[4]。

（3）　雪平夏美に会えたことは {一つの奇跡／??奇跡の一つ} だと思っています[5]。
（4）　岡山市は {??一つの政令指定都市／政令指定都市の一つ} です。

　以下では，まず2形式の意味と用法に関する2つの先行研究を概観し，問題点を確認する（第2節）。次に，［一つ＋の＋NP］・［NP＋の＋一つ］の使用状況として3つのパターンを提示し，2形式の振る舞いの特徴を分析する（第3節）。さらに，その特徴を生み出す要因についても考察を行う（第4節）。

## 2.　先行研究と問題点

　名詞文「AはBだ」のB（述語名詞句）として用いられる［一つ＋の＋NP］・［NP＋の＋一つ］の意味と用法についての先行研究は少なく，管見では建石（2009）があるのみである。また，Downing（1996）は述語名詞句としての2形式の用法を直接扱ったものではないが，本章との関連性が高いものである[6]。以下ではDowning（1996），建石（2009）の順に概観し，問題点を

---

で見ることができるのは魅力だ。」（https://deece.jp/amusement/65540306, 2015年8月25日取得）である。

[4]　本章では［一つ＋の＋NP］・［NP＋の＋一つ］の使用に違和感がある場合に「??」の記号を付し，「不自然」という用語を用いて記述を行う。これは，違和感の理由が，NPによって伝達される情報の物足りなさ（［NP＋の＋一つ］）や，「一つ」という数量情報を明示することの不自然さ（［一つ＋の＋NP］）にあり，2形式の使用が文法的に不適格であるという理由とは異なるためである。

[5]　原文は「雪平夏美に会えたことは奇跡だと思っています。」（http://dogatch.jp/news/cx/34690, 2015年8月25日取得）である。

[6]　Downing（1996）では，数量名詞と名詞の位置関係を4つ（Pre-Nominal, Appositive,

第 3 章　［一つ＋の＋ NP］と［NP ＋の＋一つ］

検討する。

## 2.1　Downing (1996)

### 2.1.1　概要

　Downing (1996) は，［一つ＋の＋ NP］における「一つ」の用法を "Special Uses with the Number ' One ' " として位置づけ，「一つ」が「純個体化 (sheer individuation)」・「定阻止 (definiteness blocking)」・「ぼかし (hedging)」の 3 つの用法をもつと指摘している[7]。

　これら 3 つの機能のうち，ここでは「ぼかし」の用法に注目する。Downing によれば，「一つ」がこの機能を担う際には，ある対象を言い表す上で用いている NP の適切性が婉曲的に表される ((5a))[8]。そして，NP がメタファーである場合にこの用法が最も際だつとされている ((5b))。

（5）a.　自分がはげてて嫌だと思って手入れをする，ジャブジャブいろんなものをかけたりするってのはね結局まあ，一つの差別構造である，…

　　b.　彼は自分には関係のないこれら教授たちの暗闘が明日は一つの峠にかかるのだと考えて，…[9]　　　　　　　　　　（Downing 1996: 226）

　さらに，この用法の［一つ＋の＋ NP］が表す意味については次のように述べられている。

---

Summative Appositive, Q-Float) に分類し，タイプごとに数量名詞の機能が考察されている。そのため，本章の研究対象である名詞文の述語名詞句以外での用法も考察対象となっている。

[7]　「純個体化」・「定阻止」という日本語訳は，岩田 (2013) のものを採用している。

[8]　「ある対象」は Downing (1996) では "referent" と表記されているが，これは［一つ＋の＋ NP］によって言い表されている対象という意味合いで用いられているようであることから，「指示対象」とは訳さず「ある対象」とした。

[9]　原文はアルファベット表記であり，表記の変更は筆者が行ったものである。

…the numeral-classifier pair serves notice that the referent in question is but one member or one *type* of member (perhaps atypical) of the category denoted by the noun.　　　　　　　　　　　　　　　　　　　　（Downing 1996: 227）

### 2.1.2　問題点

　Downing の記述は，［一つ＋の＋NP］のぼかし用法で複数の異なる意味が表されることを示唆している。

　1つ目は，ある対象を言い表すために使用された名詞の適切さに関する「婉曲性」，2つ目は，ある対象が NP によって表示されたカテゴリーのおそらく代表的な事例ではないという「非代表性」である[10]。そして3つ目は，ある対象が NP の表すカテゴリーの "one member" あるいは "one *type* of member" にすぎないという意味である。この意味は，「ある対象が当該のカテゴリーに分類される1つの事例である」という意味だと考えられるため，「事例性」と呼ぶことにする。

　Downing は，ぼかし用法の［一つ＋の＋NP］がこれら3つの意味を表すとしているが，「婉曲性」と「非代表性」に関しては問題がある。なぜなら，「事例性」の意味解釈が常に容認可能である一方で，「婉曲性」や「非代表性」は容認可能な場合と不可能な場合があるためである。

　まず，(1′) を見られたい。

(1′)　覗きは<u>一つの病気</u>ですから，お灸を据えただけでは治りません。

　(1′) では「覗き」が「病気」というカテゴリーに分類されているが，主語名詞句と述語名詞句は意味的に矛盾した関係にある。そのため，「覗き」が「病気」の非代表的な事例であるという意味解釈が可能である。また，(1′) の下線部では，「病気」への分類がより適切な事例が他にもあるという意味解釈も可能であることから，婉曲性の意味解釈も容認可能である。

---

[10]　非代表性は Downing が敢えて括弧の中で記述している意味であり，あくまで補足的な記述である印象を受けるが，名詞文の述語名詞句としての［一つ＋の＋NP］はこの意味を表すことが多いため，ここでは敢えて他の2つの意味と同列に扱うことにする。

第 3 章　［一つ＋の＋NP］と［NP ＋の＋一つ］

次に（6）を見られたい。

（6）　自律神経失調症は，よく分からない病気と言われますが，れっきとした一つの病気です。

(http://grandfreres-hide.seesaa.net/article/421580205.html,
2015 年 8 月 29 日取得）

　（6）の「一つの病気」では「病気」への分類がより適切な他の事例があるという意味解釈が可能ではあるものの，形容詞「れっきとした」により「明らかな，はっきりとした，正真正銘の」といった意味が付加され，「自律神経失調症」を「病気」に分類することの適切さが断定的かつ直接的に伝えられている。そのため，婉曲性の意味解釈は容認不可能であると思われる。
　また，（6）では「自律神経失調症」が「病気」の非代表的な事例であるという意味解釈も可能であるが，（1′）と異なり，この意味解釈が主語名詞句と述語名詞句の意味関係に基づくものなのか，「よく分からない病気と言われますが」といった文脈に基づくものなのかははっきりしない。
　さらに（7）を見られたい。

（7）　『AIR』においては，ピアノはあくまでひとつの楽器であり，我が我がと目立つことはありません。

(http://members3.jcom.home.ne.jp/m.m.sp/okiniiri/1.htm,
2015 年 12 月 29 日取得）

　（7）では，副詞「あくまで」によって「ピアノ」が分類されるべきカテゴリーが「楽器」に固定されることが強調されているため，婉曲性の意味解釈は容認不可能であると思われる。
　では，非代表的な事例という意味解釈についてはどうであろうか。「ピアノ」は「楽器」と意味的に矛盾しないだけでなく，「楽器」の代表的な事例と言って良いものである。しかし，（7）ではやはり非代表的な事例という意味解釈が可能である。ただし，この解釈を動機づけている要因には，「ピアノ」と「楽器」の字義的な意味関係とは別の 2 通りの可能性がある。

45

1つ目は，(7)が発話される以前に聞き手の側で「ピアノ」が「楽器」以外の別のカテゴリーに分類されている可能性である。例えば「歌い手」がそうであり，その場合は「ピアノ」が人間に喩えられていることになる。
　もう1つは，(7)が発話される以前に聞き手の側で，「ピアノ」が「楽器」というカテゴリーの中で他の楽器とは異なる特別な楽器として認識されている可能性である。この場合は，聞き手の発話解釈の際にピアノが他の楽器と同じ序列へと格下げされることになる。
　これらが正しければ，(7)の非代表的な事例という意味解釈を動機づけている要因は[一つ＋の＋NP]という言語形式ではなく，(7)が発話される以前に聞き手が有していた，「ピアノ」の分類先としてのカテゴリーや，カテゴリー内での序列に関する認識であるということになる。
　次に(2′)を見られたい。

(2′)　日本で4番目の長い歴史を持つ『遊亀公園付属動物園』。迫力ある猛獣を近くで見ることができるのは<u>一つの魅力</u>だ。

　(2′)では「魅力」への分類が可能な他の事例が他にもあるという意味解釈が可能であることから，婉曲性の意味解釈が可能である。ただし，非代表的な事例という意味解釈については，容認可能な場合と不可能な場合の両方が考えられる。
　まず，(2′)が発話される以前に，聞き手が「迫力ある猛獣を近くで見ることができる(こと)」を最大の魅力として認識していた場合，聞き手の発話解釈では他の魅力と同じ序列に格下げされることになり，非代表的な事例という意味解釈が可能になる[11]。
　それに対し，前述のような序列的な認識が事前に聞き手にない場合は格下げも起こらないため，この意味解釈は容認不可能である。そしてその結果，「魅力」に分類される事例が他にもあるという意味解釈や，単に「迫力ある猛獣を近くで見ることができる(こと)」が「魅力」の1つの事例であると

---

[11] 主語名詞句の指し示すものが格下げされる背景に，それが属するカテゴリーの事例に対する聞き手の序列的な捉え方が関わっている点は，先の(7)も同様である。

いう意味解釈のみが可能となる。

　以上の分析は，Downing が指摘した 3 つの意味のうちで，［一つ＋の＋NP］の言語的な意味と見なせるのは「事例性」だけである可能性を示唆していると考えられる。

　なお，「事例性」の意味解釈は［NP＋の＋一つ］を使用した場合にも容認可能である。

（1″）　覗きは病気の一つですから，お灸を据えただけでは治りません。
（2″）　日本で 4 番目の長い歴史を持つ『遊亀公園付属動物園』。迫力ある猛獣を近くで見ることができるのは魅力の一つだ。

　したがって，事例性は［一つ＋の＋NP］と［NP＋の＋一つ］によって共有された意味と見なすのが妥当であると思われる。

## 2.2　建石（2009）

### 2.2.1　概要

　建石（2009）は，数詞「一」の独自性に関する考察として，措定文（西山 2003）の述語名詞句としての［一つ＋の＋NP］・［NP＋の＋一つ］の用法を分析したものである[12, 13]。

　それによると，まず［NP＋の＋一つ］は「主語名詞句が述語名詞句の一部分である」（建石 2009: 54）という意味（以下「部分の意味」とする）を表し，［一つ＋の＋NP］も「ほぼ同じような意味」（建石 2009: 54）で措定文の述語名詞句として用いられる（（8））。

（8）　考えてみれば恐怖だって {財産のひとつ／ひとつの財産} である。恐怖を感じないから偉い，感じるから駄目と一面的に断定できる種類

---

[12]　建石（2009）では［一つ＋の＋NP］が［一＋助数詞＋の＋N］，［NP＋の＋一つ］が［N＋の＋一＋助数詞］と表記されている。
[13]　建石は，措定文（西山 2003）の述語名詞句のような非指示的名詞句において数詞「一」が用いられることが，数詞「一」の独自性であると述べている。

のものではないのだ[14]。　　　　　　　　　　　　　　　（建石 2009: 54）

　そして，［一つ＋の＋NP］については，部分の意味を基本とする2つの用法があることも指摘されている。1つは部分明示用法であり，述語名詞句にあてはまるものが主語名詞句以外にも存在し，主語名詞句はあくまでその一部分であることを明示的に伝えるために［一つ＋の＋NP］が使用される（(9)）。もう1つは部分認定用法であり，主語名詞句が述語名詞句の典型でないにもかかわらず，その一部であることが［一つ＋の＋NP］によって伝えられるとされている（(10)）[15]。

（9）　この説を科学者はもちろん，官公庁も既に確定した事実のようにして，議論をすすめている。ところが，これは単に一つの説に過ぎない。
　　　　　　　　　　　　　　　　　　　　　　　　　　　（建石 2009: 55）
（10）　あえていえば，僕自身にとって，スキーはひとつの宗教かなと思うことがある。
　　　　　　　　　　　　　　　　　　　　　　　　　　　（建石 2009: 56）

　なお，部分認定用法については，主語名詞句が述語名詞句の典型的な成員と考えられる場合には［一つ＋の＋NP］が使用できないことも指摘されている（(11)）。

（11）　キリスト教は｛??ひとつの宗教／宗教のひとつ｝である。
　　　　　　　　　　　　　　　　　　　　　　　　　　　（建石 2009: 56）

　そして，［一つ＋の＋NP］に2つの用法がある理由については，部分明示用法では述語名詞句の表すカテゴリーと主語名詞句の指し示すものとの同質性が，同様に部分認定用法では異質性が関わっているためであるとされている。

---

[14] ｛　｝内は，左のものが実例とのことである。

[15] 建石（2009）では「典型」という概念について，「人々が常識や社会通念などから想定するカテゴリーの代表的な成員や中心要素」（建石 2009: 56）と規定されている。

第3章　[一つ+の+NP] と [NP+の+一つ]

### 2.2.2　問題点

　建石の分析は [一つ+の+NP] と [NP+の+一つ] が「部分の意味」を共有していることを示唆している[16]。また，その場合には (8) のように両方の形式が使用できることや，(11) のように主語名詞句が述語名詞句の典型である場合には [NP+の+一つ] のみ使用できることが示されており，2形式の使用状況に踏み込んで記述されている点も興味深い。

　しかしながら，建石の記述は [一つ+の+NP] の用法の分析に重点が置かれており，使用状況の記述としては不十分な点がある。

　まず，2形式の使用が自然である場合でも，NPの意味解釈が異なる場合があることが取り上げられていない。また，[NP+の+一つ] のみ使用可能なパターンは提示されているが，[一つ+の+NP] のみ使用可能なパターンについては言及がなく，実際にそのようなパターンがあるのか否かが不明である。さらに，[一つ+の+NP] が使用できない場合についても，建石が理由として挙げている主語名詞句の典型性があてはまらないものがあり，問題がある。以下，順に詳しく述べる。

　まず，2形式の使用が自然ではあるが，NPの意味解釈に違いがある例として (12) を見られたい。

(12)　覗きは {一つの病気／病気の一つ} ですから，お灸を据えただけでは治りません。

　(12) では，「一つの病気」の意味解釈において「病気」の語彙概念が調整されるのに対し，「病気の一つ」では調整は行われない。この語彙概念の調整は緩和 (loosening)(Carston 2002) と呼ばれ，関連性理論 (Sperber and Wilson 1986, 1995) において発話を関連性のあるものとして解釈するために

---

[16]　2.1.2 で Downing (1996) の問題点を検討した際，[一つ+の+NP] により「NPの表すカテゴリーに分類される事例が主語名詞句の指し示すものの他にも存在する」という意味解釈が容認可能であることを述べたが，これは [一つ+の+NP] が [NP+の+一つ] と同様に「部分の意味」(建石 2009) を表すためであると考えられる。
　なお，[一つ+の+NP] が [NP+の+一つ] と同様に部分の意味を表すことやその理由については，岩田 (2013) に詳しい説明がある。

行われる語彙概念の語用論的な調整方法の一つである[17, 18]。

具体的に見てみよう。「一つの病気」では,「病気」の語彙概念としての「身体や精神に生じた生理的に悪い状態」の意味から「身体に生じた」や「生理的(なものである)」という特徴が消失する。それにより,「覗き」という異常行動の原因を「身体や精神に生じた生理的に悪い状態」に限定しない意味解釈(当事者の意志や嗜好なども含まれる意味解釈)が容認可能となる。

それに対し「病気の一つ」では,「病気」の語彙概念が保持されたまま意味解釈が行われ,「覗き」という異常行動の原因をあくまで「身体や精神に生じた生理的に悪い状態」に限定する意味解釈が容認可能になる。

次に,[一つ+の+NP]の使用のみ自然と見なされるパターンについて,(13)を見られたい。

(13) 雪平夏美に会えたことは{一つの奇跡／??奇跡の一つ}だと思っています。

---

[17] 関連性理論には,すべての発話は最適な関連性の見込みを伝達するといった関連性の原則があり,聞き手の発話解釈はこの原則に一致したものとなるように行われる。東森・吉村(2003)に基づけば発話解釈にはいくつかの段階があり,音の刺激がもつ言語的意味が解読され,論理形式が付与された後,論理形式の段階ではまだ不確定である意味を確定させるようなさまざまな語用論的プロセスを経た後で初めて,発話によって表現された命題(表出命題)が聞き手の側で復元される。そして緩和(loosening)は前述の語用論的プロセスの一つであり,本来コード化されている語彙概念をそのまま命題の一部として適用すると意味的に矛盾が生じ,関連性を達成するのに十分な命題形式(表出命題)を形成することができない場合に行われる。

例えば「太郎はタヌキだ」という発話があった場合,「タヌキ」の意味を「したたかなイヌ科の動物」のように字義的に解読しただけでは,「太郎」との間で意味的に矛盾が生じ,関連性のある発話とならない。そのため「タヌキ」の語彙概念の中から「イヌ科の動物」の部分が捨て去られ,「(人間を含めた)したたかな生き物全般」といったより緩い概念へと調整される。その結果「太郎はしたたかな人だ」といった表出命題を得ることができる。

[18] 緩和を経て得られた概念はアドホック概念(ad hoc concept)と呼ばれる。アドホック概念は,緩和される前の語彙概念と,論理的記載事項・百科事典的記載事項を共有しているという点で類似してはいるが,元の語彙概念に基づいて特定の文脈の中で特定の関連性を達成できるように語用論的推論を経て作り出されるのが特徴である(Carston 2002(内田他訳 2008))。なお,東森・吉村(2003)ではこの点について「その場限り」という解説がなされている。

第3章 ［一つ＋の＋NP］と［NP＋の＋一つ］

(13)では「一つの奇跡」の使用が自然であるのに対し，「奇跡の一つ」の使用は不自然と感じられる。その理由は，筆者の意味解釈において，「雪平夏美に会えたこと」がどのような奇跡の一つであるのかについての情報が不足しているように感じられるためである。

実際，不足している情報を補ってみると，「奇跡の一つ」の使用が自然と見なされるようになる。

(13′) 雪平夏美に会えたことは<u>この作品がもたらした｛一つの奇跡／奇跡の一つ｝</u>だと思っています。

次に，［一つ＋の＋NP］の使用が不自然な場合について見てみよう。建石は主語名詞句が述語名詞句の典型である場合にそうなると述べていたが，この説明があてはまらないものも存在する。

(14) 岡山市は<u>｛??一つの政令指定都市／政令指定都市の一つ｝</u>です。

(14)では「一つの政令指定都市」の使用が不自然と見なされるが，この場合に「岡山市」を「政令指定都市」の典型と見なすことは困難であると思われる。

以上の観察は，［一つ＋の＋NP］と［NP＋の＋一つ］の使用状況には違いがあり，それには「部分の意味」とは別の，それぞれの形式に独自の特徴が関わっていることを示唆していると思われる。

## 3. ［一つ＋の＋NP］・［NP＋の＋一つ］の使用状況

2形式のそれぞれが独自に有する特徴を考察する前に，ここでは2形式の使用状況を整理し，各パターンの特徴について確認する。

(表1) ［一つ＋の＋NP］・［NP＋の＋一つ］の使用状況

|  | A | B | C | D |
|---|---|---|---|---|
| ［一つ＋の＋NP］ | ○ | ○ | × | × |
| ［NP＋の＋一つ］ | ○ | × | ○ | × |

名詞文「AはBだ」のB（述語名詞句）としての［一つ＋の＋NP］・［NP＋の＋一つ］の使用状況は，論理的には上の（表1）に示した4通りのパターンが考えられる。以下は，そのうちパターンA～Cの例である。

(15)　パターンA1：
　　　覗きは{一つの病気／病気の一つ}ですから，お灸を据えただけでは治りません。
(16)　パターンA2：
　　　日本で4番目の長い歴史を持つ『遊亀公園付属動物園』。迫力ある猛獣を近くで見ることができるのは{一つの魅力／魅力の一つ}だ。
(17)　パターンB：
　　　雪平夏美に会えたことは{一つの奇跡／??奇跡の一つ}だと思っています。
(18)　パターンC：
　　　岡山市は{??一つの政令指定都市／政令指定都市の一つ}です。

　まず，パターンAは，［一つ＋の＋NP］と［NP＋の＋一つ］の両方の使用が自然と感じられるものである。ただし，NPの語彙概念の緩和という点で意味解釈に違いが生じるパターンA1((15))と，そのような違いが生じないパターンA2((16))に下位分類される。
　次にパターンB((17))は，［一つ＋の＋NP］の使用が自然と感じられるのに対し，［NP＋の＋一つ］の使用が不自然と感じられるものである。ただし，パターンBは，［NP＋の＋一つ］の使用が単独では不自然であっても，どのようなNPであるのかについての情報を補う連体修飾成分を付加することにより自然と感じられるようになる((17'))。

(17')　パターンB：
　　　雪平夏美に会えたことはこの作品がもたらした{一つの奇跡／奇跡の一つ}だと思っています。

　最後に，パターンC((18))は［一つ＋の＋NP］の使用が不自然であるのに

第 3 章　［一つ＋の＋ NP］と［NP ＋の＋一つ］

対し，［NP ＋の＋一つ］の使用が自然と感じられるものである。2.2.2 でも確認したように，この場合の主語名詞句は述語名詞句の表すカテゴリーの典型である場合に限られるわけではない。

　また，副詞「あくまで」により，主語名詞句の指し示すものが分類されるカテゴリーが述語名詞句の表すカテゴリーに固定されることが強調された場合は，［一つ＋の＋ NP］の使用が自然と感じられるようになるのも大きな特徴である（(18′)）。

(18′)　パターン C：
　　　　岡山市はあくまで｛一つの政令指定都市／政令指定都市の一つ｝です。

　ここまで，［一つ＋の＋ NP］・［NP ＋の＋一つ］の使用状況と，各パターンの特徴を概観した。その中で，これまでに確認されている「事例性」の意味や「部分の意味」とは別に，2 形式のそれぞれに独自の特徴がある可能性が見えてきたと思われる。

　具体的にはまず，［一つ＋の＋ NP］の使用について，単独では不自然と見なされる場合でも，副詞「あくまで」によりカテゴリーの固定が強調されれば自然と見なされるようになることが挙げられる。そして，［NP ＋の＋一つ］の使用については，やはり単独では不自然と見なされる場合に，「どのような NP であるか」に関する情報が付加されることにより自然と見なされるようになることが挙げられる。

　第 4 節では，これらの特徴を生み出している要因について，［一つ＋の＋ NP］と［NP ＋の＋一つ］のそれぞれが独自に有している機能の観点から考察する。

## 4.　［一つ＋の＋ NP］・［NP ＋の＋一つ］の機能

### 4.1　［NP ＋の＋一つ］の機能

　ここではまず，［NP ＋の＋一つ］が単独で用いられると不自然と見なさ

53

れ，連体修飾成分によって「どのような NP か」に関する情報が付加されることで自然さが増していたことを取り上げる。この場合の連体修飾成分はどのような機能を担っているのだろうか。

(17′)　パターン B：
　　　雪平夏美に会えたことはこの作品がもたらした {一つの奇跡／奇跡の一つ} だと思っています。
(17″)　パターン B：
　　　雪平夏美に会えたことは φ　{一つの奇跡／ ??奇跡の一つ} だと思っています。

　ここでは，連体修飾成分が限定の機能を担うか，非限定の機能を担うかという点に注目する。

　金水（1986）によれば，連体修飾成分が限定の機能を担っている場合はそれを取り除くと文意が大きく変わってしまったり（(19)），「奇妙な文連続」（金水 1986: 607）となったりする（(20)）[19]。それに対し，連体修飾成分が限定の機能を担わず，背景，理由，詳細説明などの情報付加である場合は，それを取り除いても文意が大きく変わることはない（(21)）。

(19) a.　人のために尽くす心が大切だ。
　　 b.　心が大切だ。　　　　　　　　　　　　（金水 1986: 606–607）
(20) a.　どの映画を見ようかと家族で相談した結果，今回は息子が好きな映画を見ることにした。
　　 b.　どの映画を見ようかと家族で相談した結果，*今回は　φ　映画を見ることにした。　　　　　　　　　　　　（金水 1986: 607）
(21) a.　日曜日に何をしようかと家族で相談した結果，今回は息子が好きな映画を見ることにした。
　　 b.　日曜日に何をしようかと家族で相談した結果，今回は　φ　映画を

---

[19]　「限定」について金水（1986）では「修飾される名詞（これを主名詞と呼ぶことにする）の表す集合を分割し，その真部分集合を作り出す働き」（金水 1986: 606）と規定されている。

## 第3章　［一つ＋の＋NP］と［NP＋の＋一つ］

見ることにした。　　　　　　　　　　　　　　（金水1986: 607）

　(17′) と (17″) のペアによって示されているように，パターンBの「奇跡の一つ」は，連体修飾成分が取り除かれると，どのような「奇跡」であるのかについての情報が不足しているといった違和感から使用が不自然と感じられる。このことは，パターンBにおける連体修飾成分がNPに対して限定の機能を担っていることを示唆していると考えられる。さらに言えば，［NP＋の＋一つ］という形式は聞き手の発話解釈においてNPを限定的に解釈するよう指示する機能を担っているとも考えられる[20]。

　これは，パターンA1 ((15))・A2 ((16))・C ((18)) で［NP＋の＋一つ］の単独での使用が自然と見なされたことと，決して矛盾するものではないと思われる。

　まずパターンA1 ((15)) では，「病気の一つ」における「病気」の意味解釈において語彙概念が緩和されないという特徴があった。そして，文全体の意味としては，「覗き」が「癌や脳卒中などの典型的な病気と同じ病気の一つである」という意味解釈が可能である。このとき聞き手は，「病気」というカテゴリーに対して「病気」の典型的な事例のみからなる真部分集合を作り出していると考えられる。これは「病気」の意味の絞り込み（narrowing）(Carston 2002) であり，すなわち限定にあたると考えられる[21]。

---

[20] 東森・吉村 (2003) によれば，Blakemore (1987) 以降の研究を受けて，関連性理論では発話の中で言語的にコード化されているものには，概念をコード化しているものと，概念を操作する手続きをコード化しているものがあると考えられており，前者でコード化されている情報は概念的情報，後者でコード化されている情報は手続き的情報と呼ばれている。
　より具体的には，概念的コード化では論理形式の構成要素となる概念（概念表示）がコード化されており，名詞・動詞・形容詞などの内容語の大部分がそれにあたる。それに対し手続き的コード化では概念表示をどのように解釈すべきかを指示する情報がコード化されており，談話連結詞 (and, so) などがそれにあたる。
　ここで［NP＋の＋一つ］がコード化しているのはNPを限定・非限定に関してどのように解釈すべきかを指示する情報であることから，手続き的情報であると考えられる。

[21] 絞り込み (narrowing) は緩和 (loosening) と同様，発話によって表現された命題（表出命題）を復元する際に聞き手が行う語用論的プロセスの一つである。例えば次の例において，絞り込まれた概念 BIRD*（［鳥*］）は海鳥に限定される。なお，原文では「鳥たちは」の下

次にパターン A2（(16)）であるが，ここでは，「魅力」という名詞の意味解釈の多くの場合に，どのような魅力であるのかについての情報を聞き手が語用論的に補っていると考えられる点に注目する。(16) の「魅力の一つ」の場合に「魅力」に対して補われる情報としては例えば，［多くの人を惹きつけている］や［この動物園ならではの］などが考えられる。そして，これらの補われた情報が，「魅力」に対して限定の機能を担っていると考えられるのである[22]。

このことは，下の例文で「魅力の一つ」よりも二重下線部に強いストレスを置いて発話することが可能であり，なおかつ自然であると感じられることからも明らかであると思われる[23]。

(16′)　パターン A2：
　　　…迫力ある猛獣を近くで見ることができるのは多くの人を惹きつけている魅力の一つだ[24]。

(16″)　パターン A2：
　　　…迫力ある猛獣を近くで見ることができるのはこの動物園ならではの魅力の一つだ。

---

に点が付されている。
  i. The *birds* wheeled above the waves.（鳥たちは波の上で旋回した）
　　　　　　　　　　　　　　　　　　　　　（Carston 2002（内田他訳 2008: 480））

[22] 関連性理論ではこのような語用論的プロセスは「自由拡充（free enrichment）」（Carston 2002（内田他訳 2008））と呼ばれている。なお，東森・吉村（2003）によれば，発話解釈における語用論的プロセスでは発話によって表現された命題（表出命題）を復元する以上のことを行っている場合があり，例えば次の例では［　］の部分がなくても真偽判断可能な命題の形式を備えているが，聞き手は多くの文脈において［　］の自由拡充された部分を伴う命題が伝達されていると理解するとされている。
  i. Jack and Jill went up the hill [together].　　　　　　　　（東森・吉村 2003: 37）

[23] 金水（1986）によれば，ストレスは焦点のある位置に置かれる。また，「一般に，限定的連体には焦点が置かれ易く，情報付加連体には焦点が置けない」（金水 1986: 608）とも述べられている。

[24] 紙幅の都合上，以下では例文（16）の先行文脈「日本で 4 番目の長い歴史を持つ『遊亀公園付属動物園』。」を省略して表記する。

最後にパターンC（(18)）では、「政令指定都市」の語彙概念そのものが限定の機能を担っていると考えられる。なぜなら、政令指定都市は法律によって定められる性質上、カテゴリーの事例も予め限定されていると考えるのが自然であるからである。

## 4.2 ［一つ＋の＋NP］の特徴

では、［一つ＋の＋NP］はどのような機能を担っているのだろうか。ここでもまず、［一つ＋の＋NP］の使用と連体修飾成分との関係について見てみることから始めよう。

(17′) パターンB：
雪平夏美に会えたことはこの作品がもたらした｛一つの奇跡／奇跡の一つ｝だと思っています。

(17″) パターンB：
雪平夏美に会えたことは φ ｛一つの奇跡／??奇跡の一つ｝だと思っています。

(17′) と(17″)の「一つの奇跡」については、連体修飾成分の有無によって自然さが変わることはなく、文意に関してもほぼ同じことを表していると考えられる。また、「一つの奇跡」よりも二重下線で示した連体修飾成分のほうに強いストレスを置いて発話すると、不自然と感じられる。

これらのことは、(17′)の連体修飾成分が限定ではなく情報付加の機能を担っていること、そして［一つ＋の＋NP］という形式が、聞き手の発話解釈においてNPを非限定的に解釈するよう指示する機能を担っているということを示唆していると考えられる。

このことは、パターンA1（(15)）の「一つの病気」やパターンB（(17)）の「一つの奇跡」が単独で使用しても自然と感じられることとも整合性があると考えられる。つまり、いずれもNPを限定的に解釈する必要がないことから、特に連体修飾成分を伴わなくても自然な使用と見なされるということである。

また、パターンA1（(15)）では「一つの病気」の場合のみ「病気」の語

彙概念が緩和され,「病気の一つ」では緩和されないという状況が生じていたが, これも, 2形式におけるNPの意味解釈に際しての指示の違いに起因していると考えられる。つまり,「一つの病気」そのものの意味(「病気」に対して非限定的な意味解釈を行うようにとの指示)により, 聞き手の発話解釈において語彙概念が緩和され,「病気」をより雑多な事例からなるカテゴリーとして解釈し直すことが可能になっているのだと考えられる。

次に, パターンA2((16))の「一つの魅力」についてであるが,「魅力」に対しては発話解釈の際に[多くの人を惹きつけている]や[この動物園ならではの]などの情報が補われていると考えられることは4.1で述べた通りであり, それは「一つの魅力」の場合も同じであると思われる。ここでは, これらの補われた情報が「魅力」に対して限定的に機能しているのか否かを確認しておく。

(16‴)　パターンA2：
　　　…迫力ある猛獣を近くで見ることができるのは多くの人を惹きつけている一つの魅力だ。
(16⁗)　パターンA2：
　　　…迫力ある猛獣を近くで見ることができるのはこの動物園ならではの一つの魅力だ。

(16‴)・(16⁗)では,「一つの魅力」よりも二重下線部に強いストレスを置いて発話すると不自然な発話となる。このことは, 二重下線部の情報が「魅力」に対して情報付加として機能しており,「魅力」に対して非限定の機能を担っていることを示唆していると考えられる。

最後にパターンC((18))の「??一つの政令指定都市」について見てみよう。4.1でも述べたように, 政令指定都市は法律によって定められるもので, カテゴリーの事例に変動が生じにくい名詞であると思われる。そのため, 語彙概念そのものが限定的な性質を有していることから,[一つ＋の＋NP]という言語的環境になじまないのではないかと考えられる[25]。

---

[25]　建石(2009)で提示されている例文(11)「キリスト教は{??ひとつの宗教／宗教のひとつ}である。」(建石2009:56)もパターンCであるが,「??ひとつの宗教」の部分では主語名

第 3 章　［一つ＋の＋ NP］と［NP ＋の＋一つ］

　同様の名詞としては他に，「国連加盟国」や「たんぱく質」など，厳密な規定や定義に則ってカテゴリーの成員が決まるような名詞が挙げられる。

(22)　日本は {?? 一つの国連加盟国／国連加盟国の一つ} です。
(23)　コラーゲンは {?? 一つのたんぱく質／たんぱく質の一つ} です。

　なお，(18′)では，副詞「あくまで」を補い，「岡山市」が分類されるカテゴリーが「政令指定都市」に固定されることが強調されると，［一つ＋の＋NP］の使用が自然になることを見た。

(18′)　パターンC：
　　　岡山市はあくまで {一つの政令指定都市／政令指定都市の一つ} です。

　このようなことが起こるのは，聞き手の側で事前に「岡山市」が「政令指定都市」とは別のカテゴリーに分類されていたり，「政令指定都市」というカテゴリーの事例の中で特別なものと認識されていたりするような場合であると考えられる。つまり，「政令指定都市」の事例に何らかの事情で変動が生じ，聞き手の意味解釈において語彙概念の調整（NP の語彙概念の中で「政令指定都市」の事例か否かの判断基準となるものや，序列性に関する情報を捨て去ること）が必要になっている文脈では，［一つ＋の＋NP］が自然に用いられるということであると考えられる。

## 5.　おわりに

　本章では，名詞文「A は B だ」の B（述語名詞句）として用いられる［一つ＋の＋ NP］・［NP ＋の＋一つ］の使用状況を整理し，2 形式の使用を特徴づけている要因について考察を行った。
　その結果，［NP ＋の＋一つ］は聞き手の発話解釈に対して NP を限定的に

---

詞句との意味関係により「宗教」の語彙概念を緩和する必要がない。そのため［一つ＋の＋NP］の非限定の機能との間に不整合が生じ，「ひとつの宗教」の使用が不自然になると考えられる。

解釈するよう指示する機能を担っているのに対し，［一つ＋の＋NP］は非限定的に解釈するよう指示する機能を担っており，このことが，2形式の使用状況における違いを生み出す要因となっていることが明らかとなった．

しかしながら，ここで確認された［一つ＋の＋NP］・［NP＋の＋一つ］の特徴が名詞文の述語名詞句以外の言語的環境でも認められるか否かについては，さらなる考察が必要である．これは，今後の課題としたい．

### 謝辞

本章は日本語文法学会第14回大会（於：早稲田大学）でのパネルセッション「名詞句間の関係に着目した名詞研究の可能性」における口頭発表の内容をもとに加筆・修正を行ったものである．席上貴重なコメントを下さった諸先生方に感謝申し上げる．なお，本章における不備，誤りはすべて筆者の責任に帰するものである．

### 参照文献

岩田一成（2013）『日本語数量詞の諸相―数量詞は数を表すコトバか―』くろしお出版．

金水敏（1986）「連体修飾成分の機能」松村明教授古稀記念会編『松村明教授古稀記念国語研究論集』明治書院．

鈴木重幸（1972）『日本語文法・形態論』むぎ書房．

建石始（2009）「非指示的名詞句における数詞「一」の独自性」『人文』第33号，鹿児島県立短期大学．

西山佑司（2003）『日本語名詞句の意味論と語用論―指示的名詞句と非指示的名詞句―』ひつじ書房．

東森勲・吉村あき子（2003）『関連性理論の新展開　認知とコミュニケーション』研究社．

Blakemore, Diane（1987）*Semantic constraints on relevance.* Oxford: Blackwell.

Carston, Robyn（2002）*Thoughts and utterances: The pragmatics of verbal communication.* Oxford: Blackwell［邦訳：内田聖二・西山佑司・武内道子・山崎英一・松井智子（訳）（2008）『思考と発話―明示的伝達の語用論―』研究社］．

Downing, Pamela（1996）*Numeral classifier systems.* Amsterdam/Philadelphia: John Benjamins.

Sperber, Dan and Deirdre Wilson（1986, 1995）*Relevance: Communication and cognition.* Oxford: Blackwell［邦訳：内田聖二・中逵俊明・宋南先・田中圭子（訳）（1999）『関連性理論（第2版）―伝達と認知―』研究社］．

# 第4章

# 指示詞的用法を持つ名詞修飾表現研究
コーパスを使った「問題の」・「例の」・「あの」の分析

建石　始

## 1. はじめに

　名詞「問題」や「例」に「の」が結びついた「問題の」や「例の」には（1）のような語義通りの用法だけでなく、（2）のような非現場指示の「あの」[1]と置き換えられる用法もある。

（1）a.　<u>問題の解決</u>に向けて話し合う。
　　　b.　上記の<u>例の通り</u>に計算してください。
（2）　{問題の／例の／あの} 件ですが、こちらで何とか処理できました。

　「問題の」や「例の」は指示詞とのつながりが考慮に入れられるにもかかわらず、従来はほとんど分析されることがなかった。そこで、本章では（2）のような用法[2]の「問題の」と「例の」を考察の対象として、それぞれの

---

[1] 現場指示ではない「あの」について、文脈指示用法や観念指示用法など、さまざまな呼び方があるが、本章では非現場指示の「あの」と呼ぶことにする。

[2] 以下では、（1）のような「問題の」や「例の」の用法を語義通りの用法、（2）のような用法を指示詞的用法と呼ぶことにする。なお、語義通りの用法と指示詞的用法とは明確に線引きできるものではなく、連続したものと考えられるが、ここでは指示詞に置き換えられるかどうかで2つの用法を判別する。

形式がどのような名詞と結びつくのか，どのような文脈や状況で使用されるのかなどについて，『現代日本語書き言葉均衡コーパス』（BCCWJ）を用いて考察を行う。

　本章の構成は以下のようになる。まず，第2節では「問題の」と「例の」に関する先行研究を確認し，問題の所在を明らかにする。第3節ではコーパスを使った分析として，『現代日本語書き言葉均衡コーパス』を用いながら，「問題の」と「例の」，およびそれらと置き換えることができる指示詞「あの」が結びつく名詞，生じる位置，使用されるジャンル，場面・状況などを分析する。第4節は本章のまとめである。

## 2. 先行研究と問題の所在

### 2.1 「問題の」に関する先行研究

　「問題の」は指示詞とのつながりが考えられるが，指示詞的用法の「問題の」に関する先行研究は管見の限り，見当たらない。そこで，まず辞書での記述をもとに分析を進めていく。

　章末に記したいくつかの辞書の記述を見ると，「問題」の意味は次のようにまとめることができる。

①解答を求める問い。質問。
②批判・論争・研究などの対象となる事柄。
③心にとめて考えるべき事柄。注目すべき点。
④話の主題。世間で注目を集めている事柄。話題。
⑤面倒な事柄。厄介な事件。

　④に指示詞とのつながりが多少感じられるが，踏み込んだ記述はなされていない。

　なお，本章で考察の対象とするのは（3）や（4）のような指示詞的用法の「問題の」であり，（5）や（6）のような語義通りの用法の「問題の」は考察

の対象とはしない。

（3） そちらからいわれた問題の男の人相ですが，この川上淳によく似ています。
　　　　　（BCCWJ，西村京太郎『L特急たざわ殺人事件』（OB3X_00245））
（4） ここからは，彼に悩みを打ち明けられたという私の知人の話だが，問題の写真は，妻が撮ったもので，夫と子供が写っていた。
　　　　　（BCCWJ，小池壮彦『怪奇探偵の実録事件ファイル』（LBo1_00011））
（5） あまりロボットにとらわれていると問題の本質を見失うおそれがある。（BCCWJ，長田正『ロボットは人間になれるか』（LBt5_00019））
（6） しかし上院での抵抗は根強く，問題の解決をみるまでには，先ほども述べたように，それから十一年の歳月を要した。
　　　　　（BCCWJ，松村昌家『十九世紀ロンドン生活の光と影』（LBr9_00100））

## 2.2 「例の」に関する先行研究

　「例の」も指示詞とのつながりが考えられるが，『源氏物語』における「例の」の用法を分析した三宅（1988），『蜻蛉日記』に出てくる「例の」を分析した木村（1986），金子（1990），鈴木（2012）などを除くと，指示詞的用法の「例の」に関する先行研究も見当たらない。そこで，「例の」も辞書での記述をもとに分析を進めていく。

　章末に記したいくつかの辞書の記述を参考にすると，「例」の意味は以下のようにまとめることができる。

①慣習となっている事柄。しきたり。
②いつもの通りであること。通常であること。
③世間によく知られていること。話し手・聞き手の双方が知っている人や事柄。
④標準やよりどころとなる過去または現在の事柄。先例。
⑤同じような種類・内容の多くのものの中から，特に取り上げて他を類推させるもの。たとえ。

⑥（副詞的に用いて）いつも。つねづね。

「例」は③に「話し手・聞き手の双方が知っている」という記述があり，「問題の」よりも非現場指示のア系とのつながりが強く示されている。

なお，本章で考察の対象とするのは（7）や（8）のような指示詞的用法の「例の」であり，（9）や（10）のような語義通りの用法の「例の」は考察の対象とはしない。

（7）　そのとき，仲間に取り残された例の男が，ようやく落ち着いたらしく身じろぎした。
　　　（BCCWJ，綾乃なつき『夢見る乙女じゃいられない』（LBm9_00134））
（8）　チャーリーは遠くに例の家をながめられる海岸に，いつものようにイーゼルを立て，ときおり双眼鏡で人の出入りを監視したが，ただ水平線が見えるだけで，興味を惹くようなものはなにも見えなかった。　　　　　　　　　　（BCCWJ，デイヴィッド・アンブローズ著，鎌田三平訳『迷宮の暗殺者』（PB49_00206））
（9）　この例の場合，妻はこれらのリソースを用いることによって，夫との間にある上下関係を表示しています。　　（BCCWJ，西口光一編『文化と歴史の中の学習と学習者』（PB58_00003））
（10）　進取の気性の現れとして，よく引き合いに出され，わかりやすい例の一つが，ペルシャ馬輸入のことである。
　　　（BCCWJ，片桐一男『平成蘭学事始』（PB42_00232））

## 2.3　問題の所在

ここまで見てきたように，指示詞的用法の「問題の」や「例の」は先行研究でほとんど分析されてこなかった。では，実際にはどのように使用され，どのような特徴を持っているのだろうか。以下では，同じように使用される非現場指示の「あの」とも比較しながら，コーパスを用いて「問題の」と「例の」の使用実態を明らかにする。

## 3. コーパスを用いた「問題の」・「例の」の分析

### 3.1 コーパスを用いる意義

　本章ではコーパスを用いて指示詞的用法の「問題の」と「例の」の使用実態を明らかにするが，具体的な分析に入る前に，コーパスを用いてこれらを分析することの意義についてふれておく。

　指示詞的用法の「問題の」と「例の」では，指示詞とよく似た用法を取り上げるため，使われる状況や場面，前後の文脈などを分析する必要がある。「問題の」や「例の」について，それらを適切に備えた例文を日本語母語話者の内省のみに基づいて作成することには限界がある。また，コーパスを用いて数多くの実例を分析することで，結びつく名詞や使用されるジャンルといった，日本語母語話者の内省からは導き出しにくい特徴を見つけ出すこともできる。つまり，コーパスを用いることによって，本章で考察の対象とするデータを大量に集めることができ，より日本語の実態に即した分析が可能となるのである。

### 3.2 分析方法

　本章ではコーパスとして，『現代日本語書き言葉均衡コーパス（BCCWJ: Balanced Corpus of Contemporary Written Japanese）』を使用する。これは国立国語研究所の KOTONOHA 計画の中に位置づけられた 1 億語規模のコーパスであり，新聞，雑誌，書籍，白書，国会会議録，Yahoo! ブログ，Yahoo! 知恵袋，学校教科書などを対象として収録している。

　分析方法であるが，「中納言」1.1.0 を使用し，「問題の」，「例の」，「あの」を検索した。「問題の」は長単位検索を使い，キーに「名詞」，前方共起 1 語に「書字形出現形」で「の」，前方共起 2 語に「語彙素」で「問題」を指定して検索した。「例の」も長単位検索を使い，キーに「名詞」，前方共起 1 語に「書字形出現形」で「の」，前方共起 2 語に「語彙素」で「例」を指定して検索した。「あの」も長単位検索を使い，キーに「名詞」，前方共起 1

語に「書字形出現形」で「あの」を指定して検索した。

### 3.3 結びつく名詞の特徴

#### 3.3.1 「問題の」が結びつく名詞

「問題の」は全部で 1,966 件あった。「問題の」が結びつく名詞のうち，上位 50 位までをまとめると（表 1）になる。なお，カッコ内の数字は件数である。

(表1) 「問題の」が結びつく名詞

| |
|---|
| 解決 (201)・本質 (60)・一つ (47)・所在 (41)・核心 (38)・原因 (34)・中 (30)・理解 (18)・答え (16)・重要性 (16)・ひとつ (16)・検討 (14)・焦点 (14)・多く (13)・先送り (13)・根源 (13)・根 (13)・解決策 (13)・男 (12)・処理 (12)・作成 (12)・ほか (12)・指摘 (12)・とき (11)・ため (11)・発生 (11)・場合 (10)・性質 (10)・背景 (10)・根本 (9)・こと (9)・発端 (8)・部分 (8)・方 (8)・立て方 (8)・ところ (8)・家 (8)・なか (8)・1つ (8)・概要 (8)・中心 (7)・複雑さ (7)・大きさ (7)・写真 (7)・解明 (7)・一部 (7)・整理 (6)・根底 (6)・ご指摘 (6)・人 (6) |

「解決」，「本質」，「一つ」，「所在」など，「問題の」はほとんどが語義通りの用法として使われているが，「男」，「家」，「写真」，「人」など，指示詞的用法として使われている名詞もある。

1,966 件の「問題の」について，「中納言」1.1.0 で前後文脈の語数を 100 に設定し，データをダウンロードした。それらがどのような用法として使われているのかを目視で調査した結果，指示詞的用法の「問題の」は 387 件あり，全体の 19.7％に相当した。

次に，387 件の「問題の」がどのような名詞と結びついているのかを調査した。指示詞的用法の「問題の」が結びつく名詞のうち，上位 10 位までをまとめると（表 2）になる。

(表2) 指示詞的用法の「問題の」が結びつく名詞

| 順位 | 名詞 | 件数 | 順位 | 名詞 | 件数 | 順位 | 名詞 | 件数 |
|---|---|---|---|---|---|---|---|---|
| 1 | 男 | 12 | 5 | 人物 | 4 | 9 | テニスウェア | 3 |
| 2 | 家 | 7 | 5 | 土地 | 4 | 9 | ネットワーク要素 | 3 |
| 3 | 写真 | 6 | 5 | 部屋 | 4 | 9 | 文章 | 3 |
| 4 | 列車 | 5 | 9 | 道路 | 3 | 9 | 夜 | 3 |
| 5 | 女性 | 4 | 9 | 箱 | 3 | | | |

第4章　指示詞的用法を持つ名詞修飾表現研究

　指示詞的用法の「問題の」が結びつく名詞は「男」,「家」,「写真」,「列車」,「女性」など，具体名詞が大半を占める。また，「男」,「女性」,「人物」といった人名詞も上位に来ることが分かる。

### 3.3.2 「例の」が結びつく名詞

　「例の」は全部で1,619件あった。「例の」が結びつく名詞のうち，上位30位までをまとめると（表3）になる。「問題の」とは異なり，ほとんどの名詞が指示詞的用法であるが，「場合」,「一つ」,「通り」など，語義通りの用法の名詞も見られた。

（表3）「例の」が結びつく名詞

| 男(26)・件(20)・場合(15)・一つ(14)・通り(12)・話(10)・調子(10)・もの(10)・事件(9)・本(8)・二人(8)・女(8)・一件(8)・こと(8)・写真(7)・ひとつ(7)・泥棒(6)・匂い(6)・やつ(6)・病気(5)・絵(5)・とおり(5)・うち(5)・方(4)・女性(4)・手紙(4)・場所(4)・所(4)・記事(4)・言葉(4) |
|---|

　1,619件の「例の」について，「中納言」1.1.0で前後文脈の語数を100に設定し，データをダウンロードした。それらがどのような用法として使われているのかを目視で調査した結果，指示詞的用法の「例の」は1,520件あり，全体の93.9％に相当した。指示詞的用法の「問題の」が全体に占める割合は19.7％だったので，割合という点では，「問題の」よりも「例の」のほうがはるかに多くなっている。

　次に，1,520件の「例の」がどのような名詞と結びついているのかを調査した。指示詞的用法の「例の」が結びつく名詞をまとめると（表4）になる。

(表4) 指示詞的用法の「例の」が結びつく名詞

| 順位 | 名詞 | 件数 | 順位 | 名詞 | 件数 | 順位 | 名詞 | 件数 |
|---|---|---|---|---|---|---|---|---|
| 1 | 男 | 26 | 7 | 一件 | 8 | 18 | 女性 | 4 |
| 2 | 件 | 20 | 7 | こと | 8 | 18 | 手紙 | 4 |
| 3 | 話 | 10 | 12 | 写真 | 7 | 18 | 場所 | 4 |
| 3 | 調子 | 10 | 13 | 泥棒 | 6 | 18 | 所 | 4 |
| 3 | もの | 10 | 13 | 匂い | 6 | 18 | 記事 | 4 |
| 6 | 事件 | 9 | 13 | やつ | 6 | 18 | 言葉 | 4 |
| 7 | 本 | 8 | 16 | 病気 | 5 | 18 | ダークブルー | 4 |
| 7 | 二人 | 8 | 16 | 絵 | 5 | | | |
| 7 | 女 | 8 | 18 | 方 | 4 | | | |

(表2)と比べてみると,「問題の」と「例の」が最も多く結びついているのはいずれも「男」という共通点がある。ただし,「問題の」とは異なり,「例の」は具体名詞だけでなく,「件」,「話」,「調子」,「事件」,「こと」などの抽象名詞との結びつきも強いことも指摘しておく。

### 3.3.3 「あの」が結びつく名詞[3]

「あの」は全部で28,347件あった。「あの」が結びつく名詞をまとめると(表5)になる。

(表5) 「あの」が結びつく名詞

| 順位 | 名詞 | 件数 | 順位 | 名詞 | 件数 | 順位 | 名詞 | 件数 |
|---|---|---|---|---|---|---|---|---|
| 1 | 人 | 2,600 | 11 | 夜 | 238 | 21 | 部屋 | 100 |
| 2 | 時 | 2,453 | 12 | 事件 | 216 | 22 | 辺り | 98 |
| 3 | 子 | 1,403 | 13 | 家 | 168 | 23 | こと | 94 |
| 4 | 頃 | 938 | 14 | まま | 142 | 24 | 本 | 93 |
| 5 | 男 | 825 | 15 | 手 | 134 | 24 | 連中 | 93 |
| 6 | 日 | 627 | 16 | 当時 | 128 | 24 | 中 | 93 |
| 7 | 女 | 562 | 17 | 店 | 116 | 27 | 声 | 81 |
| 8 | 方 | 446 | 18 | 時代 | 114 | 28 | 先生 | 76 |
| 9 | 二人 | 283 | 19 | 晩 | 113 | 29 | 国 | 74 |
| 10 | 娘 | 257 | 20 | 後 | 111 | 30 | 女性 | 73 |

---

[3] 非現場指示のア系については,建石 (2011) でも詳しく取り上げている。また,コーパスを用いた名詞研究として,金 (2014) も参考になる。

（表 2），（表 4）と比べてみると，「問題の」，「例の」，「あの」のいずれも人名詞が上位に来やすいことが分かる。ただし，「問題の」や「例の」とは異なり，「あの」は「時」，「頃」，「日」，「夜」，「当時」，「時代」，「晩」といった時間名詞との結びつきが強いことも指摘しておく。

### 3.4 生じる位置の特徴

指示詞的用法の「問題のNP」，「例のNP」，および「中納言」1.1.0 の画面にランダムに表示された 500 件の「あのNP」が文の中のどの位置に生じているのかを調査した。その結果をまとめると（表 6）になる。

（表 6）指示詞的用法の「問題のNP」・「例のNP」・「あのNP」が生じる位置

| 位置<br>表現 | 文　頭（節　頭） | | | 文　中 | 文　末 |
|---|---|---|---|---|---|
| | 句点・記号後 | 接続詞後 | 読点後 | | |
| 問題のNP[4] | 277 (71.6%) | | | 96<br>(24.8%) | 14<br>(3.6%) |
| | 115<br>(29.7%) | 50<br>(12.9%) | 112<br>(28.9%) | | |
| 例のNP[5] | 920 (60.5%) | | | 469<br>(30.9%) | 131<br>(8.6%) |
| | 366<br>(24.1%) | 73<br>(4.8%) | 481<br>(31.6%) | | |
| あのNP[6] | 321 (64.7%) | | | 163<br>(32.9%) | 12<br>(2.4%) |
| | 203<br>(41.0%) | 45<br>(9.1%) | 73<br>(14.7%) | | |

文頭（節頭）に生じるもの，文中に生じるもの，文末に生じるものの具体例を以下に示す。

(11)　左近の言に藤吉が，かくかくしかじかと説明する。例の男を木挽町
　　　七丁目までつけ，そこから再び尾行してきました，と藤吉は左近に

---

[4] 指示詞的用法ではない「問題の」の場合，句点・記号後が 16.9%，接続詞後が 2.7%，読点後が 18.4%，文中が 57.9%，文末が 4.1%であった。

[5] 指示詞的用法ではない「例の」の場合，句点・記号後が 25.0%，接続詞後が 2.1%，読点後が 11.5%，文中が 43.8%，文末が 17.7%であった。

[6] 「あの手この手」といった慣用句的なもの，歌詞の中に出てきて生じる位置の判断がつきにくいものは除外して，合計 496 件を調査した。

告げた。　　　　　　（BCCWJ，宮城賢秀『将軍の密偵』（LBo9_00158））
(12)　「お前だって，なんだ。弘美に留守番させて，急用ができたといって大阪で例の男と会っていたのだろう」
　　　　　　　　　（BCCWJ，渡辺淳一『別れぬ理由』（OB3X_00049））
(13)　部屋に二人の男が姿を現わした。一人は竹田という例の男だった。
　　　　　　　　　（BCCWJ，五木寛之『青春の門』（OB1X_00156））

　(11)～(13)はいずれも「例の男」が使われているが，生じる位置が異なっている。(11)は句点のすぐ後に生じており，文頭に生じているものである。このタイプについては，(11)のような句点のすぐ後に生じているもの以外にも，接続詞の後や読点の後に生じているものも文頭(節頭)に生じているものとしてまとめた。(12)は文中に生じているもの，(13)は名詞述語文の述語位置に生じており，文末に生じているものとする。
　文頭(節頭)に生じるものは，「問題のNP」が最も多く，70％以上が文頭(節頭)に生じていた。これに対して，文頭(節頭)に生じる「あのNP」は65％弱，「例のNP」は60％程度であった。また，文末に生じるものは，「例のNP」が最も多く，8.6％だったのに対して，「問題のNP」は3.6％，「あのNP」は2.4％となり，3つの形式の中で最も少なかった。
　以上の調査結果に対してカイ二乗検定を行ったところ，生じる位置の差が有意だった（$\chi^2(4) = 39.283$, $p<.01$）。残差分析の結果，5％水準で文頭(節頭)に生じる「問題のNP」と文末に生じる「例のNP」は有意に多く，文末に生じる「問題のNP」と「あのNP」，文頭(節頭)に生じる「例のNP」が有意に少なかった。つまり，3つの形式を比べてみると，「問題のNP」は文頭(節頭)に生じやすくて文末には生じにくい，「例のNP」は文頭(節頭)に生じにくくて文末に生じやすい，「あのNP」は文末に生じにくいという特徴が導き出されることになる。

### 3.5　使用されるジャンル

　指示詞的用法の「問題のNP」，「例のNP」，「あのNP」が使用されるジャ

ンルについて，コーパス全体の件数と割合，各形式の件数と割合，ならびに当該のジャンル100万語あたりでの各形式の出現頻度（PMW[7]）を算出した。その結果をまとめると（表7）になる。

（表7）「問題のNP」・「例のNP」・「あのNP」が使用されるジャンル

| ジャンル | 表現 | コーパス全体 | 問題のNP 件数 | PMW | 例のNP 件数 | PMW | あのNP 件数 | PMW |
|---|---|---|---|---|---|---|---|---|
| 出版 | 書籍 | 22,857,932 (27.3%) | 87 (22.5%) | 3.81 | 377 (24.8%) | 16.49 | 7,906 (27.9%) | 345.88 |
| 出版 | 雑誌 | 3,480,831 (4.2%) | 21 (5.4%) | 6.03 | 23 (1.5%) | 6.61 | 870 (3.1%) | 249.94 |
| 出版 | 新聞 | 997,535 (1.2%) | 14 (3.6%) | 14.03 | 0 (0%) | 0.00 | 110 (0.4%) | 110.27 |
| 図書館 | 書籍 | 25,092,641 (30.0%) | 178 (46.0%) | 7.09 | 762 (50.1%) | 30.37 | 12,297 (43.4%) | 490.06 |
| 特定目的 | ベストセラー | 3,185,745 (3.8%) | 27 (7.0%) | 8.48 | 127 (8.4%) | 39.87 | 2,559 (9.0%) | 684.30 |
| 特定目的 | 白書 | 3,100,617 (3.7%) | 0 (0%) | 0.00 | 0 (0%) | 0.00 | 1 (0.0%) | 0.32 |
| 特定目的 | 広報誌 | 2,308,450 (2.8%) | 0 (0%) | 0.00 | 0 (0%) | 0.00 | 40 (0.1%) | 17.33 |
| 特定目的 | 法律 | 706,313 (0.8%) | 0 (0%) | 0.00 | 0 (0%) | 0.00 | 0 (0%) | 0.00 |
| 特定目的 | 国会会議録 | 4,007,842 (4.8%) | 13 (3.4%) | 3.24 | 66 (4.3%) | 16.47 | 562 (2.0%) | 140.23 |
| 特定目的 | 教科書 | 746,170 (0.9%) | 1 (0.3%) | 1.34 | 4 (0.3%) | 5.36 | 67 (0.2%) | 89.79 |
| 特定目的 | 韻文 | 202,425 (0.2%) | 0 (0%) | 0.00 | 0 (0%) | 0.00 | 71 (0.3%) | 350.75 |
| 特定目的 | 知恵袋 | 8,613,610 (10.3%) | 15 (3.9%) | 1.74 | 32 (2.1%) | 3.72 | 1,684 (5.9%) | 195.50 |
| 特定目的 | ブログ | 8,285,554 (9.9%) | 31 (8.0%) | 3.74 | 129 (8.5%) | 15.57 | 2,559 (9.0%) | 308.85 |
| 合計 | | 83,585,665 (100%) | 387 (100%) | | 1,520 (100%) | | 28,726 (100%) | |

「問題のNP」，「例のNP」，「あのNP」でPMWが高いジャンルに注目すると，いずれも〈書籍〉や〈ベストセラー〉，〈ブログ〉に使用されやすいとい

---

[7] Per Million Words の略である。

う共通点はあるものの，違いも存在する。

まず，「問題のNP」の出現頻度は〈新聞〉が最も高いのに対して，「例のNP」は〈新聞〉には全く使われていなかった。「例のNP」は〈書籍〉には数多く使われているので，書き言葉に使われにくいというわけではなさそうである。〈新聞〉というジャンルと「例のNP」がなじみにくいのであろう。

また，「例のNP」は〈国会会議録〉と〈出版・書籍〉の出現頻度がほぼ同じであることから，〈国会会議録〉に使われやすいことも分かる。

「あのNP」は他の2形式とは異なり，〈国会会議録〉と〈出版・書籍〉の出現頻度がほぼ同じということはない。また，「あのNP」は他の2形式が出現しなかった〈白書〉，〈広報誌〉，〈韻文〉にも出現するなど，さまざまなジャンルに幅広く使われていることも特徴と言える。

### 3.6　3形式の共起関係

指示詞的用法の「問題の」，「例の」，「あの」がどのように共起するかについて調査を行った。その結果，「例のあの」が26件，「あの例の」が7件，「あの問題の」が1件見つかったものの，「問題の例の」，「例の問題の」，「問題のあの」という表現は見られなかった。

（14）　一年後のいま，彼女は例のあの場所にサンドウィッチをもってゆき，例のあの木の幹に腰かけて，おそらくは例のあの小屋に視線を据えながら，ロブといっしょに食べようとしている。
　　　　　　　　　　　　（BCCWJ，ジョン・クーパー・ポウイス著，
　　　　　　　鈴木聡訳『ウルフ・ソレント』（LBp9_00228））
（15）　ナンバーの途中で，笑ってしまっていましたね。しかも，一番大事な，あの例のフレーズのところで，ついにふき出してしまっていました。　　　　　　　　　　（BCCWJ，Yahoo!ブログ（OY13_06717））
（16）　ここで思い出しましたが，私は大江に化けて銀行に出かける直前に，庭に面した部屋部屋に誰もいないときを見はからって，ヴェランダから庭に降り，裏の塀とのあいだの地面に，大江の靴跡をつけ，そ

の汚れた靴で，コンクリート塀にも土をつけて，そこから逃げ出したように見せかけておきました。つまり，あの問題の靴跡は，事件のあとではなくて，前につけておいたものです。

（BCCWJ，江戸川乱歩『化人幻戯』（LBi9_00099））

「例の」と「あの」が共起する例に比べると，「問題の」が他の形式と共起する例は極端に少ないと言える。その理由について，次のように考えたい。

3形式のうち，指示詞の「あの」は具体的な意味を持っておらず，話し手と聞き手の双方が知っている対象を指示するという文法的機能を持つものである。「例の」は3.3.2で示したように，全体の93.9％が指示詞的用法となっており，語義通りの意味ではなく，「あの」とよく似た文法的機能を表すようになっている。これに対して，「問題の」は3.3.1で示したように，全体の19.7％しか指示詞的用法となっていない。つまり，それだけ語義通りの意味が残っており，「あの」とよく似た文法的機能を表すようにはなっていないのである。

3形式の共起関係について，「あの」と「例の」はよく似た機能を表す形式であることから共起しやすいのに対して，「問題の」は語義通りの意味が残っているので「あの」や「例の」とは共起しにくいと捉えたい。

## 3.7　使用される場面・状況

本節では，指示詞的用法の「問題のNP」と「例のNP」が使用される場面や状況について考察を行う。なお，本節の内容はコーパス以外の例文も含まれることを付け加えておく。

### 3.7.1　「問題のNP」が使用される場面・状況

3.5で指示詞的用法の「問題のNP」の出現頻度は〈新聞〉が最も高いと指摘したが，この形式は警察官同士の会話や新聞・ニュースなどの報道という場面に現れやすい。

（17）「川上淳か」十津川は，微笑した。やはり，水に縁のある姓だ。「そ

ちらからいわれた問題の男の人相ですが，この川上淳によく似ています。それから，『たざわ』のグリーンに乗っていた二人の男の片方とも，よく似ています」

（BCCWJ，西村京太郎『L 特急たざわ殺人事件』（OB3X_00245））

(18) シリアの化学兵器を国際管理下に置くことは，現地に相当な要員を物理的に配置しない限り，非常に難しい。それも国連の査察官の人数を増やすだけで可能なことだと思えない。激しい内戦が続く中，問題の化学兵器は各地に点在している。困難な諸要素を検討した上で，任務遂行可能な環境を整えるようアサド政権に要求する必要がある。 （朝日新聞2013年9月12日）

新聞・ニュースでは，最初に内容全体の概要が示されることが多いが，「問題のNP」は次の段落に生じやすいという特徴が見られる。

また，「問題のNP」は話し手と特定の聞き手のみで情報が共有される場合だけでなく，不特定多数の聞き手，つまり世間一般で共有されている場合に使われることもある。そのため，「問題のNP」は〈新聞〉というジャンルで最も使われやすい。

(19) その後，審理は簡裁に差し戻され，再び罰金十万円の判決が出されたため，男性側は2度目の控訴，問題の趣意書はその際に提出され，やはり罰金十万円の判決が下された。

（BCCWJ，『読売新聞』（PN5c_00024））

さらに，「問題のNP」は話し手と聞き手が共に知っている場合に使われる非現場指示のア系だけでなく，文脈指示のソ系の指示詞とよく似たふるまいも見せることもある。

(20) 毎年，健康診断の前日には採血をしたくないと思います。昨日が健康診断でした！ {問題の／その} 採血……やっぱり2か所も針を刺されました…[8]。 （BCCWJ，Yahoo!ブログ（OY14_20994））

---

[8] 複数の形式が並んでいる場合，左のものが実例である。

(21) フトシは大いそぎで，そののろいのイラストをかくそうとした。だが，そういうことにかけて小ネエはとびっきりすばしっこいのである。あっというまに，フトシの手から，{問題の／その}イラストをとりあげてしまった。

(BCCWJ，山中恒『ねえちゃんゲキメツ大作戦』（PB1n_00103））

(20)では最初に出てくる採血と「問題の採血」との間に「昨日が健康診断でした！」という一文，(21)では最初に出てくる「イラスト」と「問題のイラスト」との間に「だが，そういうことにかけて小ネエはとびっきりすばしっこいのである」という一文が入っている。「問題のNP」が文脈指示のソ系とよく似たふるまいを見せる場合，照応する名詞と距離が離れているという特徴が見られる。また，次の(22)は「問題のNP」と照応する名詞との距離がかなり離れている例である。

(22) NHKは12日，Eテレで放送予定だった番組の出演者が，参院選の候補者を応援する写真がインターネット上に掲載されたとして，この番組の放送を急きょ取りやめた。「選挙期間中は政治的公平性に疑念を持たれないよう配慮しているため」としている。番組は毎週金曜夜に放送中の「Eダンスアカデミー」。子どもたちにダンスを教えるためレギュラー出演している人気グループ「EXILE（エグザイル）」のメンバーが，自民党の比例代表候補者と並び立つ様子が，候補者のブログやフェイスブックで8日付で公開されている。NHKは来週19日の放送も取りやめ，参院選終了後の26日から再開する。問題の写真は，候補者とエグザイルのメンバーのツーショット。候補者は自身のポスターを持ち，メンバーは「がんばって下さい！！」と書き添えたサインを掲げている。　　　　　　（朝日新聞2013年7月13日）

また，指示詞的用法の「問題のNP」が使用される場合，元々の語義である「問題」が持つ良くないニュアンスが含まれることもある。

(23) 「一度見た顔は忘れないんです。あの馬丁のときもそうでした。間違

いなくどこかで見た顔だと思って，それでロンドンに戻ったんです。戻ったかいがありましたよ—きわめて興味深い事実が判明しましてね。フェルプスくん，きみからご説明してくれ」ロンドン警察の若手刑事は手帳を開いた。「問題の人物は，昨年の 2 月 27 日未明に起きた強盗事件の容疑者として手配中の身です。被害者はそのときの負傷がもとで死亡しましたが，目撃者が犯人の人相を覚えていました。…」

(BCCWJ，アン・アシュリー著，古沢絵里訳『消えた子爵夫人』(PB29_00646))

「問題の人物」という場合，話題に取り上げるのにふさわしければ，どのような人物でもよいはずだが，実際には犯人や容疑者というニュアンスが含まれやすい。

### 3.7.2 「例の NP」が使用される場面・状況

指示詞的用法の「例の NP」は「問題の NP」とは異なり，照応する名詞が出てこない場合がほとんどである。

(24) しかしこの一部始終は，翌朝の TBS，「朝のホットライン」で放映された。その後時間ができたので，北岡は，横浜の例の手紙の女性に電話をしてみた。コール音の後，若い娘のものらしい声が出た。

(BCCWJ，島田荘司『三浦和義事件』(PB29_00390))

(24) は BCCWJ からの例文であるが，BCCWJ で確認できる最大の語数である 500 語でも照応する名詞は見られなかった。つまり，「例の NP」は文脈指示のソ系の指示詞のようなふるまいは見せないということになる。

また，「問題の NP」とは異なり，必ずしも良くないニュアンスが含まれることもない。

(25) 「この会社はな，商業ビルやマンションのデベロッパーだ。例の所に融資を申し込んだわけだ。今度小田急線の新百合ヶ丘と町田に大型マンションを建てるらしいよ。俺は会社から前借りしたのさ。以上，

ここまで」そう言ってスーツケースも閉じた。

(BCCWJ，鴨颺連『グリーンボール』(PB59_00158))

(25)の「例の所」には悪い所や良くない所というニュアンスは含まれていない。さらに，「例のNP」と「問題のNP」では共有される範囲や方法が異なる。

(26) 昨日の午後，「今夜，千葉に行く事になったから。」とダンナ。「千葉って？」「幕張」「例の件？」「例の件(苦笑)」一昨年だかも真夜中に行ったじゃん，懲りないことで。と思いつつ，ふと，頭の隅に浮ぶエクスクラメーションマーク。

(BCCWJ，Yahoo! ブログ(OY14_33063))

「問題のNP」は世間一般で共有されることもあり，〈新聞〉というジャンルで使われやすい。これに対して，「例のNP」が使われる典型的な状況は，(26)のような話し手と聞き手のみで情報が共有されている場合である。「例のNP」は共有されている範囲が狭く，世間一般で共有されているような状況では使用されにくい。そのため，3.5でも指摘したが，〈新聞〉では「例のNP」が使われないのである。

## 4. おわりに

「問題の」は非現場指示のア系だけでなく，文脈指示のソ系にも似たふるまいを見せる。具体的な指示対象を持つ名詞と結びつきやすいこと，生じる位置が文頭(節頭)に多いことはその影響と考えられる。また，「問題の」と照応する名詞との距離が離れているのは，「問題の」が非現場指示のア系と文脈指示のソ系の両方の性質を兼ね備えていることを意味する。つまり，話し手と聞き手の双方が知っている部分は非現場指示のア系の性質が現れており，照応する名詞が文脈上に出てくるところは文脈指示のソ系の性質が現れているのである。

これに対して，「例の」には文脈指示のソ系の性質は見られず，非現場指示のア系と性質が似ているため，「例のあの」や「あの例の」といった共起が見られる。
　今後の課題としては，「問題の」，「例の」と指示詞とのつながりをさらに分析すること，「問題の」，「例の」の使用条件を考察すること，「問題の」，「例の」以外にも指示詞的用法を持つ名詞修飾表現がないかどうかを探ることなどがあげられる。

## 謝辞

　本章は日本語文法学会第 14 回大会（於：早稲田大学）でのパネルセッション「名詞句間の関係に着目した名詞研究の可能性」における発表「指示詞的用法を持つ名詞修飾表現の研究」の内容に加筆，修正を行ったものである。当日は多くの方から有益なコメントをいただいた。ここに記して感謝を申し上げたい。

## 参照文献

金子真理子（1990）「『蜻蛉日記』にみる「例の」「おなじ」用法の違いについて」『解釈』36-3.
金愛蘭（2014）「文章構成機能からみた外来語の基本語化」『計量国語学』29 巻 6 号.
木村正中（1986）「『蜻蛉日記』上巻の形成方法—「例の」の意義—」『日本文芸論集』15・16, 山梨英和大学.
鈴木隆司（2012）「「例の人」「例のやう」考—蜻蛉日記冒頭場面の解釈をめぐって—」『高知大国文』43.
建石始（2011）「非現場指示のア系と結びつく名詞の特徴」森篤嗣・庵功雄編『日本語教育文法のための多様なアプローチ』ひつじ書房.
三宅清（1988）「「例の」の連用用法について」『国語研究』51, 国学院大学国語研究会.

## 参考資料

小学館国語辞典編集部（2001）『日本国語大辞典 第 2 版』小学館.
新村出編（2008）『広辞苑 第 6 版』岩波書店.
西尾実・岩淵悦太郎・水谷静夫編（2011）『岩波国語辞典 第 7 版新版』岩波書店.
松村明監修，小学館国語辞典編集部編（2012）『大辞泉 第 2 版』小学館.
山田忠雄・柴田武・酒井憲二・倉持保男・山田明雄・上野善道・井島正博・笹原宏之編（2011）『新明解国語辞典 第 7 版』三省堂.

# 第 II 部

# 名詞類の特殊相

第 5 章

# 直接引用しか許さない引用形式
引用名詞類の日英対照研究

山口治彦

## 1. はじめに

　言語学において引用形式と言えば，たいてい直接話法と間接話法のふたつがその主要なオプションとして挙げられる。直接引用と間接引用はペアになっていて，引用者はそのどちらかをそのときの都合に応じて選ぶことができる。2種類の選択は常に可能である。言語学はそのように考えてきたのではないだろうか。しかし，広くディスコースに目を向ければ，直接引用しか許さない引用形式も存在する。イェスペルセンが名づけた引用実詞（quotation substantive; Jespersen 1913）がその例だ。

　引用実詞の歴史は，イェスペルセンの命名以来，100年以上にも及ぶ。だが，それはまったく華やかなものではなかった。それと認知されることもほとんどなく，同じく引用現象がかかわる話法の研究においても引用実詞はやはり等閑視されてきた。本章は，この引用実詞に光を当てる。もっとも，「実詞」という用語はもはや使われることがないので，ここでは引用名詞類（quotation nominal）と呼ぼう。

　先に直接引用しか許さないと述べたが，引用名詞類は直接話法や間接話法などの話法と呼ばれる引用形式とはふるまいが異なる。煎じつめて言えば，引用名詞類はことばをモノとして引用するのに対し，話法の形式は誰かが発

したことばをコトとしてとらえる。このような引用形式に目を向けることが，そもそも話法とは何か，そして，間接引用を行うことがどのような動機づけにもとづいているのか，といったことを考えるヒントになる。直接話法や自由間接話法などの話法の形式に比べると，引用名詞類はたしかに周辺的な事象であるのかもしれない。しかし，本章が提示する観察は引用現象全体を十全に視野に収めるために役立つはずだ。

次節では，イェスペルセンの記述をなぞることからはじめる。続く第3節では，引用名詞類がどのような引用を行っているのか考えてみたい。また，日本語と英語において，引用名詞類の使用は少し異なった広がりを見せる。そのことについても第4節および第5節で観察を行う。最後の第6節では，引用名詞類が直接引用しか許さないという事実が，話法の研究にどのようにかかわってくるのか考察する。

## 2. イェスペルセンの引用実詞

イェスペルセンは次のように引用実詞（quotation substantive）を規定する。

(1) Any word, and any word-group, may be turned into a substantive by being taken in the sense 'the word ...' (or 'the phrase, sentence ...'). That these quotation-substantives, as I have termed them, are real substantives, appears especially from the possibility of forming a plural from them [....]

(Jespersen 1913: §8.21, 213–214)

ある語，ある表現を引用し，その引用（部）を「...という語」「...という表現」というふうに名詞表現にしてしまうのが引用名詞類（引用実詞）である。その例として Jespersen (1913) は，たとえば次のようなものを挙げている（イタリックは原著者による）。

(2) a. The second *ruin* might easily be misread as *run*. (p. 214)
　　 b. One *"I'm sorry for you!"* weighs more than ten *"I told you so's!"* (p. 31)

c. "*I am afraid.*" "I don't want any '*I am afraids*'" (p. 31)
d. It was *hit or miss* with him. (p. 214)
e. It was a genuine case of *done with the old life*. (p. 215)

　(2a) では，ふたつの引用名詞類が *ruin* という語，および *run* という語をそれぞれ表し，ふたつ目の *ruin* は *run* と読み間違えられるかもしれないと述べている。(2b) は *I'm sorry for you* という表現と *I told you so* という表現を取り上げ，10回「だから言ったでしょ」と言われるよりも，1度「大変だったね」と言われるほうがよっぽどいい，と言い立てる。双方の表現を *one* と *ten* という数詞が修飾しており，また，"*I told you so's*" と複数形にされていることからも，引用名詞類が名詞として取り扱われていることは明瞭に見てとれる。ここでも "*I'm sorry for you!*" という引用名詞類は，*I'm sorry for you* という表現を指している。もっとも，"one '*I'm sorry for you!*'" と回数を問題にしているので，「大変だったねという表現」という意味から，「大変だったねと一度言ってあげること」という意味合いへとメトニミー的に意味が変化しているとも受け取れる。さらに，(2d, e) は，ある状況がかくかくしかじかの表現通りの事態であったことを—たとえば (2d) なら，彼とは「行き当たりばったり」という形容がピタリと当てはまったことを—伝えている。このように，引用名詞類は「…という語」「…という表現」という意味を表すのが基本ではあるが，用いられ方によっては意味合いが変わる。

　Jespersen (1913) は続けて，引用付加詞 (quotation adjuncts) というカテゴリーも考案している。以下がその例である。

(3) a. Mr Bright is not what is called a "*peace-at-any-price*" man. (p. 352)
b. Roderick Random is a kind of *king-can-do-no-wrong* young man.
(p. 353)

　引用付加詞は，名詞句のなかにあって主要部の左側に生起する。(3a) の Bright 氏は「何が何でも平和を」という人ではないことを伝える。引用句によって名詞を修飾することが引用付加詞の機能である。

このように観察の細やかなイェスペルセンは，現代の言語学が等閑視する現象にも目配りを利かせる。しかし，この表現の特徴やこの表現が行う引用がどのようなものなのかについては，彼はほとんど語ってくれない。イェスペルセンが記述した引用名詞類の特徴とは，ほぼ以下の2点に集約できる。

(4) a. 名詞として機能する
b. 「…という語」「…という表現」という意味合いをもつ

さらに困ったことには，イェスペルセンの後には引用名詞類について論じる研究がほとんどない[1]。そこで，引用名詞類を通常の話法表現と比較することからはじめて，上記の(4)にどのくらい上積みができるかやってみよう。

## 3. 引用名詞類が行う引用

(4a)にあるように，引用名詞類はあることばを名詞として取り込む（引用する）。そして，(4b)にあるように，原則として「…という語」「…という表現」という意味合いをもたせるので，引用名詞類の引用の仕方は，話法によることばの取り込み方と大きく異なる[2]。まずは，通常の話法形式がどのよ

---

[1] たとえば，法助動詞の名詞形を扱う Inoue（2014）は，引用実詞に触れている数少ない研究の一つだが，そもそも法助動詞のふるまいに興味をもっているわけで，そこでどのような引用が行われているかについては関心がない。

日本語学の分野では，島田（2012, 2013）が，「あったらいいなをカタチにする」のような例を取り上げ，終止形準体法と呼んでいる。このような用法に関する記述は，島田によると山田（1936）にさかのぼる。しかし，ここでもそこで行われている引用の性格に関してはさしたる注意が払われているわけではない。藤田（2000: 57）も引用名詞類の例に言及してはいるが，ほかの話法の例ときちんと区別しているわけではない。

[2] 山口（2009）では話法と引用を以下のように規定した。「話法とは，引用を行うために文法化された言語手段である」（p. 3）。「引用とは，他人のことばをそれと分かるように自分のことばに取り込む行為である」（p. 1）。つまり，話法とは，他人のことばをそれと分かるように自分のことばに取り込むための文法化された方法のことを指す。ただし，ここで言う「他人のことば」とは，話者が自分のことばとは区別するものを指す。今しがた自分が述べたことばであっても，今現在の自分のことばと話者が見なさないのであれば，それを「他人のことば」に含めている。

第 5 章　直接引用しか許さない引用形式

うにことばを取り込むのか確認しておこう（以下，例文中の下線は筆者による）。

（5）　CANDY:　（to Homer）　Wally thinks apples are boring.
　　　WALLY:　（to Homer）　(a) I never said they were boring.
　　　CANDY:　(b) You said, "Apples aren't exactly flying."
　　　WALLY:　Well, they aren't.　　　　　　　　　　（*Cider House Rules*）

　（5）は映画のなかでの会話例である。リンゴ農園の仕事を退屈だと思っていると言われ，ウォリーは間接話法で反論する。退屈だと言ったことはない，と。その反論を受けて，「リンゴの仕事は，まあすごいってわけじゃない」と確かに言った，とキャンディは直接話法で過去の発話を引用する。(5a)は直前の発話（内容）を，そして(5b)は過去の発話を取り上げて，それらに対しコメントしたり，確かに述べたと確言（再現）したりするために引用が行われる。どちらの例も，具体的な他者の発話をとらえ，そのことばが元話者によるものであることを―元発話に対する所有権を―認めている。つまり，話法形式は，i) 誰かの特定の発話を，ii) その発話を他者のものとしつつ，iii) その発話にコメントしたりその発話を再現したりしている。
　引用名詞類は，基本的にそのようなことをしない。先ほどの Jespersen (1913) の例でその点を確認しよう。

（2）a.　The second *ruin* might easily be misread as *run*.　　　　（p. 214）
　　b.　One "*I'm sorry for you!*" weighs more than ten "*I told you so's!*"　（p. 31）

　(2a)が取り上げるのは誰かが発した具体的な発話ではない。英語という言語における *ruin* と *run* という単語である。"The second *ruin*" は問題のテクストにおいて生起したふたつ目の単語を指示しているが，*ruin* 自体は *ruin*

---

　なお，山口 (2009) の引用の定義は，話法に関する記述を念頭に置いたものであって，引用名詞類を考慮に入れていない。その点については修正が必要である。ここでは引用を，あることば・表現を自分のことばとは区別しつつ自分のディスコースに取り込む行為，と定義する。

85

という語一般を指す。(2b) もその点では同様で，引用されているのは，*I'm sorry for you* および *I told you so* という表現一般である。つまり，引用名詞類は，原則としてトークン（token）としての具体的なことばではなく，タイプ（type）としての一般的なことばを指し示す。そして，それらの語や表現が誰か特定の人物のことばである，というふうには引用しない。さらには，(2a) も (2b) もある特定の発話（元発話）にコメントしたり，再現・報告したりするために引用が行われているわけではない。(2) の引用では，ことばに対する名づけが行われている。この点についてもう少し詳しく説明しよう。

(6) a. ネコは自由で高貴な生き物である。
　　 b. 「ネコ」は2モーラからなる語である。

　自由で高貴な毛皮つきの四つ足には「ネコ」という名前がある。しかし，「ネコ」ということばにはその名前がない。したがって，「ネコ」という名前（ことば）自体を問題にしたい場合，(6b) のように私たちは「ネコ」ということばを引用することによって，その名前の代わりとする。同様に，(2a) の *ruin* も (2b) の "*I'm sorry for you!*" も英語という言語体系のなかの表現（タイプ）に言及したいのだが，その表現自体には名前がない。だから，その表現を引用することで名前の代わりとしているのである。引用名詞類が行う引用とは，原則としてそのような名づけのための引用である。(4b) の「「…という語」「…という表現」という意味合いをもつ」ことは，言い換えると，当該のことばに言及するために引用によって名づけを行ったことを意味する。

　そして，引用名詞類は間接引用を許さない。いや，間接引用という概念が不要だと言ったほうがいいかもしれない。この点については，第6節で再考することとし，とりあえずは間接引用が生起しないことを確認しておこう。

(7) a.　I told you so.
　　 b.　Oh, I'm sick and tired of your I-told-you-so's.
　　 c.　??Oh, I'm sick and tired of your you-told-me-so's.

d.　One "I'm sorry for you!" weighs more than ten "I told you so's!"
　　e.　??One you're-sorry-for-me! weighs more than ten you-told-me-so's!

(7b, d)は引用名詞類を含む文として適格であるが，引用名詞類を間接引用に置き換えた(7c, e)は意味をなさない。引用名詞類を用いるとき，話者は基本的にタイプとしての表現に関心があるわけで，それを具体的な発話状況に照らし合わせて間接引用を行うという発想自体をそもそも持ち合わせていない。間接引用を行う必要性がそこには存在しないのである。

　以上の観察をまとめると，典型的な引用名詞類の特徴は以下のように記述できる。

(8) a.　引用したことばを原則として名詞として取り込む
　　b.　ことばを名づけるために引用を行う
　　c.　トークンとしての具体的な発話ではなく，原則として当該言語に存在するタイプとしてのことばを引用する
　　d.　直接引用のみが生起する

　このような性質をもつ引用名詞類が英語と日本語において，どのような広がりをもつのかを次節以降で確認しよう。ふたつの言語を対照させることで引用名詞類の特徴がよりよく引き出されると考えるからである。まずは，英語の引用名詞類について観察する。

## 4.　英語における引用名詞類の広がり

　まず，イェスペルセンが言うように，名詞としてだけでなく付加詞としての用法がある。

(9) a.　Hermione gave him a 'What-did-I-tell-you?' look over her shoulder.
　　　　　　　　　　(J. K. Rowling, *Harry Potter and the Half-Blood Prince*)
　　b.　Your I'm-ready-for-bed ensemble is an exciting alternative to the typical attire you wear around the house, and he'll love being greeted so

　　　　　lasciviously.　　　　　　　　　　　　（*Cosmopolitan*, January 2004）

　(9a) は，Hermione が見せた表情が「だから言ったでしょう」と言いたげなものであったと述べている。英語では [名詞₁＋名詞₂] の形式は比較的生起しやすい構造で，そこでは名詞₁が名詞₂を修飾する。ここで引用名詞類は形容詞的に用いられる。(2d) の "It was *hit or miss* with him." で見たコピュラの補語の位置に来る用法とは，限定的か叙述的かという点で対照的である。意味に関して言及すると，引用名詞類の基本は「…という語」「…という表現」という意味を表すが，ここでは，表情（*look*）や服装（*ensemble*）の様子を形容するために，引用が用いられている。つまり，「…という表現が典型的に当てはまる」表情や服装というふうに，意味は拡張されている。

　引用名詞類の付加詞としての用法には，問題になっていることばに同じことばを重ね合わせる特殊なものもある。以下の例は漫画の翻訳からとった（漫画特有の大文字のみの表記を通常の表記に改めた。なお，イタリックは原文のまま）。

(10)　　Miss Fumio:  If you're looking for Joichiro, he just left.
　　　　Soma: Left? As in *left* left?! Now?! Why?
　　　　　　　　（Y. Tsukuda and S. Saeki, *Food Wars!: Shokugeki no Soma, Vol.6*）

　別れも告げずに忽然と出発してしまった父，城一郎のふるまいがにわかに信じられないものだから，創真は「たったって，「出発した」の「発った」ってこと」というふうに問い返す。この "As in *left* left?!" のような繰り返しは，相手の言っていることがあまりに思いがけないときに，相手の発言の意味を確認するために用いられる。

　この形式は *as in* NP₁ NP₂ というふうに，ふたつの引用名詞類を従える。ふたつ目の *left* つまり NP₂ が名詞として扱われていることは，この語が前置詞 *in* の補語（の主要部）として用いられている事実から見てとれる。この 2 番目の *left* は，いわゆる *left* という表現で用いられている *left* だよねと念を押す。綴りを明示する際に用いられる "*A* as in *apple*"（「apple の A」）と同じ

用法である。他方，最初の *left* (NP$_1$) のほうは，紛れもない *left* の意味での *left* だよね，と2番目の *left* の意味を限定する—もう少し言えば，NP$_2$ の同定をより確実にするための補助の役割を果たす—引用付加詞の用法と考えられる。

　この形式において NP$_1$ が NP$_2$ の同定を助けるための補助的役割を果たしていることは，同語反復が行われない *as in* NP の形式も同様のコンテクストでしばしば見受けられる[3]ことからも理解できる。*as in* NP で物足りないと *as in* NP$_1$ NP$_2$ というふうに問題の引用名詞類をさらに修飾語句として付加する。この *as in* NP$_1$ NP$_2$ の形式のユニークなところは，NP$_1$ と NP$_2$ が同一であるので，表面上，情報量の積み重ねがないところにある。新たな論理的情報を重ねるのではなく，引用に引用を重ねてメタ言語的，メタメタ言語的に，相手の発した意外な表現に間違いがないか確認する。言語伝達のレベルをメタ的，メタメタ的に遡上することによって当該の伝達障害—直前に述べられたことが意外すぎてにわかに信じがたいこと—を取り除こうとする形式が，この *as in* NP$_1$ NP$_2$ である[4]。

---

[3] たとえば，以下がその例である。
　　"But she's retired now, right?"
　　Donna shot me a knowing look and clasped her hands around her crossed leg. "Yes, but she was forced into retirement." She gave a smug smile. "As in, f-i-r-e-d."
　　"Fired?" I straightened in my seat. "How do you know that?"
　　　　　　　　　　　　　　（T. Andrighetti and E. Ashby, *Deadly Dye and a Soy Chai:*
　　　　　　　　　　　　　　*A Danger Cove Hair Salon Mystery*）

[4] *as in* NP$_1$ NP$_2$ は，このようにメタ言語的，およびメタメタ言語的操作によって伝達障害に対応するが，それでも心もとないくらいに相手の発言が意外な場合は，（論理的意味を上乗せする）修飾語が付加されることもある。
　"Because it's in the White House" The first witness said
　"Wait a minute, as in White house [*sic*] … White House, Washington White House?" Mark asked like he was going to explode
　"Yes white house [*sic*]" Daniel said　　　　　　　　（Danny Walker, *June 6th*;
　　　　　　http://www.tosinsilverdam.com/must-read-june-6th-part-15/; 2016/01/01）
　上はネット小説からの抜粋で，ピリオドなどの通常の正書法を無視した表記になっている。*the White House* という情報があまりにも思いがけないものだから，"as in *White House White House*" と繰り返した後に，さらに "Washington White House" とたたみかけたものと

さらに，英語における引用名詞類の広がりを垣間見せるものとしては，(イェスペルセンもこの用法（や as in NP₁ NP₂）までは取り上げていないのだけれど，) 引用動詞類 (quotation verbal) とでも呼んでいい用法がある。

(11) JULES: Jimmie —
JIMMIE: Don't fuckin' Jimmie me, man, I can't be Jimmied.
(*Pulp Fiction*)

(12) BRIAN: Hello, Mother.
MOTHER: Don't you 'hello mother' me! What're all those people doing out there? C'mon, what've you been up to, my lad?
(*Monty Python's Life of Brian*)

この動詞用法は，特定の言い方(呼び方)をするなと言うときによく用いられる。つまり，「(人を)…という表現で呼ぶ」という意味で使われる。(11)では，窮地に陥った Jules に「頼むよ，ジミー」「あのな，ジミー」と何度も頼み込まれ，苛立った Jimmie は，「ジミー，ジミー，言うな。ジミー，ジミーって言われてる場合じゃねえんだ」と噛みつく。(12)では，Brianのことを救世主と間違えた大勢の民衆が家の前に詰めかけている。だから，「母さんおはよう，じゃないでしょ。どういうことなの，この人だかりは」と，母が怒る。

引用名詞類の動詞用法は，特定の呼び方を禁じるときによく使われるので，目的語の位置には1人称代名詞が来ることが多い。しかし，動詞として用いられるので，(11)におけるように "I can't be Jimmied" と受動態になることもあるし，(13)におけるように目的語は1人称代名詞以外でも構わない。

(13) Ooowhee, the President of the United States is holding my hand. And all I'm doing is yes-sirring him the whole time.
"How do you feel, son?"

考えられる。

"Fine, sir, fine." I'm half-dead. But when The Man asks how I'm doing, it's just "Fine, sir, fine. Ready to go back to combat. Ready to go back."
　　　　　　　　　　　　　　　　　　　　　　　（T. Whitmore and R. P. Weber,
　　　　　　　　　　　　*Memphis, Nam, Sweden: The Story of a Black Deserter*）

　ベトナム戦争で負傷した「私」のベッドサイドにはジョンソン大統領が慰問に駆けつけ，手を握ってくれているのだが，結局，自分がしていたことと言えば，「はい，そうです」（"Yes, sir."）「はい，大丈夫です」（"Fine, sir."）とかしこまって繰り返すのみであった，というのである。
　このような動詞用法が可能なのは，英語特有の特徴によるところが大きい。英語では，以下に示すように名詞から動詞を派生することは容易に行える。

(14) a.　John nailed the note to the door.　　（Clark and Clark 1979: 781）
　　 b.　My sister Hoodini'd her way out of the locked closet.
　　　　　　　　　　　　　　　　　　　　　　（Clark and Clark 1979: 784）

　(14a) は，通告やメモの類を釘で打ちつける行為を，その行為の中心を担う道具である「釘」（nail）で表す。「釘」から「釘で打ちつける」へと意義がメトニミーによって拡張された。この「釘で打ちつける」という意義は慣習化され，辞書にもふつうに記載されている。他方，(14b) は，奇術師 Hoodini さながら（お仕置きで閉じ込められていた）物置から「脱出」したことを表す。*Hoodini* という固有名詞を，「脱出王フーディーニが得意とする芸当を行う」という動詞として用いた。この *Hoodini* の動詞としての用法は，nail の動詞用法とは異なり，辞書に記載されるような派生的意義ではない。その場限りの臨時的な用法である。英語は，このような臨時的な用法を許すくらいに，名詞から動詞への転換が比較的自由に行える。こうした事情から，引用名詞類においても (11) – (13) のように動詞用法が可能となる。
　その点，日本語は動詞がウ段で終わるという形態上の制約があるので，引用名詞類の動詞転換は英語ほどには簡単でない。たとえば，「お久しぶりで

す」という表現を動詞にしてみよう。

(15) a. 悪いけど，のんびり「お久しぶりです」してる場合じゃないよ。
　　 b. いや，「お久し」ぶってないで，さっさと出発しよう。

　先を急ぐときに，同行の友人がしばらく会わない知人と出くわし，「お久しぶりです」とやおら挨拶を交わし出した。そこで，急ぐあなたは上のように言うかもしれない。日本語において名詞から動詞を派生するもっとも一般的な方法は，名詞をもとにサ変動詞を作ることである。したがって，(15a)のように「お久しぶりです」＋「する」というかたちで対処することがまず可能である。これに対し，(15b) は「ぶる」という接尾語を用いて，「お久しぶる」という新造語を作った。「お久しぶりです」の「お久しぶり」がちょうど語呂合わせ的に動詞「お久しぶる」の活用形のような感じになる。その結果，「お久しぶりです」という表現全体を引用することはかなわなかったが，より動詞らしい形態にはなったかと思う。いずれにせよ，英語のように引用名詞類をそのまま動詞として用いることは日本語ではできず，動詞としての形態上の特徴をもたせなければならない。このように，引用名詞類の用法の広がりは，当該言語において名詞を文に取り込む言語資源の有無に左右される。

　さて，この節では引用名詞類の広がりを示すものとして，付加詞と動詞の用法を取り上げた。そして，それらの用法は，おおむね (8) に挙げた引用名詞類の特徴を引き継いでいる。基本的に名詞として文中に取り込まれており ((8a))，名づけのために引用が行われており ((8b))，トークンとしての具体的な発話ではなく，タイプとしての表現を引用し ((8c))，直接引用のみが生起する ((8d))。ところが，ディスコースで実際に見られる例には，引用名詞類の特徴が明瞭でないものも見受けられる。以下の例では，妻を亡くした Danny の仕事中に，その3人の娘の面倒を誰が見るかで同居人の Jesse と Joey を交えて話し合っている。それぞれにすべき仕事があり，Danny にはテレビキャスターの仕事が，そして Joey にはお笑いのライブがある。稼ぎに直結しないバンド練習をすることになっている Jesse は子守を暗に押しつけ

られる。

(16) Jesse: Look, that's all fascinating, but I've got band rehearsal.
　　　Joey: Yeah, and I have a 10:30 slot at the Laugh Machine.
　　　Danny: I have to do the sports at 10:00. I'm sorry, Jesse.
　　　Jesse: What do you mean, (a) "I'm sorry, Jesse"? Why not (b) "I'm sorry, Joey," or (c) "I'm sorry, Danny"?
　　　Danny: Because I have an actual job that pays money.
　　　Joey: And I bring the gift of laughter into the world at 10:30.
　　　　　　　　　　　　　　(*Full House*, Episode 2 "Our Very First Night")

　「ごめんな，ジェシー」と子供の面倒を頼まれてしまった格好の Jesse は，「「ごめんな，ジェシー」って，何だよ。「ごめんな，ジョーイ」だって，「ごめんな，ダニー」だっていいじゃんかよ」とくってかかる。(16b, c) は，"I'm sorry, Jesse" が許されるのなら，"I'm sorry, Joey" という表現だって許されるはずだ，と述べている。つまり，「…という表現」という意味で用いられており，引用名詞類の例と認めてよい。また，*why not* の後にはふつう動詞が来ることが多いが，"Why not a coffee break?" のように名詞が後続することもある。ここでは (16b) の "I'm sorry, Joey" も (16c) の "I'm sorry, Danny" も名詞として取り扱われていることは間違いないだろう。

　(16a) も同様に引用名詞類の例としてもいいように思うのだが，そうすることに問題もある。(16a) を導く *what do you mean* は，たいていエコー表現と共起する。英語のエコー表現は，対話の場における自由間接話法である（山口 2009: 2 章）。エコーが行う基本的なはたらきは，前言を繰り返して対話者に差し出すことで，その発話に対し何らかの問題がある―たとえば，相手の意図に疑義を感じる，前言がよく聞き取れなかった，言われたことが意外である―ことを表明する（Yamaguchi 1994b, 山口 2009: 2 章）。次の (17) において過去の時代にタイムスリップした Marty は，初めて放送された番組に対して「これ，見たことがある」("I've seen this one") と思わず言ってしまう。

（17） Marty: Hey, hey, I've seen this one, I've seen this one. This is a classic, this is where Ralph dresses up as the man from space.

Milton: (a) What do you mean you've seen this, it's brand new.

Marty: Yeah well, I saw it on a rerun.　　　　　　　　（*Back to the Future*）

　その Marty のことばを Milton は *what do you mean* を付して提示する。引用名詞類の引用とは違い，対話者が発したトークンとしての具体的な発話を取り上げ，これを間接引用（"you've seen this"）することで，その発話の内容に対して異議を唱える。*what do you mean* に率いられるエコー表現にはそのような意図がふつう込められる。(16a) にも抗議の意図が込められているので，(16a) を (17a) と同様にエコー表現と考えることも可能かもしれない。しかし，そうすることにも問題がある。

　(16a) の "I'm sorry, Jesse" は，明らかに直接引用である。人称代名詞が 1 人称のままであるし，呼びかけ語が付された文は間接引用できない（この点に関しては，McCawley 1988, Yamaguchi 1994a, Iwata 2003 などを参照）からだ。実際，(17a) の "What do you mean you've seen this" が前言の発言内容についてストレートに問いかけるのに対して，(16a) は，"I'm sorry, Jesse" となってしまうのはどういうことだ，というふうに少なくとも表面上は前言の形式についてクレームをつけている。つまり，発言内容ではなく表現自体を問題にしているのだ。そして，その表現の背後にある考え方—稼ぎのある仕事は大事なので，そうでない仕事はキャンセルして子守をすべきである—を間接的に批判している。

　要するに，(16a) は引用名詞類としての性質とエコー（話法表現）としての特徴の両方を併せもっており，両者の中間的な形態と見ていいのかもしれない。引用表現は別の引用表現と形式的に区別することが難しいことも多く，中間的な形式が存在すること自体は問題ではない。日本語においてもどちらともつけがたい例は見られるので，次節においても同様に問題の残る例について考察する。

　この節では，引用名詞類の英語における広がりを跡づけた。引用名詞類の

用法の広がりは，当該の言語において名詞を文のなかに取り込むリソースがどのように備わっているのか，そして，名詞から別の品詞へと転換することがどの程度容易にできるかによっても，影響を受ける。したがって，日本語における引用名詞類の広がりが英語のそれと少し異なっていたとしても不思議はないはずである。

## 5. 日本語における引用名詞類

　日本語の引用名詞類の基本的な用法は，英語のそれと大きく変わらない。ただし，英語の引用名詞類は数の概念が文法的にマークされるので，その分だけ形式的特徴が豊かである。先に見た (2b, c) の例では，"ten '*I told you so's!*'" と "*any 'I am afraids*'" というふうに複数形になっていたが，日本語の名詞は原則としてすべて不可算名詞であるので，引用名詞類の複数形は存在しない[5]。

　これに対し，付加詞の用法と動詞用法については，日本語の引用名詞類のふるまいは英語のそれと異なる。動詞用法については，すでに前節で見た通りである。名詞を動詞へと転換させる方法が日英では異なるので，日本語の動詞用法は英語のように引用名詞類をそのまま動詞として用いることがかなわず，語尾に「する」を足して名詞からサ変動詞を作るなど，日本語特有の操作をする必要があった。付加詞の用法についても日英間に違いが見られる。先に挙げた (9) の引用付加詞の用法をそのまま直訳的に日本語にするのは不可能である。

(18) a.　Hermione gave him a 'What-did-I-tell-you?' look over her shoulder.
　　 b.　*ハーマイオニーは肩越しに「だから言ったでしょ」表情を見せた。
　　 c.　Your I'm-ready-for-bed ensemble is an exciting alternative to the

---

[5] 日本語の名詞が複数の意味を帯びるのは，「山々」「木々」のように畳語の形をとるか，「たち」「ども」のような複数を表す接尾辞がつけられた場合だが，いずれのケースも引用名詞類に適用はできない。

typical attire you wear around the house, and he'll love being greeted so lasciviously.

    d. ?この「私，いつでもオーケーよ」アンサンブルは，家でいつも着ている服装に代わる刺激的な候補になるでしょう[6]。

　日本語では引用句をそのまま名詞の前に生起させて，修飾語とすることは難しい。日本語で引用句に名詞を修飾させるためには「という」「みたいな」「的な」「くらいの」といった表現が必要になる。

(19) a. 最近はほら，トイレもああいうの多いじゃん。「私たち便器の方で流しますから，押したりとかしないで下さいね」みたいなトイレ。
                                        （三谷幸喜・清水ミチコ『むかつく二人』）
    b. では今回も，永久に不滅です的な脂肪吸引，精一杯頑張らせていただきます。まずは皮膚を切開する部分にしるしをつけます。
                            （http://www.fo-c.com/report/blog/21061.html; 2015/12/25）
    c. まあまあ，そこそこ英語出来ます，くらいの男（ちょっと周りより英語が得意な大学生レベル）が飛び込みでTOEICを受けた場合，予想されるスコアはどの程度でしょうか？？
                        （http://detail.chiebukuro.yahoo.co.jp/qa/question_detail/q14139898399; 2015/12/21）

　では，英語と日本語では，なぜ，引用名詞類の付加詞としての用法にこのような違いが出るのだろうか。現時点では不確かな点もあるが，ふたつの回答を考えている。
　まず，「という」や「的な」といった名詞に修飾要素を結びつける（音節数が少なくコストの低い）表現が日本語にいくつかあるのに対して，英語にはそのような語彙が見当たらないことが要因として考えられる。この考え方

---

[6] (18d)を非文としなかったのは，「アンサンブル」という外来語が(18b)の「表情」に比べて連体の構造に対してもう少し親和性をもっているように感じたからである。「*私，いつでもオーケーよ着こなし」だと，容認性は下がるように思う。

をとれば，引用句によって名詞を修飾するにあたって，両言語はそれぞれにとってやりやすく，また分かりやすい方法を選択した，ということになる。英語には，「という」や「的な」という便利な語彙がないので，少々強引に引用名詞類をほかの名詞の形容詞的な修飾語としたと考えるのである。

　もしくは，ふたつ目の説明として，［名詞＋名詞］の構造を形作る際の制約に日英間で違いがあることに理由を求めることも可能かもしれない。［名詞＋名詞］の構造が許されるためには，双方の名詞とのあいだに概念的な関連性（隣接性）が見出されなければならない。たとえば，道路の脇に駐車することは，日英双方において［名詞＋名詞］の構造で言い表せる。日本語では「路肩駐車」，英語では *roadside parking* となる。それは，車を停めることとその場所とは，概念的にとても近い関係にあるからだ。

　しかし，どの程度近いとこの［名詞＋名詞］の構造が許されるかについては，日英で若干の差があるようだ。たとえば，英語には *flea market* ということばがある。露天で中古の品を安く売る市を指すが，安物やガラクタが並べられていることも多いので，ひょっとするとノミ（flea）まで商品についてくるかもしれない。そのような事情から，ノミを売るわけではないのに，*flea market* と呼ばれている。日本語では「蚤の市」と格助詞「の」が「ノミ」と「市」のあいだに必要となる。「ノミまで売りつけられるかもしれない市場」の場合，「ノミ」と「市」の関係はそこまで強くない。そのことが「*ノミ市」という表現を不可能にしているのだろう。これに対し，「ガラクタ市」や「古本市」の場合，「ガラクタ」や「古本」と「市」の関係は非常に近い（売られる対象である）ので，［名詞＋名詞］の構造が許されるようだ。もう一例挙げると，*bedroom eyes* という表現が英語にはある。寝室に誘うように見つめる好色な眼差しのことを指す。この場合も，「寝室」と「眼差し」のあいだは，さほど近くない。日本語にはこの表現に対応することばはないが，もし *bedroom eyes* を「寝室」ということばを残して無理やり訳すなら，「寝室の眼差し」というように，やはりここでも「の」が必要になる。

　きちんとした調査をしたわけではないので断定的なことは言えないが，英語のほうが［名詞＋名詞］の構造に関する意味的な制約がゆるく，日本語

よりは自由にこの構造を形作れる。おそらくはそのような事情から，英語では可能な引用名詞類の付加詞の用法が，日本語では「という」や「的な」といったほかの語彙を介したかたちでしか許されない。そういうことなのかもしれない。

　このように，名詞を文の構造のなかに取り込む言語資源に日英語で差があるために，引用名詞類の用法は日英間で異なってくる。日本語に特徴的な用法としては助動詞「だ」を伴う形式がある。日本語は「だ」によって名詞を叙述的な位置に導入できるので，引用名詞類と思しき構造を比較的自由に文中に取り込むことができる。ただし，以下のような例になってくると，はたして引用名詞類の例と言ってよいのか疑問も残る。つまり，先の"What do you mean, 'I'm sorry, Jesse'?"でも見たように，話法による引用とその機能が似てくるのである。

(20)　のだめ：あ！千秋先輩も座って座って。いっしょに食べましょう。
　　　千秋：だれの家だと思ってンだ——!! この寄生虫!! なにが座って座ってだ!!　　　（二ノ宮知子『のだめカンタービレ』2巻）[7]

(21)　3，4人集まると，もうあとは好奇心の赴くままに子供はやってくる。続々と集まってきて，やれカラテやれだの，やれ日本語喋れだの，やれ忍者やれだの，色々やらされ，最後は「ここに日本語で私の名前を書いて」と右から左から前から後ろから腕が伸びてくる。
　　　　　（http://1986yuta.blog.fc2.com/blog-entry-271.html?sp；2015/12/24）

(22)　千秋母：日本でだってどこでだって同じよ。"ボクたちは音楽でつながっている"でしょ！？　って，お父さんが言ってたのよねぇ？
　　　千秋真一：……ヴィエラ先生だよ。
　　　　　　　　　　　　　（二ノ宮知子『のだめカンタービレ』7巻）

　山口（2009: 157–160）では，(20)から(22)のような引用の例を「引用の

---

[7] 漫画から採った例は，読みやすさを考えて改行を減らし，句読点を加えてある。

etc.」と名づけた。その時点では、これらをどのように位置づけてよいのか明確な考えはなかったが、「と」や「って」によって他人のことばを引き込む主流の引用方法とは一線を画するものと了解していた。これらは引用名詞類が話法と似た環境で用いられたため、両者の区別がつけづらくなったものと考える。それぞれの例について、少し細かに見てみよう。

(20)の「何が…だ」という形式は、たいてい直前に発せられたことばをとらえて、その言い回しがその場のやりとりにふさわしくない言い方の典型であることを指摘する。(21)の「やれ…だの、やれ…だの」は、似たような趣旨のことばが何度も繰り返され、それに対しうんざりしているときに用いられる。並列されたことばは十把ひとからげにされて、個性を奪われるかのようだ。そして、(22)の形式は、相手がその場で言い出しそうな象徴的なことばを会話の場に提示したいときに用いられる。主語は明示されないことが多い。それでも理解に問題がない場面で使われる、と考えていいだろう。

これらの引用表現では、引用部を「だ」によって受ける。その結果、引用部は名詞として文のなかに取り込まれる。つまり、引用名詞類のもっとも基本的な特徴である、引用部が名詞として文中に取り込まれるという基準は満たしている。

そして、(20)から(22)の環境においては、間接引用は許されない。たとえば、(22)の千秋母のせりふ((23a))の引用部を千秋母の視点に整合するように間接引用に書き換える((23b))と、意味の取りにくい発話になってしまう。

(23) a. 日本でだってどこでだって同じよ。"ボクたちは音楽でつながっている"でしょ！？
  b. 日本でだってどこでだって同じよ。??真一／??あなたたちは音楽でつながっている、でしょ！？

同様に、(20)の「何が…だ」の形式が間接引用を許すかを判断するために、直示表現を含む「何が…だ」の例(24)を考えてみる。

(24) A:（電話で）そちらの様子はどうですか？

　　　　B: 何がそちらの様子はどうですかだ。君のおかげで，こっちは大変だ。

そして，(24)のBのせりふを間接引用となるように変更すると，(25)のようになる。

(25) A:（電話で）そちらの様子はどうですか？
　　　B: ??何がこちらの様子はどうですかだ。君のおかげで，こっちは大変だ。

　名詞として引用部が取り込まれる「だ」で受ける引用形式は，このように間接引用を許さない。いや，というよりも，間接引用を行う動機づけがそもそも存在しない。たとえば，「何が…だ」の形式は，対話者の用いた表現が当該のコンテクストにおいてあまりにもふさわしくないことを表明する。その際に問題になるのは，対話者が用いた表現それ自体であって，具体的な発話の内容ではない。だから，間接的に引用する必要がない。他方，(22)の「"ボクたちは音楽でつながっている"でしょ!?」は対話者に寄り添う発言である。窮地に立った真一に対し，彼が心の拠り所とすることばを母は真一に代わり提示する。そのことばは引用者の立場に置き換えたものでは意味がない。
　このように，「何が…だ」をはじめとする「だ」で受ける引用形式は，引用部を名詞として文中に取り込み，そして間接引用として生起できない。その点では引用名詞類の特徴を引き継いでいる。しかし，タイプとしてのことばではなくトークンとしての具体的な発話を受けて発せられるという点では，「だ」で受ける引用形式は典型的な引用名詞類のふるまいと異なる。たとえば，「この寄生虫 なにが座って座ってだ!!」とやり返す(20)は，明らかに「あ！千秋先輩も座って座って」という前言に言及している。(21)と(22)についてもタイプとしての表現を引用しているとまでは言いがたい。ただ，(20)の「何が…だ」は当該のコンテクストにそぐわない点では代表的な表現を取り上げ，(21)の「やれ…だの」にしても度々繰り返される表現を引用する。また，(22)の「"ボクたちは音楽でつながっている"でしょ!?」のような「だ」で受ける形式にしても，対話者の日頃の行動やその場の状況か

ら予想がつきそうなことばしか引用することができない。モットーのように象徴的なことばや相手がいかにも言いそうなことばでないと，引用されているという事実が伝わらないのである。その点では，(20)から(22)の「だ」で受ける引用形式は，その場で発話された前言を単にトークンとして取り上げるのではなく，その場で言及されるにあたって代表例となるようなことば—何かしらタイプ的な特徴をもったことば—を引用している。このように，(20)から(22)の表現群は，引用名詞類の特徴を一定程度引き受けつつも，前言に言及しているという点では，先に見た(5)の話法の例と軌を一にする。引用名詞類と話法表現の境界線に位置するのが，(20)から(22)の表現ではないかと思う。

## 6. おわりに：話法と人称と引用名詞類

　本章では英語と日本語における引用名詞類について考察し，記述してきた。引用名詞類のかたちをいくつか眺めてきたが，その基本的な特徴は(8)にまとめた。

(8) a. 引用したことばを原則として名詞として取り込む
　　b. ことばを名づけるために引用を行う
　　c. トークンとしての具体的な発話ではなく，原則として当該言語に存在するタイプとしてのことばを引用する
　　d. 直接引用のみが生起する

　これに対し，話法形式は，i) 誰かの特定の発話を，ii) その発話を他者のものとしつつ，iii) その発話にコメントしたりその発話を再現したりしている，と述べた。さらに言えば，話法を用いて他人のことばを引用する場合には，引用者には直接的に引用するのか間接的に引用するのか—日本語の場合なら直接か間接かという区別より先に「と」で引くのか「って」で引くのか（山口 2009: 200–212）—というオプションが存在する。このような話法と引用名詞類の違いはどこから来るのだろうか。

話法を用いるとき引用者は，対話者や第3者が発した具体的なことば―トークンとしてのことば―に向き合い，それを繰り返す（対話の話法）にしろ，報告・再現する（語りの話法）にしろ，能動的に反応しながら自分のディスコースへそのことばを取り込む（山口2009；cf. バフチン1929）。そのとき引用者は，引用することばを発話として，出来事としてとらえている。そして，引用することばに他者の所有権を認め，現時点での自分のことばと（たとえそれが今しがた自分が発したことばであっても）多少なりとも区別する。他人のことばにそのように向き合うからこそ，ことば遣いは自分のものとして間接的に引用するのか，自分のことばとは明確に異なるものとして直接的に引用するのか，という選択が―日本語の場合なら，自分のことばとは対立的に距離感をもたせて「って」によって引用するのか，そのような対立に関しては中立的な「と」によって引用するのか，という選択（山口2009: 168-187）が―生まれる。

　引用名詞類において話者は，引用することばに対しそのような向き合い方をしない。実際に発話されたことばではなく，当該の言語に存在するタイプとしてのことばを名づけるために引用する。そして，そのことばを出来事や発話としてではなくモノとしてとらえ，名詞のかたちで文中に取り込む。そのときそのことばが誰のものであるのかといった人称にかかわる意識は関与しない。だから，間接引用という発想はそこでは起こりえない。

　このように，引用名詞類は，名詞として文中に取り込まれるという形式的な特徴によって話法と区別されるだけでなく，引用にあたって人称の概念が関与するのか否か，引用することばをモノとしてタイプ的にとらえるのか，コトとしてトークン的にとらえるのか，という引用者の語用論的態度の違いによっても区別される。では，(16) や (20) - (22) のような，話法と引用名詞類のあいだの汽水域のような現象がなぜ起こるのだろうか。それは，引用者が引用しようとすることばをどのようにとらえるのかは，常に明確に峻別できるものではないからである。実際，引用することばがタイプ的なものかトークン的なものかは，常に明瞭に区別がつくわけではない。言語形式上はタイプとトークンの区別はないのである。だから，その場にふさわしくない

典型的なせりふ（たとえば，(20) の「千秋先輩も座って座って」）が発せられたとして，この場で「座って座って」というせりふはありえないだろう，とそのことばを引用名詞類として取り上げたら，その前言について抗議している—つまり，対話の場において相手のことばをとらえて話法が用いられる典型的な状況に近い—ことになる。その結果，引用名詞類は話法で提示された引用表現と似たはたらきをする。生起する環境が似通うと，引用表現の機能は似てくるのである。

　このように，話法とはまた異なる引用形式を観察し，それを話法と比較すると，従来看過されてきた話法の特徴も見えてくる。話法の研究において直接引用と間接引用のオプションが存在することは，一般に自明のことがらとされてきた。だが，引用者が他人のことばに能動的に向き合うからこそ，直接か間接かの選択が動機づけられる。引用者が他人のことばに能動的に向き合う，そういった引用者の態度をきちんと視野に収めていたのはバフチン（1929）が最初である。バフチンが話法の研究に対して可能ならしめた動的な視座は，今後の研究にもっと役立てられるべきだと（そういう動的な視座があまりかかわらない引用名詞類を見ていて）思うのである。

### 参照文献

島田泰子（2012）「近代語に探る〈終止形準体法〉の萌芽的要素」田中牧郎ほか『近代語コーパス設計のための文献言語研究成果報告書』国立国語研究所.
島田泰子（2013）「広告表現等における〈終止形準体法〉について」『叙説』40, 奈良女子大学.
バフチン，ミハイル（1980（1929））『言語と文化の記号論』［北岡誠司訳　新時代社］.
藤田保幸（2000）『国語引用構文の研究』和泉書院.
山口治彦（2009）『明晰な引用，しなやかな引用—話法の日英対照研究—』くろしお出版.
山田孝雄（1936）『日本文法学概論』宝文館.
Clark, Eve V. and Herbert H. Clark（1979）"When nouns surface as verbs." *Language* 55.
Inoue, Ai（2014）"Newly observed phraseological units with noun forms of modal verbs." *Lexicography* 1.
Iwata, Seizi（2003）"Echo questions are interrogatives?: Another version of a metarepresentational analysis." *Linguistics and Philosophy* 26.

Jespersen, Otto (1961 (1913)) *A modern English grammar on historical principles, vol. 2 (Syntax)*. London: Allen & Unwin.

McCawley, James D. (1988) *Syntactic phenomena of English, Vol. 2*. Chicago: University of Chicago Press.

Yamaguchi, Haruhiko (1994a) "Unrepeatable sentences: Contextual influence on speech and thought presentation." In: Hartmut Parret (ed.) *Pretending to communicate*. Berlin: Walter de Gruyter.

Yamaguchi, Haruhiko (1994b) "Echo utterances." In: R. E. Asher (ed.) *The encyclopedia of language and linguistics*. Oxford: Pergamon Press.

# 第6章

# 準体句とモダリティの関係をめぐって
中古語の実態

高山善行

## 1. はじめに

　この章では，中古語を対象として準体句におけるモダリティ形式の実態について記述分析をおこなう。第2節で研究史について概観する。第3節では，資料と方法について述べる。第4節ではモダリティ形式の準体用法の実例を観察し，第5節で観察の結果をまとめる。第6節で今後の課題について述べる。

## 2. 研究史

　準体句は名詞節の一種で，古代語では連体形述語によって構成される。古代語の準体句については，信太（1996），近藤（2000），青木（2010），金水（2011），坂井（2015）などの研究がある。先行研究では，いわゆる石垣法則（石垣1942）の関係でアスペクトの観点から論じられることが多く，モダリティの観点から論じられることはないようである。しかしながら，準体句の内部構造を精密に記述していく上では，モダリティとの関係にも目を向ける必要があるのではないか。たとえば，準体句の中にどのようなモダリティ形式が生起しているかといった点が明らかでない。一方，モダリティ形式の研

究では，個々の「推量の助動詞」の記述が進められてきたが，文末用法に偏り，文中用法の記述は手つかずに近い状況といえよう。モダリティ形式の文中用法には，連体用法，準体用法，接続用法がある。

(1) モダリティ形式の文中用法
   a. 思は<u>む</u>子を法師になしたらむこそ，…（枕・32）【連体用法】
   b. 卯槌の木のよから<u>む</u>切りておろせ。（枕・266）【準体用法】
   c. 「わざとあ<u>める</u>を，早うものせかし」（源氏・1-434）【接続用法】

高山（2001, 2005, 2014）では，中古語モダリティ形式の連体用法，接続用法を取り上げ文中用法の記述を積み重ねてきた。その流れを承けて，今回は準体用法について考えてみたい。モダリティ形式の準体用法については，断片的な記述はあるものの，正面から論じた論考は管見に入っていない。準体用法の記述は，準体句の研究に貢献するだけでなく，仮定条件文の成立の解明にもつながる可能性がある[1]。

ただし，「古代語の準体句にモダリティ形式が生起する」という事実は，以下のような理論的問題を含んでいる。準体句は名詞節の一種であるが，名詞節にモーダルな要素が介入する事実をどのように説明すればよいだろうか。この事実を説明する上では二つの視点が考えられる。一つは，節の緊密性である。現代語に比して，古代語の名詞節は緊密性が緩く，文に近い性質をもっていた可能性がある。もう一つの視点は，モダリティ形式の判断的意味の希薄さである。たとえば，「む」は連体節，準体節，接続節においてしばしば生起するが，それらが文中でいちいち推量判断を表すとは考えがたい。文中の「む」は，判断的意味を表すのではなく，事態に非現実性のラベルを貼り付け，現実／非現実の事態タイプを表現し分けているように見える[2]。

これら二つの視点は紙の表裏の関係であり，準体句とモダリティとの関係

---

[1] 高山（2014）参照。

[2] 高山（2015）参照。

論で重要なポイントとなるだろう。しかしながら，現在はまだ基礎的な記述がほとんど手つかずの段階であるから，まずは実態観察から始めなければならない。この章では，用例調査をもとにモダリティ形式の準体用法を観察し，今後の分析において，どのような観点が有効であるか見通しを得ることを目標にしたい。

## 3. 資料・方法

まず，資料・方法について述べておく。用例調査の資料としては，『枕草子』『源氏物語（1）』（桐壺〜花宴巻）を用いる（以下，それぞれ『枕』『源氏』と略記することがある）。調査範囲から準体句をすべて抽出し，その中からさらにモダリティ形式が準体句に生起した用例を抽出する。なお，本章で扱うモダリティ形式の範囲は以下のとおりである。

（表1） モダリティ形式の範囲

| 系 | モダリティ形式 |
|---|---|
| ム系 | ム，ラム，ケム，マシ |
| アリ系 | メリ，終止ナリ |
| 形容詞系 | ベシ，マジ |
| 特殊系 | ジ |

準体用法と接続用法は連続的であるから，判断に迷う場合も少なからずある。述語との対応がはっきりしない場合は保留し考究の範囲から除いておく。また，一口に準体句といっても，以下のような様々なタイプがある。

(2)（Ⅰ）［ 準体句 ］ ＋ 述語　　例：［花の咲く］も美し。
　　（Ⅱ）［ 準体句 ］ ＋ ナリ　　例：［花の咲く］なり。
　　（Ⅲ）［ 準体句 ］ ＋ 終助詞　例：［花の咲く］かな。
　　（Ⅳ）［ 準体句 ］ ＋ 接続助詞　例：［花の咲く］に，酒を飲みて，…

（Ⅱ）（Ⅲ）は準体句内部にモダリティ形式が生起しにくく，準体句とモダリティの関係を見ていくのに適していない。（Ⅳ）は接続用法と連続的であ

り，扱いが難しいところがある。そこで，この章では（Ⅰ）だけを考究の対象とし，以下の三つの観点から調査・分析をおこなう。

（3） 本稿の視点
　　①準体句内のモダリティ形式の生起
　　②モダリティ形式の後接要素
　　③準体句内モダリティと後続述語のモダリティの関係

　具体的には，①は，準体句の内部構造について，②は主に準体句と係助詞との関係を見ていくことになる。③は，複文におけるモダリティの対応についてであり，条件文との関係づけにつながる。また，『枕草子』と『源氏物語』の比較もおこなう。

## 4. 観察

### 4.1 『枕草子』

#### 4.1.1 準体句中の生起

　用例調査の結果，準体句におけるモダリティ形式の生起は69例であった。用例数は（表2）のとおりである。

（表2）　準体句中のモダリティ形式

|  | ベシ | マジ | メリ | ナリ | ム | ラム | ケム | マシ | ジ | 計 |
|---|---|---|---|---|---|---|---|---|---|---|
| 用例数 | 0 | 1 | 0 | 1 | 37 | 13 | 17 | 0 | 0 | 69 |
| 使用率(％) | 0.0 | 1.4 | 0.0 | 1.4 | 53.6 | 18.8 | 24.6 | 0.0 | 0.0 |  |

※ナリ＝終止ナリ

以下，用例を挙げておく。

（4）a.　［思はむ子を法師になしたらむ］こそ心苦しけれ。32
　　b.　［葉守りの神のいますらむ］もかしこし。94
　　c.　八幡，［この国の帝にておはしましけむ］こそ，めでたけれ。420
　　d.　［ふるき者どもの，さもえ行き離るまじき］は，来年の国々手を折り

てうちかぞへなどして，ゆるぎありきたるも，いとをかし。61
  e. ［亡くなりて，上の社の，橋の下にあ<u>な</u>る］を聞けば，…258

（表2）より，準体句中の生起はム系（マシを除く）に大きく偏っていることがわかる。ム系だけで全体の9割以上におよぶ。とりわけムは全体の半数以上を占めており，多用されている。一方，ベシ，マジ，メリ，終止ナリといった形容詞系，アリ系のモダリティ形式の用例はきわめて少なく，(4d, e)のみである。ジはもともと文中でほとんど用いられないものであるが，準体句においてもやはり生起しない。

### 4.1.2 後接要素

次に，モダリティ形式の後接要素について見ていく。モダリティ形式は準体句の末尾に生起するから，準体句を受ける助詞（助詞φ含む）が対象となる。用例数は（表3）のとおりである。

（表3） モダリティ形式の後接要素

| | ハ | モ | コソ | ゾ | ナム | φ | ガ | ヲ | その他 |
|---|---|---|---|---|---|---|---|---|---|
| 用例数 | 13 | 10 | 15 | 0 | 0 | 13 | 4 | 4 | 10 |
| 使用率(％) | 18.8 | 14.4 | 21.7 | 0.0 | 0.0 | 18.8 | 5.7 | 5.7 | 14.4 |

※その他…ニテダニ，ニダニ，ヨリハ，ニ，コソハ，バカリ，ヲコソハ，ヲコソ，バカリ，ダニは，各1例ずつ

以下，用例を挙げておく。

(5) a. ［逢坂などを，さて思ひ返したらむ］<u>は</u>，わびしかりなむかし。215
  b. （檜の木ハ）［五月に雨の声をまなぶらむ］<u>も</u>あはれなり。93
  c. ［いとわろき名の，末の世まであらむ］<u>こそ</u>くちをしかなれ。138
  d. （葵ハ）［神代よりして，さる挿頭となりけむ］，いみじうめでたし。118
  e. ［えほめたてまつらざらむ］<u>が</u>，くちをしきなり。243
  f. ［みそか盗人の，さるべき隈にゐて見るらむ］<u>を</u>，誰かは知らん，229

係助詞では，ハ，モ，コソが多い。助詞φの用例もかなり見られる。一方，疑問系のヤ，カおよびナム，ゾの用例は見られない。ただし，ナムはもともと物語で多く用いられる助詞であり，随筆作品とされる『枕草子』では，物語作品に比べて使用頻度が少ない点に注意しておく必要がある。

### 4.1.3　述語のモダリティ

次に，準体句に対応する述語のモダリティについて見てみよう。準体句中のモダリティ形式と対応する述語のモダリティの組み合わせと用例数を（表4）で示しておく。

（表4）　述語のモダリティ

| 準体句中 | 対応する述語 | 用例数 |
| --- | --- | --- |
| ム | φ | 17 |
| ム | ム | 8 |
| ム | ジ | 2 |
| ム | ベシ | 2 |
| ム | マジ | 1 |
| ム | 終止ナリ | 1 |
| ム | 省略 | 6 |
| ラム | φ | 11 |
| ラム | ム | 2 |
| ケム | φ | 15 |
| ケム | ケム | 2 |
| マジ | φ | 1 |
| 終止ナリ | φ | 1 |

用例を挙げておこう。

(6) a.　［思はむ子を法師になしたらむ］こそ心苦しけれφ。32（再掲）ム
　　　　　―φ

　　b.　「〜［定めたらむさまの，やむごとなからむ］こそよからめ」404 ム
　　　　　―ム

　　c.　［むつましき人などの，目さまして聞くらむ］，思ひやるφ。218 ラ

　　　　　ムーφ
　　d.「[衣などにすずろなる名どもをつけけむ]，いとあやしφ。…」241
　　　　　ケムーφ
　　e.  [ふるき者どもの，さもえ行き離るまじき]は，来年の国々手を折り
　　　てうちかぞへなどして，ゆるぎありきたるも，いとをかしφ。61
　　　（再掲）マジーφ
　　f.  [亡くなりて，上の社の，橋の下にあなる]を聞けφば，…258（再
　　　掲）終止ナリーφ

「ムーφ」「ラムーφ」「ケムーφ」のパターンが多く，6割を占めている。
ムは幅広いモダリティ形式が用いられるが，ラム，ケムに後続する述語はム
系とφに限られる。述語としては広義形容詞が目立つ。『枕』では，コトガ
ラを取り上げ，それに対して作者が評価するというパターンが多いからであ
ろうか。

　ここで準体句の意味的タイプについて述べておく。準体句には〈ヒト・モ
ノ〉タイプ（＝形状性名詞句）と〈コト〉タイプ（＝作用性名詞句）がある（青
木2010）[3]。今回の調査では，モダリティ形式の生起は圧倒的に〈コト〉タイプ
が多かった。しかし，少数だが〈ヒト・モノ〉タイプも見られる。(7a)は〈コ
ト〉，(7b)は〈モノ〉，(7c)は〈ヒト〉を表す。

（7）a.「[よろしき歌などよみて出だしたらむ]よりは，かかる事はまさり
　　　たりかし。」208　コト
　　b.  まいて歌よむと知りたる人のは[おぼろけならざらむ]は，いかで
　　　か。171　モノ＝歌
　　c.「[なかば隠したりけむ][4]，えかくはあらざりけむかし。…」178　ヒ
　　　ト＝女

---

[3]　金水(2011)では，「モノ準体句」「主部内在(準体)句」「コトガラ準体句」に分けている。
　　石垣(1942)は主部内在型は分類対象としていないが，「形状性名詞句の一部と見なされてい
　　る」(p.118)という。

[4]　「なかば隠したりけむ」は白楽天「琵琶行」の一節による。

## 4.2 『源氏物語』

### 4.2.1 準体句中の生起

用例調査の結果，調査範囲で準体句におけるモダリティ形式の生起は 90 例見られる。用例数は（表5）で示すとおりである。

(表5) 準体句中のモダリティ形式

|  | ベシ | マジ | メリ | ナリ | ム | ラム | ケム | マシ | ジ | 計 |
|---|---|---|---|---|---|---|---|---|---|---|
| 用例数 | 9 | 0 | 1 | 0 | 74 | 6 | 0 | 0 | 0 | 90 |
| 使用率（％） | 1.0 | 0.0 | 1.1 | 0.0 | 82.2 | 6.6 | 0.0 | 0.0 | 0.0 | |

以下，用例を挙げておく。

(8) a. （源氏）「[いま一たびの亡骸を見ざら<u>む</u>]がといぶせかるべきを，馬にてものせん」177
   b. （源氏）「[うちつけに，深からぬ心のほどと見たまふら<u>ん</u>]，ことわりなれど，…」99
   c. [[まことの器ものとなる<u>べき</u>]を取り出ださむ]にはかたかるべし。62
   d. [少納言の乳母とぞ人言ふ<u>める</u>]は，この子の後見なるべし。207

『源氏』では『枕』と同様，ム系がきわめて多く約9割を占めている。とりわけ，ムは74例生起しており，全体の82.2％である。『枕』ではケムが生起していたが，『源氏』では見られない点が注意される[5]。

アリ系については，メリ，終止ナリが少なく，その点は『枕』と共通する。しかし，『枕』で見られなかったベシが9例あり，その点は異なる。マシ・マジ・ジは用いられていない。

### 4.2.2 後接要素

後接要素の実態については，（表6）のとおりである。ハ，モ，コソが多

---

[5] 『枕』でのケム使用は伝承された事柄を取り上げる場合が目立つ。

く，7割近くを占める。『枕』と同様に疑問系ヤ，カは見られず，φ，ナムは少ない。ゾは用いられていない。格助詞ヲの使用も目立つ。

(表6) モダリティ形式の後接要素

|  | ハ | モ | コソ | ゾ | ナム | φ | ガ | ヲ | その他 |
|---|---|---|---|---|---|---|---|---|---|
| 用例数 | 24 | 27 | 11 | 0 | 4 | 3 | 5 | 10 | 6 |
| 使用率(%) | 26.6 | 30.0 | 12.2 | 0.0 | 4.4 | 3.3 | 5.5 | 11.1 | 6.6 |

※その他…サヘ，ヲサヘ，ダニゾ，ヨリホカニ，ニヨリ，ヲバは各1例ずつ

用例を挙げておこう。

(9) a. 惟光「[さ思されん]はいかがせむ。」177
　　b. [聞き入れざらむ]もひがひがしかるべし。278
　　c. [少し移ろふことあらむ]こそあはれなるべけれ，155
　　d. [その人近からむ]なんうれしかるべき。93
　　e. [いとらうたげならむ人の，つつましきことなからむ]，見つけてしがな　265
　　f. 「[人に言ひ騒がれはべらん]がいみじきこと」179
　　g. [さて向ひゐたらむ]を見ばやと思ひて，119

### 4.2.3　述語のモダリティ

準体句中のモダリティ形式と後続する述語のモダリティを(表7)に示しておく。

(表7) 述語のモダリティ

| 準体句中 | 対応する述語 | 用例数 |
|---|---|---|
| ム | φ | 35 |
| ム | ベシ | 19 |
| ム | ム | 13 |
| ム | ジ | 1 |
| ム | メリ | 1 |
| ム | マシ | 1 |
| ム | ベカリケリ | 1 |
| ム | マジカリケリ | 1 |
| ム | 省略 | 2 |
| ラム | φ | 2 |
| ラム | ラム | 1 |
| ラム | ジ | 1 |
| ラム | 省略 | 2 |
| ベシ | φ | 5 |
| ベシ | ム | 2 |
| ベシ | ベシ | 1 |
| メリ | ベシ | 1 |
| ベカメリ | φ | 1 |

※ム―φにはタリ2例,ベシ―φには,ケリ,連体ナリ各1例を含む。

以下,用例を挙げる。

(10) a. 馬頭「[～うち合ひてすぐれたら<u>む</u>]もことわり<u>φ</u>,…」60 **ム―φ**
　　b. [法気づき,霊(くす)しから<u>む</u>]こそ,またわびしかりぬ<u>べけれ</u>。84 **ム―ベシ**
　　c. [三史五経道々しき方を明らかに悟り明かさ<u>ん</u>]こそ,愛敬なから<u>め</u>,…89 **ム―ム**
　　d. (再掲)源氏「[うちつけに,深からぬ心のほどと見たまふ<u>らん</u>],ことわりなれ<u>φ</u>ど,…」99 **ラム―φ**
　　e. [言あやまりしつ<u>べき</u>]も,言ひ紛らはし<u>φ</u>て,…151 **ベシ―φ**
　　f. 「[男の朝廷に仕うまつり,はかばかしき世のかためとなる<u>べき</u>]も,まことの器ものとなるべきを取り出ださ<u>む</u>にはかたかるべしかし。

62 ベシーム
g. ［少納言の乳母とこそ人言ふめる］は，この子の後見なるべし。207
（再掲）メリーベシ

全体的に見ると，「ムーφ」「ムーベシ」「ムーム」のパターンが多く，全用例の約75％を占める。また，ムは述語に幅広いモダリティ形式が生起していることがわかる。モダリティ形式の組み合わせとしては，ムとベシとの親和性が指摘できる。

なお，準体句のタイプでは，やはり〈コト〉タイプが圧倒的に多いが，〈ヒト・モノ〉タイプも少数見られる。(11a)は，〈コト〉タイプ，(11b)は〈ヒト・モノ〉タイプである。

(11) a. 「～，違ふべきふしあらむを，［のどやかに見しのばむ］よりほかに，ますことあるまじかりけり」68　コト
　　 b. 中将「その，［うちとけてかたはらいたしと思されん］こそゆかしけれ。…」55　モノ＝手紙

## 5. 『枕草子』と『源氏物語』の比較

本節では，『枕』と『源氏』とを比較してみよう。準体句中のモダリティ形式を（表8）で示す。

(表8)　準体句中のモダリティ形式

|  | ベシ | マジ | メリ | ナリ | ム | ラム | ケム | マシ | ジ |
|---|---|---|---|---|---|---|---|---|---|
| 枕 | × | △ | × | △ | ○ | ○ | ○ | × | × |
| 源氏 | ○ | × | △ | × | ○ | ○ | × | × | × |

『枕』ではケムの例が多いが，『源氏』では全く用いられていない。一方，『枕』で用いられていないベシが『源氏』では多く見られる。ベシ以外の推定系が少ない点，マシ・ジが用いられない点は，両作品で共通する。

次に，後接要素の比較を（表9）に示す。

(表9) モダリティ形式の後接要素

|   | ハ | モ | コソ | ゾ | ナム | φ | ガ | ヲ | その他 |
|---|---|---|---|---|---|---|---|---|---|
| 枕 | ○ | ○ | ○ | × | × | ○ | △ | △ | ○ |
| 源氏 | ○ | ○ | ○ | × | △ | △ | △ | ○ | ○ |

　両作品を比べると,全体的に似た傾向を示している。注目されるのは,両作品ともにゾ,ナムの使用が少ない点である。特に,ゾは両作品中で用例が見られない。この結果は,係助詞の性質の違いを反映すると見られる。疑問文との関係で複雑なヤ,カは横に置き,他の係助詞についていえば,ハ,モ,コソ,φは主題提示機能をもち,ゾ,ナムは焦点標示機能をもつとされる[6]。また,ゾ,ナムは文末モダリティに制限があることも知られている[7]。本章では現象の指摘にとどまるが,「前接要素のモダリティと結びのモダリティがどのように相関するか」という点は,今後の係助詞研究の課題となりうるであろう。

　述語のモダリティについては,(表10)のような結果となる。用例数の多い,「ム―φ」「ム―ベシ」「ム―ム」のパターンは両作品で共通するものである。

(表10) 述語モダリティ

| 『枕』『源氏』共通 | ム―φ, ム―ム, ム―ジ, ム―ベシ, ム―省略, ラム―φ |
|---|---|
| 『枕』のみ | ム―マジ, ム―終止ナリ, ラム―ム, ケム―φ, ケム―ケム, マジ―φ, 終止ナリ―φ |
| 『源氏』のみ | ム―メリ, ム―マシ, ム―ベカリケリ, ム―マジカリケリ, ラム―ラム, ラム―ジ, ラム―省略, ベシ―φ, ベシ―ム, ベシ―ベシ, メリ―ベシ, ベカメリ―φ |

　両作品に共通するパターンは6種類しかなく,一作品だけに見られるパターンがひじょうに多いといえる。作品のジャンルによる違いに起因すると

---

[6] 金水(2011)「第3章　統語論」参照。「か」「ぞ」は焦点表示機能が強いとされる(ただし,中古においては,焦点以外にも拡張)。野村(2005)は,「ぞ」は中古においては焦点機能が衰退し,間投助詞化したとする。

[7] 高山(2002)参照。

思われるが，詳細の分析については課題としたい。

## 6. まとめ

ここまで観察してきた内容についてまとめておく。

1) 準体句中の生起
    ・ム系が多い。
    ・アリ系は少ない。
    ・マシ・ジはない。

2) 後接要素
    ・ヤ，カは用例が見られない。
    ・ゾは用例が見られない。
    ・ナムは少ない→結びで原則的にム系はない

3) 述語のモダリティ
    ・準体句と述語のモダリティ形式の組み合わせ：「ムーφ」「ムーム」が多い。
    ・ム系―アリ系の組み合わせは少ない。

以上の特徴から，今後の研究において，次のような分析の観点が考えられる。1) については，連体用法との関係が問題となる。準体句は構造的に連体句と連続する面があるが，モダリティ形式の生起に関して類似性をもつかどうか精査する必要がある。アリ系の生起の少なさは連体用法と共通するが，エビデンシャリティとどのように関わるのかなどが問題になろう。2) については，内部にモダリティ形式を含む準体句と係り結びとの関係である。各係助詞の結びとなるモダリティ形式には一定の偏りが見られるが，係助詞の前接要素となる場合と関係づけられるであろうか。また，モダリティ形式非生起の準体句との比較・相対化がなされるべきである。3) は，条件文帰結部のモダリティとの関係である。ムは接続助詞バの成立に関わるとい

う説もあり，「〜ムハ」「〜ムニ」のかたちで条件文を構成することがある[8]。ムの記述的研究と連携させて掘り下げていくべきであろう。

以上，今後の研究において論じるべき問題について述べた。

## 7. おわりに

本章は，小範囲での調査で見通しを示したにすぎないが，準体句とモダリティとの関係論の出発点になればと思う。モダリティ形式が非生起の準体句との比較をおこなうなど，課題とすべき点が数多く残されている。また，調査範囲を広げてデータの拡大を進めていく必要もある。準体句に関わる文法現象は，係り結び，モダリティ，条件文，疑問文など多岐にわたる。「名詞の文法」の重要性が叫ばれ，現代語研究では名詞研究が進展しつつあるが，古代語においても「名詞の文法」を力強く進めていく必要があろう。

**使用テキスト**
『枕草子』『源氏物語』（小学館新全集本）

**参照文献**
青木博史（2010）「準体句」高山善行・青木博史編『ガイドブック日本語文法史』ひつじ書房．
石垣謙二（1942）「作用性用言反発の法則」『国語と国文学』第 19 巻第 5 号［再録：石垣謙二（1955）『助詞の歴史的研究』岩波書店］．
金水敏（2011）「統語論」金水敏・高山善行・衣畑智秀・岡﨑友子著『シリーズ日本語史3 文法史』岩波書店．
近藤泰弘（2000）『日本語記述文法の理論』ひつじ書房．
坂井美日（2015）「上方語における準体の歴史的変化」『日本語の研究』第 11 巻第 3 号．
信太知子（1996）「古代語連体形の構成する句の特質―準体句を中心に句相互の関連性について―」『神女大国文』7．
高山善行（2001）「モダリティ形式の連体用法―『枕草子』を資料として―」『国語語

---

[8] 高山（2014）では，「ムハ」「ムニ」による条件文を「非典型的タイプ条件文」と呼んでいる．

彙史の研究』20，和泉書院．
高山善行（2002）『日本語モダリティの史的研究』ひつじ書房．
高山善行（2005）「助動詞ムの連用用法について」『日本語の研究』第1巻第4号．
高山善行（2014）「条件表現とモダリティ表現の接点」大島資生・橋本修・堀江薫・前田直子・丸山岳彦編『日本語複文構文の研究』ひつじ書房．
高山善行（2015）「〈事態〉と〈主体〉との関係をめぐって―文構造の史的展開―」IRI言語文化研究所パネルディスカッション，関西外国語大学．
野村剛史（2002）「連体形による係り結びの展開」上田博人編『日本語学と言語教育』東京大学出版会．
野村剛史（2005）「中古係り結びの変容」『国語と国文学』第82巻第11号．
益岡隆志（2007）『日本語モダリティ探究』くろしお出版．

## 付記

　本章の内容は，平成28年度科学研究費補助金（挑戦的萌芽研究）「平安時代語における非典型的タイプ条件文の記述的研究」（課題番号26580083）による研究成果の一部である。

第7章

# ネワール語における =gu kha: 文とノダ文

松瀬育子

## 1. はじめに：研究の背景と目的

　シナ＝チベット語族，チベット＝ビルマ語派に属するネワール語[1]と日本語との間に言語系統上のつながりは見当たらないが，良く似た文法現象があり，そのひとつに名詞化接辞の多機能性があげられる[2]。名詞化接辞の多機能性に注目した研究は，チベット＝ビルマ語派に属する言語の中ではすでに 1970 年代初頭から始まっていて，日本語のノの機能との類似点も指摘されている。たとえば，Matisoff (1972) はロロ・ビルマ語支に属するラフ語の形態素 *ve* の機能を考察し，*ve* が名詞化接辞，補文標識，関係節を導く標識，属格標識として機能していることを論じている。Matisoff は，他言語の類似標識として日本語のノを筆頭にあげ，属格用法として「木ノ枝」のノ，節の名詞化機能として「一生懸命働くノは体に毒です」「君も行くノか」のノを

---

[1] ネワール語（シナ＝チベット語族，チベット＝ビルマ語派）は，ネパールのカトマンズ盆地を中心に話される現地語である。カトマンズ盆地に先住する人たちの言語として，公用語であるネパール語より古い歴史を持つ。話者数は，2011 年の国勢調査において 84.7 万人となっている。語順は SOV で後置詞を取り，能格型構文パターンを示す。

[2] ネワール語と日本語の類似点としては，名詞化接辞の多機能性の他に，類別詞の多さ，オノマトペの多さ，動詞連鎖の後項動詞に直示動詞が使われる点などがあげられる。

例示しているが,「昨日食べた人参」に見られるように,ノには関係節とその主要部主名詞をつなぐ用法はないとも述べている[3]。本章の対象言語であるネワール語においても,3種の名詞化接辞 (=mha, =pĩ:, =gu) がノの機能と驚くほどの類似性を示す[4]。日本語の属格(連体辞)ノが関わるこうした名詞化接辞の現象は,近年,アジアの多くの言語に共通して見られる文法現象であるとの認識が広まっている (Genetti et al. 2008, Yap, Grunow-Hårsta, and Wrona eds. 2011)。

日本語独自の表現とされることの多かったノダ文についても,他言語との関連を模索する動きがすでに始まっている[5]。ネワール語にもノダに相当する形式があり,名詞化接辞 =gu とコピュラ動詞 khaye の複合形 =gu kha: が文末で用いられる[6]。上で述べた Matisoff (1972), Noonan (2008) では,名詞化接辞の多くの機能が論じられているが,コピュラ動詞と結びついて文末で機能する現象までは取り上げられていない。したがって,ネワール語に存在する =gu kha: 文が名詞化接辞の拡張用法として,また「拡張コピュラ構文」(後述) として,ノダ文と対照可能な用法を持つことが予想される。

そこで,本章の目的は,①=gu kha: 文とノダ文がどのように似て,どのように異なるのかを記述し,②ノダ文の先行研究のうち,=gu kha: 文の用

---

[3] Noonan (2008) も,チャンティル語 (チベット=ビルマ語派) の名詞化接辞に関する議論の中で,日本語のノの多機能性をあげている。

[4] ネワール語の三つの名詞化接辞 (=mha, =pĩ:, =gu) は有生性と数によって下位区分される。それぞれ属格用法,連体辞としての用法,準体助詞としての用法,名詞節を表示する用法など,ノの機能と酷似した用法を持つ。しかし,ネワール語の名詞化接辞には,関係節とその主名詞をつなぐ用法もある。

[5] 益岡 (2015: 30) では「他言語にノダ構文と同様の拡張コピュラ構文が見出される場合,ノダ構文と同様の派生的意味が認められることが想定される。(中略) 他言語の類似構文の状況を瞥見することにより,今後の研究の可能性を探ってみたいと思う。」と述べたあと,韓国語,英語,ネワール語,フランス語,中国語における因果の事情説明と帰結説明の意味派生の方向について議論している。

[6] コピュラ動詞 khaye は,断定の陳述では「状態形 (kha:)」が用いられ,=gu kha: となる。なお,ネワール語には khaye の他に juye というコピュラ動詞があるが,juye については本稿で議論しない。

法・機能と照合可能な枠組みを探しだし，③その枠組みと対照させて =*gu kha:* 文の位置づけを行うことである。ノダ文の研究は長い歴史を持ち，本質的な機能を追求する研究，多様な用法を包み込んだ体系を提示する研究，理論的観点から分析する研究など，多くある。本章では，具体的な用法の類似点と相違点を提示することを目的のひとつとすることから，その記述を生かす枠組みを探りたい。

　=*gu kha:* 文とノダ文の対照研究を目的とする本章の構成は次のようになる。第2節で，=*gu kha:* 文の先行研究とノダ文の先行研究を概観する。第3節で =*gu kha:* 文とノダ文の類似点を観察し，第4節で相違点を観察する。第5節では，第3節と第4節の類似点と相違点を受けて，先行文脈との「関係づけ(因果関係)」による =*gu kha:* 文とノダ文の対照を行う。また，木坂（1973）の提示する「前提状況」に基づき，〈スコープのノダ〉と〈ムードのノダ〉が統一的に説明できることを議論する。第6節をまとめとする。

## 2. 先行研究

### 2.1 =*gu kha:* 文の先行研究

　=*gu kha:* 文についての先行研究は数が少なく，21世紀になって始まった研究領域と言える。物語からの用例を多く載せた記述文法書である Hale and Shrestha (2006: 192–193) は，=*gu kha:* を「構文」として認め，「断言する構文(to make a strong assertion)」であると見なし，例として(1)をあげている。

(1)　kehẽ:-mhesyã:　way-ā:　chā:　　chu　nay-ā=gu　　　hã:,　tatā.
　　　妹-AD.SP.ERG　来る-NF 2sg.ERG　何　食べる-NFC-NMLZ　伝聞　姉

　　　chu　ma-nay-ā.
　　　何　 NEG- 食べる -NFC

　　　chā:　　 na:=gu　　　 he　　 kha:.
　　　2sg.ERG　食べる ST-NMLZ　EMPH　COP.ST

　　　「妹が来て，『何を食べたの，お姉ちゃん。』

『何も食べなかった（食べてない）。』
『あんたは食べた（食べていた）のだ。』」

　Kiryu（2013）は，日本語の「体言締め文」（文末名詞文）に相当するネワール語の表現を記述している。その中で，=gu kha: 文を主要部内在型の体言締め文（Enclitic-type Mermaid Construction）と位置づけて，ふたつの談話機能を認めている。ひとつ目の談話機能が「結論的見解として断言（明言）する形式（making a strong assertion as a concluding remark）」であり，ふたつ目が「背景情報（background information）の提示[7]」である。「結論的見解として断言する」機能の例として（２）をあげている。

（２）　wa　　lā　　　kha:.　ukī:　　chikapisā:　　jāpāni:-bhāe bhacā-sã̄:
　　　　それ　EMPH　COP.ST　だから　2pl(HON).ERG　日本-言語　　少し-COND(CONT)
　　　　saeke-gu　　kuta: yānā　　dii　　　　mā:=gu　　　　　kha:.
　　　　できる-ADN　努力　する CM　なさる(HON) FC　必要がある ST-NMLZ　COP.ST
　　　「そうです。だから，あなた方が日本語を少しでもできる努力をなさる必要があるのです。」

　以上，=gu kha: 文についてのふたつの先行研究では，「断言する」「結論として断言（明言）する」という機能があげられている。この断言（明言）は，何らかの特定された状況に支えられてのことだろうか。あるいは，命題間の何らかの論理関係に基づいているものだろうか。こうした問題点を第3節・第4節での例文観察を通して検討したい。

---

[7] Kiryu（2013）があげる「背景情報の提示」には，次の3種が例文とともに提示され，「文末 =gu の用法と共有する」と記されている。しかし，これら3種の機能が文末 =gu とどのように共有されるかについては述べられていない。
　a. Introducing a statement that leads to the main theme of narrative.
　b. Providing additional explanatory information such as reason, evidence, etc..
　c. Elaborating on a topic in detail.

## 2.2　ノダ文の先行研究

=gu kha: 文の先行研究とは異なり，ノダ文の先行研究の蓄積は重厚で多岐に渡る。田野村（1990），名嶋（2007）に先行研究についての詳しい解説がある。ここでは，田野村（1990, 1993），野田（1997），益岡（2013, 2015）の論点を短くまとめる[8]。

田野村ではノダの基本義を「あることがらの背景の事情を表す」とし，また，ノダの特徴として「承前性」「既定性」「披瀝性」「特立性」をあげている。田野村（1993）では〈スコープのノダ〉と〈ムードのノダ〉の区別が不要であると議論している。

ノダの本質を求める田野村のアプローチに対して，野田はさまざまな用法を体系化して提示している。野田の枠組みの特徴は，〈スコープのノダ〉と〈ムードのノダ〉に分けたことと，〈ムードのノダ〉が「関係づけ／非関係づけ」を鍵概念としている点である。「関係づけ／非関係づけ」は「対事的」なものと「対人的」なものに分けられ，「関係づけ」の定義を「Pの事情・意味としてQを提示／把握する」としている。

益岡では，ノダが〈コト拡張〉を表す「拡張コピュラ構文」として捉えられている。ノダの構成的意味に加え，構文としての派生的意味を「因果関係（事情説明と帰結説明）」と「聞き手の推論指示」として提示している。「因果関係」は主題明示の用法に関わり，「推論指示」は伝達系の実情説明の用法に関わるとされる。

---

[8]　上記の他に，ノダ文についての重要な研究として石黒（2003）と名嶋（2007）があげられる。名嶋は関連性理論の枠組みからノダ文を考察しており，石黒は，「既有の不充分な認識が発話時に充足されることを示す」という観点から独自の体系を提示している。

## 3. =gu kha: 文とノダ文の類似点

### 3.1 因果関係の「結果」と「推論の帰結」

　因果関係がノダ文の解釈に関わる重要な概念であることは，益岡（1991, 2013, 2015），松岡（1993），名嶋（2007）等で述べられている。田野村（1990）が提示する「事情」も因果関係を構成する一部であることから，田野村も因果関係について議論していると言える。ネワール語においては，因果関係の「（時間的継起による）結果」と「（推論による）帰結」を述べる際に =gu kha: 文が頻繁に用いられる。

　（3）では，問題解決のために努力した結果を述べる部分に =gu kha: 文が使われ，事態間の時間的継起に沿った結果を述べている。ここでは，推論は関与していない。

（3）　ā: chu yāye　māli:　　　　　　dhakā wā:　　ca-cchi bicā: yāta.
　　　今 何　する FC 〜なければならない FD QUOT 3sg.ERG 夜- 数詞 1 考え　する NFD
　　　tara,　chū: he　upāe luike　　phu=gu　　ma-khu⁹.
　　　しかし 何　EMPH 解決　見つける FC　できる ST-NMLZ　NEG-COP.ST
　　　「今何をしなければいけないのかと，彼女は一晩中考えた。しかし，何の解決策も見つけることができなかったのだ。」

　ところが，（3）とは異なるタイプの因果関係の「推論の帰結」を表す =gu kha: 文がある。（4）では，ネックレスが紛失したことについて，その犯人を推論・特定している。誰かが故意に持っていったとしか考えられない状況で，ある証拠を元に推論し，その推論の帰結を述べる部分に =gu kha: が使われている。（4）の =gu kha: 文は事態間の時間的継起に沿ったものではない。

（4）　mātan-e　cwā:-gu　　jigu　lū:-yā　sikha:　ma-nta.　　mhiga:
　　　2 階 -LOC ある ST-ADN 私の　金 -GEN ネックレス NEG- ある NFD　昨日

---

⁹　否定を表す =gu kha: 文では，名詞化接辞 =gu とコピュラ動詞の間に否定辞 ma- が置かれる。

```
rām-cā     jaka  wa:=gu.        rām-cā̃:      he     khuyā
ラム-DIM   だけ  くる ST-NMLZ   ラム-DIM.ERG EMPH  盗む CM
yā:ku=gu             kha:.
持っていく ST-NMLZ  COP.ST
```
「2階にあった私の金のネックレスがなくなった。昨日ラムだけが来た。ラムが盗んで持っていった<u>のだ</u>（ラムの手癖の悪さを知っている）。」

　また，（5）は，ひとりの娘を巡って5人の男が争い王様に直訴し，王様が誰の妻にふさわしいかを裁定する場面である。その娘は，実は，丸太を削って作った人形に命を吹き込むことによって人間に生まれ変わった娘であるが，王様は5人の言い分を聞いて熟考（推論）し，=gu kha: 文を用いて裁定（推論の帰結）を下している。

```
（5） thwa  sī:twā:-yāta  manu: daeke-gu  jyā-e      nyā-mhesi-yā
      この  丸太 CL-DAT  人間  作る FC-ADN 仕事-LOC  数詞 5-CL-GEN
      utĩ:   lhā:  du.    nyā-mhesi-yā   sahayog-ā:  he    thwa
      等しい 手    ある ST 数詞 5-CL-GEN   協力-ERG    EMPH  これ
      du:=gu      kha:.
      いる ST-NMLZ COP.ST
```
「この丸太を人間に変える仕事において5人の平等の手があった（平等に仕事した）。5人の協力によってこそ，この娘がいる<u>のだ</u>。」

　（3）–（5）から，因果関係の陳述には2種類あることになり，その両方で =gu kha: 文が用いられている。ひとつは，できごと間の時間的継起関係に基づいて導き出される結果を述べるものであり，もうひとつは，事実として断定可能な証拠（根拠）がある場合，それを基に話し手の推論の帰結を述べるものである。（3）–（5）の日本語訳に表れるノダも抵抗なく受け入れられることから，ノダにも，時系列に沿ったできごとの結果を述べる用法と，推論の帰結を述べる用法があることが認められる。

## 3.2 焦点要素の提示

=gu kha: 文とノダ文の機能の類似点のふたつ目は，焦点要素の提示である。三上（1953: 243）は，ノダの機能として，「文中のある成分を指定する」と述べ，例文（6a, b）をあげている。

（6）a. 誰ガ到着シタッテ？
b. 扁理ガ到着シタンデス。
c. su　thya:=gu　　hā:?
誰　着く ST-NMLZ　伝聞
d. henri　thya:=gu　　kha:.
ヘンリー　着く ST-NMLZ　COP.ST

（6a）では，「X が到着した」という前提となる命題の X の部分を「誰が」として問い，（6b）の答えは，その X の部分に「扁理」と指定して答える構造になっている。この文脈での表現をネワール語母語話者に聞くと，（6c, d）がふさわしいと答え，（6d）に =gu kha: 文が用いられている。また，寺村（1984: 310）も先行文脈で示された命題のある部分を指定する際にノダが使われると述べている。

一方，野田（1997）はムードのノダとスコープのノダの機能を区別し，「大まかに言えば」という但し書きをつけながらも，三上（1953）の指定とスコープのノダが同じ類群に属すると述べている（野田 1997: 18–20）。野田は，特に，否定と肯定の対比，あるいは，「枠組み固定文[10]」と名付けた構造で，スコープのノダが機能するとしている。（7a）は野田（1997: 35）からの引用であるが，「悲しくて泣いた」の部分がノダのスコープとなり，「悲しくて」の部分がフォーカスされると説明されている。否定は肯定を誘発し，通

---

[10] 野田（1997: 54）の枠組み固定文の説明は次の通りである。「文の格関係や修飾節の種類などの枠組みは変わらず，その枠組みのどこにどの要素が入るかが問題になっている。このタイプの文を枠組み固定文と呼んでおこう。」さらに，野田（1997: 198）では，「事態に関与する複数の要素の間に，ある関係が成立することは前提とした上で，その関係において，それらの要素が果たす役割を問題にする文である。」と説明している。

第 7 章　ネワール語における =gu kha: 文とノダ文

常，否定文には肯定文が後続することが多い。(7a)をネワール語で表現すると(7b)のように =gu kha: 文が使われることから，=gu kha: 文にも文の一部（成分）を焦点化する用法があると言える。

(7) a. 悲しくて泣いた<u>の</u>ではない。うれしくて泣いた<u>のだ</u>。
　　b. nuga: ma-chinā:　　　khwayā=gu　　ma-khu.
　　　　心　NEG- 感じる NF　泣く NFC-NMLZ　NEG-COP.ST
　　　　laetāyā:　　　khwayā=gu　　kha:.
　　　　うれしくなる NF　泣く NFC-NMLZ　COP.ST

　野田 (1997: 54) では，さらに，枠組み固定文を設定している。野田であげられている例文に近いものを実例から探してみる。(8) では「びっくりする」部分と「息を吸う」部分の順番を入れ替えると，否定と肯定という対比を介して，その両方に =gu kha: 文が現れる。(8) から，=gu kha: 文も枠組み固定文で機能することが認められる。

(8) a. manu thārā-nhuye dhū:kā:　　sāsa: lhāye=gu　　ma-khu.
　　　　人　驚き - 踏む FC　終える NF　息　吸う FC-NMLZ　NEG-COP.ST
　　　　「人はびっくりしてから息を吸う<u>の</u>ではない。」
　　b. sāsa: lhāye　dhū:kā-tini　　　thārā-nhui=gu　　kha:.
　　　　息　吸う FC　終える NFC- してはじめて　驚き - 踏む FC-NMLZ　COP.ST
　　　　「息を吸いこんでからびっくりする<u>のだ</u>。」

　以上，=gu kha: 文とノダ文のふたつ目の類似点をまとめる。空所（成分）を含む命題が与えられている場合は，その空所の値を埋めるために =gu kha: 文が用いられる (6d)。また，事態成立に関わる要素の対立が想定される場合，その対立の要素を焦点化するために =gu kha: 文が用いられる (7b, 8a, b)。
　本節で見たふたつの類似点（因果関係，焦点要素の提示）が，スコープのノダとムードのノダに大別されるべきかどうかという点は第 5 節で議論する。

129

## 4. =*gu kha:* 文とノダ文の相違点

### 4.1 「事情」の非容認性

　田野村 (1990) では，「ノダの基本的な意味・機能は，あることがらの背後の事情を表す」とされていて，実際に多くの例を採集することができる。これに対して，=*gu kha:* 文が「背後の事情」を表す例は極めて少ないと言える。たとえば，背後の事情を述べているノダ文 (9a) を =*gu kha:* 文として表現しようとしても，(9b) が示すように容認されない。=*gu kha:* 文が受け入れられるためには，「休む」ことと「体調が悪い」ことの順序を入れ替え，(9c) のように「体調が悪い。だから，今日は休むのだ。」という順接の展開（原因→結果）に変える必要がある。

(9) a.　今日は休みます。体調が悪いんです。　　　　　　　（田野村 1990: 5）
　　b.　thaũ:　bidā　kaye=gu.
　　　　今日　休み　取る FC-NMLZ
　　　*mhã:　sukhu　ma-du=gu　　　　　kha:.
　　　　体　　幸せ　　NEG- ある ST-NMLZ　COP.ST
　　c.　mhã:　sukhu　ma-du.
　　　　体　　幸せ　　NEG- ある ST
　　　　akī:　　jī:　　　thaũ:　bidā　kaye=gu　　　kha:.
　　　　だから　1sg.ERG 今日　休み　取る FC-NMLZ　COP.ST
　　　　「体調が悪い。だから，今日は休むのだ。」

　(10a) のノダ文もさいふを紛失した事情を述べているが，このままでは =*gu kha:* 文を使うことができない (10b)。事情あるいは原因に関する一般的な推論を表す場合は，=*gu kha:* 文ではなく，推量の助動詞 *juye* を用いた (10c) が自然な表現として容認される。

(10) a.　あっ，さいふがない。(きっと) 電車の中ですられたんだ。

b. parsa ma-nta.　　　＊bas-e　　bagri:mār yā:=gu　　kha:.
　　さいふ NEG- ある NFD　バス -LOC　すり　　　する ST-NMLZ COP.ST
　　「さいふがなくなった。バスですられたんだ。」
c. parsa ma-nta.　　　bas-e　　bagri:mār yāta　　jui　　　　kā.
　　さいふ NEG- ある NFD　バス -LOC　すり　　　する NFD AUX(juye) FD PRT
　　「さいふがなくなった。バスですられた (の) だろう。」（推量）

　しかし，事情を説明する場面で，=gu kha: 文がまったく容認されないわけではなく，(11a, b) の会話では (11b) に =gu kha: 文が使われている。(11b) の話し手の夫が夜中に急に腹痛を起こして，翌朝病院に連れていった顛末を友人 (11a) に話している場面の一部である。友人 (11a) は，何か良くないものを食べたから腹痛を起こしたのではないかと推論し，それを尋ねている。それに対して，(11b) の話し手は，「昨晩ある宴会に行った」という事情を =gu kha: を用いて述べている。

(11) a. chū: bhapyu:-gu　　　ma-jyu:-gu　　　lāta　　　　lā.
　　　　何か 召し上がる ST-NMLZ NEG- 良い ST-NMLZ 当たる NFD　Q
　　　　「何か召し上がったのが，良くなかったのが，当たったかしら。」
　　b. khae　　phu,　　jī:　　ma-syu:,　　tara　　mhiga: bahnhi:
　　　　COP.FC　ありうる ST　1sg.ERG NEG- 知る ST　しかし　昨日　　晩
　　　　cha-thāe　　bhwae jhāyā　　dii=gu　　　　　lā　　kha:.
　　　　数詞 1-場所　宴会　　行く (HON).CM いる (HON).ST-NMLZ EMPH COP.ST
　　　　「ありえます，私にはわからないけれど，昨晩ある宴会に行かれたのです。」

　(9b) (10b) と (11b) の =gu kha: 文の容認性の違いは何であろうか。その違いは，原因（事情）と結果（判断）の提示順序と，会話の状況における「事情の推論と事実説明」が関わっていると思われる。(9b, c) に示されるように，=gu kha: を使って事情を述べることはできない。逆に，事情（原因）を先に述べた後に判断（結果）を述べるという提示順序ならば容認されるので，=gu *kha:* 文は因果関係の結果説明に用いられると言える[11]。これは 3.1 で観察した因果関係の帰結説明と同じことを指している。また，(10b) の「さいふをなくした」事情を推論する場合も，=*gu kha:* 文は使えない。さいふをなくした原因は，不注意で落としたのかもしれないし，別のところに置き忘れたという可能性もある。「すられた」ことが事情を推論する際の選択肢のひとつとして位置づけられる場合，ネワール語では =*gu kha:* 文が容認されず，助動詞 *juye* が用いられる ((10c) では *juye* が活用し *jui* (FD) となっている)。

では，なぜ (11b) で =*gu kha:* 文が容認されるのだろうか。ここでは (11) が会話文であることに注目したい。夫の腹痛の「事情」を推論して尋ねた友人 (11a) に対して，妻が (11b) の =*gu kha:* 文で提示したものは，友人の推論に関係する「友人は知らないが自分は知っている事実」と言える。つまり，腹痛の真の原因は不明であるが，腹痛発症の現場にいてその成り行きを友人より多く知っている妻が，友人 (11a) の推論に対して，その推論が妥当であろうと思われる事実 (宴会に行ったこと) を提示している。腹痛の直接の事情提示ではなく，問い (事情の推論) を受けて，その事情をより詳しく説明する場合は =*gu kha:* 文を用いることができる，と考えられる。

夜中に腹痛を起こした原因が前夜に食したものにあるのではないかと考えるのは妥当な推論であろう。それを補強する事実を =*gu kha:* 文で提示するのは，「(昨夜夫がしたことは) ある宴会に行ったことだ」という，「換言」を表す拡張コピュラ構文であり，「事情についての詳述」と言える。

こうした事情説明に関わる =*gu kha:* 文の制約に対して，ノダ文の場合は，選択肢がいくつか考えられる一般的な事情の推論から特定性の高いものまで，広い範囲の事情説明に使用される (9a, 10a)。

ノダ文と =*gu kha:* 文の相違点のひとつ目をまとめる。ノダ文に頻出する「事情説明」は =*gu kha:* 文では表しにくいが，(11b) のように，推論された事情に対して詳しい事実を提示する際には =*gu kha:* 文が容認される。

---

[11] 例文 (4) では，確たる証拠を元に，根拠→帰結の順に従って，推論の帰結を述べるのに =*gu kha:* 文が使われている。

## 4.2 「非関係づけ」の非容認性

=gu kha: 文とノダ文の相違点のふたつ目は，野田（1997）で「非関係づけ」とされている，先行文脈に依存しない用法に見つかる。(12a) はノダ文が「命令」の用法を持つことを示しているが，(12b) が非文であることから，=gu kha: 文に「命令」を表す用法がないことがわかる。命令の意味は，(12c) のように，動詞を命令形にするか，義務を表す助動詞 māle を用いて(12d) のように表す必要がある。

(12) a.　早く来るんだ。　　　　　　　　　　　　　　　（田野村 1990: 15）

　　 b. *yākanā:　wai=gu　　　kha:.
　　　　 早く　　来る FD-NMLZ　COP.ST

　　 c. 　yākanā:　wā.
　　　　 早く　　来る IMP
　　　　「早く来い。」

　　 d. 　yākanā:　waye　　mā:la.
　　　　 早く　　来る FC　〜しなければならない NFD
　　　　「早く来なければならない。」

「非関係づけ」に入れられる「発見」の用法も =gu kha: 文では容認されない。たとえば，探していた猫を思わぬところで発見したような場合，(13a) のようにノダ文を使うことができるが，=gu kha: 文は用いられない。こうした状況では，「ている」に相当する -nā/-yā-cwā:=gu が用いられる (13b)。

(13) a.　みーちゃん，こんなところにいたんだ！

　　 b. 　āh　mi:chan!　thwa-jwa:　thās-e　　kā　cwanā-cwā:=gu.[12]
　　　　 あっ みいちゃん これ-ような ところ-LOC PRT いる CM- いる ST-NMLZ

ところが，次の (14) では =gu kha: 文が容認される。(14) は「想起（思い

---

[12] (13) では，=gu kha: 文ではなく，文末 =gu が使われている。文末 =gu と =gu kha: 文との違いについての究明は，今後の課題としたい。

出し)」の意味で用いられている。

(14) kā sita.　　　kanhae takka-yā dune riport cwa　　dhakā:
　　 PRT 死ぬ NFD　明日　　まで -GEN うちに レポート 書く IMP QUOT
　　 wã:　　jita:　　dhayā-ta:=<u>gu</u>　　kha:.
　　 3sg.ERG 1sg.DAT 言う CM- 置く ST-NMLZ COP.ST
　　 「しまった，『明日までに報告書を書け』とあの人が言ってたんだ。」

　野田（1997）では「想起」も「非関係づけ」に入れられている。しかし，(14) の =gu kha: 文の容認性から見ると，「想起」は「非関係づけ」に分類されるというより「関係づけ」に組み込む方がよいのかもしれない。当面失念していたことがらについて，失念する前の状況と現在の状況とを関係づけし直すという点で「関係づけの一種」と見られ，次節で検討する「前提状況」の充足として位置づける可能性も出てくる。
　ノダ文と =gu kha: 文のふたつ目の相違点をまとめる。=gu kha: 文が「命令・禁止・発見」の意味（「非関係づけ」）を表すことはないが，過去に生起したできごとを思い出す「想起」の意味では使われる。

## 5.　=gu kha: 文とノダ文を捉える枠組み

　第 3 節と第 4 節で明らかになった =gu kha: 文とノダ文の類似点と相違点を (15)(16) に記す。

(15) a.　=gu kha: 文とノダ文のいずれも，命題間の因果関係（「結果説明」と「根拠に基づく推論の帰結説明」）を表す。
　　 b.　=gu kha: 文とノダ文のいずれも，命題の空所（文の成分）の値を埋める。また，事態成立に関わる要素の対立を焦点化する。
(16) a.　=gu kha: 文は「事情説明」を表さないが，推論された事情を補強する事実提示には用いられる。一方，ノダ文は「事情説明」「補強する事実提示」の両方に用いられる。

b. =*gu kha:* 文は「非関係づけ」(命令・禁止・発見)を表さないが,「想起」は表す。一方,ノダ文は「非関係づけ」を表す。

(15)(16)から,本節で考察を進めなければならない点が2点浮かび上がる。1点目は(15a)(16a, b)に関わり,ノダ文が用いられる際の因果関係・関係づけの詳細と照らし合わせることである。2点目は,(15a, b)の類似点(因果関係の用法と文の成分の空所を埋める用法)が「統一的」に説明できるのではないかという点である。

1点目は,第2節から第4節で見てきた因果関係に関わる言語対照である。益岡(2013)では,ノダ文は名詞述語文のモノ(名詞句)がコト(述語句)に拡張された構文(拡張コピュラ構文)であるとされている。拡張コピュラ構文では,直接表されるのが「換言」の意味であるが,コトXとコトYを関係づける「関係づけ」の意味が出やすいことから因果関係の関与が生じやすいとされる[13]。こうした意味拡張は,益岡(2015)では「近接性」の概念で説明されている。因果関係の説明には,事情説明と帰結説明がある。事情説明では「コトYとコトX」の間に「結果と原因」の関係が生じるのに対して,帰結説明の場合は「X(原因)だからY(結果)」の関係,あるいは,「Xを根拠としてYという帰結を導く」(推論)関係が関わるとされる。

益岡(2013)の枠組みに第2節から第4節で観察した =*gu kha:* 文の実例をあてはめると,(表1)が得られる。(表1)から,=*gu kha:* 文が「原因→結果」「根拠→帰結」といった順接の関係を述べているのに対して,ノダ文が順接のみならず,「結果→原因」の逆の関係陳述も発達させていることが明らかになる。なお,(表1)の「非関係づけ」に関しては,益岡では議論されていないが,第4節の議論から導き出される範囲で項目を設けている。

---

[13] 亀山(1999)は,関係的意味(整合関係)の三大原理として,類似関係・時空的つながり・因果関係をあげ,因果関係が論証関係と密接なつながりを持つと述べている。

（表1）「因果関係」に基づく =gu kha: 文とノダ文の分布

| | 関係づけ（換言を基にした因果関係） | | | 非関係づけ | |
|---|---|---|---|---|---|
| | 帰結説明 | | 事情説明 | 命令・禁止・発見 | 想起 |
| | 原因－結果 | 推論の帰結 | 結果－原因 | | |
| =gu kha: 文（例文番号） | ○ (3), (9c) | ○ (1), (2), (4), (5) | ×（※1）(11b) | ×　－ | ○ (14) |
| ノダ文（例文番号）（※2） | ○ (3), (9c) | ○ (1), (2), (4), (5) | ○ (9a), (10a), (11b) | ○ (12a), (13) | ○ (14) |

※1 ただし，推論された事情の詳しい説明のためには使われる。
※2 ノダ文の例文番号は，該当する例文の日本語訳を含む。

考察すべき2点目は，命題間の因果関係の用法（15a）と命題内の成分補充の用法（15b）が，スコープのノダとムードのノダに大別されなくても，統一的に説明できるのではないかという点である。本章では，=gu kha: 文とノダ文のこうした2種の機能の上位に，木坂（1973）が提示する「前提状況」という概念を用いたい。

「前提状況」は，「前提－焦点」を想起させるが，必ずしも厳密な焦点を要求するものではないという点で異なっている[14]。木坂（1973: 4）によれば，「それが（前提状況が）未知の部分や不明瞭な部分を持っていて，それを確認しながら状況を充足していく場合に用いられる」とされている。

〈コト拡張〉された拡張コピュラ文（=gu kha: 文とノダ文）における「前提状況の充足」は，文の成分の補充から因果関係による文脈の調整までを含む，ゆるやかな関係概念を指す。以下に，木坂（1973: 5–6）の6項目のまとめのうち，初めの3項目を引用する[15]。

---

[14] 「前提状況」は，天野（1998），今田（2010）等が名詞述語文の分析で用いている「前提－焦点」に近いが，必ずしも「焦点」を要求するものではない。天野（1998）では，「前提－焦点」の観点から，ガを取る名詞述語文が「前項焦点文」「後項焦点文」「全体焦点文」に分けられている。また，今田（2010）は，名詞述語文において，名詞句だけでなく，さらに局所的な部分が「焦点」になる場合があることを述べている。このように，名詞述語文では名詞句の焦点位置・焦点構造が問題になる。

[15] 木坂（1973）の「まとめ」は，田野村（1990: 215–216）にも引用されている。

(17) 木坂 (1973: 5–6) の「のだ」の機能のまとめ
(一)「のだ」文は，何らかの個的・具体的な前提状況に応じる。
(二) 前提状況は，対話場面では相手の言辞，またはそれに絡んでいるゼロ形式（非言語）の状況（行動・状態・心理）である。
(三)「のだ」文は，前提状況の未知の部分，不明瞭な部分，または，その状況から進展する新事実を予想し，これらを確認・提示しながら上接命題と結合させる。両者が因果関係にある場合は「根拠」や「理由」の意味を表す。

(三) の「前提状況の未知の部分・不明瞭な部分」が「文成分の空所」に該当すれば，空所補充という焦点構造を持つことになる。他方，「先行文脈との関係性」が該当すれば，名詞述語文での「全体焦点文」に相当する因果関係の機能が充足される。その因果関係は，事情説明でも帰結説明でもありうる。したがって，「前提状況の未知の部分・不明瞭な部分」を用いることによって，(15a, b) の2点を共通の土台に乗せることができ，かつ，名詞述語文とのつながりを捉えることも可能となる。

「前提状況の未知の部分」とその「充足」は，3.2 で議論した (6b, d) の空所補充の説明として用いられる。ここでは因果関係が問題とならない。

(6) a. 誰ガ到着シタッテ？ （三上 1953: 243）
b. 扁理ガ到着シタンデス。
c. su thya:=gu hã:?
誰 着く ST-NMLZ 伝聞
d. henri thya:=gu kha:.
ヘンリー 着く ST-NMLZ COP.ST

また，「前提状況の未知の部分」は命題間の因果関係をも説明する。田野村 (1993) は小金丸 (1990) のスコープのノダとムードのノダの二分法を批判し，述語以外の要素を問題にする例として (18) をあげている。

(18) 彼は午後五時ごろ長谷川源八と一緒に同炭坑内にはいった事実は認

めたが，それは単に話合いをするためにはいったのだと主張した。

(田野村 1993: 41)

　田野村は，「(18)[16]では「単に話合いをするために」という述語以外の要素を問題にしているが，ノダ文が背後の事情を述べているのに変わりがない」と述べている。しかし，田野村の説明では，命題内の成分補充という機能と命題間の関係説明という機能が二重になってもよいということになり，こうした機能の二重性に関して何らかの補足説明が必要となろう。この点で，「前提状況」という概念を援用すれば，先行文脈との因果関係明示と文の成分を補充することの両方を「前提状況の未知の部分・不明瞭な部分」として扱うことができる。これは =gu kha: 文にも言えることである。

　ちなみに，=gu kha: 文での目的句は，(19)にあるように，事情説明ではなく帰結説明の中で用いられる。すなわち，(19)の「プルナさんが泊まるために」がX(根拠)として作用し，「この部屋をしつらえた」というY(帰結)を導いている。

(19)　purna-ji:-yāta　cwane-ta　　thwa kwathā daekā=gu　　　kha:.
　　　プルナ-VOC-DAT 泊まる FC-PURP この　部屋　　しつらえる NFC-NMLZ COP.ST
　　　「プルナさんが泊まるためにこの部屋をしつらえたのです。」

　したがって，「前提状況の未知の部分・不明瞭な部分」は命題内・命題間のどちらか一方に限られるものではなく，文脈における事情・帰結などの事態間の因果関係を指すのか，文の成分の空所の補充を指すのか，あるいは，その両方を指すのかは，個々の「前提状況」によって可変的でありうる。同様の説明が，石黒 (2003) と小林 (1993) によってなされている。石黒は，ノダ文の充填機能について「既有の認識にあるすき間を埋めることを示す機能」と説明している。他方，小林 (1993: 148) は，疑問文についての考察であるが，「「の」は何らかの状況が(一般的な意味で)前提されるときに用いられる，という指摘である」と述べている。このように，「前提状況」という

---

[16] 引用内の例文番号は，筆者による変更である。

概念を用いることによって，=gu kha: 文とノダ文が，命題間の関係を問題にすること（15a）もでき，命題内の欠けた成分の補充を問題にすること（15b）もできることが統一的に説明される。なお，=gu kha: 文の使用には「前提状況」にある制約がかかることになる。因果関係に関わる議論の部分で述べた通り，「前提状況」のうち，「事情説明」には用いられにくい。

## 6. まとめ

　本章では，=gu kha: 文とノダ文の機能がどのように類似し異なっているかを観察した。類似点と相違点については（15）と（16）が得られた。また，どのような枠組みによる対照が可能かについては，益岡（2013, 2015）の枠組みを用いることによって，=gu kha: 文とノダ文の機能の実際が明らかになった（表1）。（表1）によって，=gu kha: 文の先行研究の論考を発展させることができたと考えられる。さらに，前提状況という概念を用いれば，=gu kha: 文とノダ文の類似点（15a, b）を統一的に説明できることも示した。

　残された課題は，=gu kha: 文と文末 =gu 文の違いを明らかにすることである。ネワール語における文末 =gu 文は頻度の高い表現であることから，名詞化接辞 =gu が関わる文形式の多機能性という観点からも，=gu kha: 文と文末 =gu 文の関係究明が求められる。

### 謝辞

　本章は，日本言語学会第149回大会ワークショップ（愛媛大学）にて発表した「ネワール語における =gu kha: 文とノダ文」を修正したものである。データの一部を提供してくださったプルナ・ラトナ・サキャ氏，マニック・サキャ氏，カビール・サキャ氏に感謝するとともに，ワークショップの質疑応答で有益なコメント・質問をくださった皆様にお礼申しあげます。

### 略語表

AD anti-deictic, ADN adnominal, AUX auxiliary, CL classifier, CM concatenation marker, COND conditional, CONT contrast, COP copula, DAT dative case, DIM diminutive, EMPH emphasis,

ERG ergative case, FC future conjunct, FD future disjunct, GEN genitive case, HON honorific, IMP imperative, LOC locative case, NEG negation, NF non-finite, NFC non-future conjunct, NFD non-future disjunct, NMLZ nominalizer, PRT particle, PURP purpose, Q question, QUOT quotation, SP specifier, ST stative form, VOC vocative, 1sg 1st person singular, 2sg 2nd person singular, 2pl 2nd person plural

## 参照文献

天野みどり（1998）「「前提・焦点」構造からみた「は」と「が」の機能」『日本語科学』3，国立国語研究所．
石黒圭（2003）「「のだ」の中核的機能と派生的機能」『一橋大学留学生センター紀要』6．
今田水穂（2010）『日本語名詞述語文の意味論的・機能論的分析』博士論文，筑波大学．
亀山恵（1999）「談話分析―整合性と結束性―」田窪行則・西山佑司・三藤博・亀山恵・片桐恭弘著『シリーズ言語の科学7　談話と文脈』岩波書店．
木坂基（1973）「近代文章における「のだ」文の変遷と表現価値」『新居浜工業高等専門学校紀要（人文科学編）』第9号．
小金丸春美（1990）「ムードの『のだ』とスコープの『のだ』」『日本語学』第9巻第3号，明治書院．
小林ミナ（1993）「疑問文と質問に関する語用論的考察」『言語研究』第104号．
田野村忠温（1990）『現代日本語の文法I「のだ」の意味と用法』和泉書院．
田野村忠温（1993）「「のだ」の機能」『日本語学』第12巻第11号，明治書院．
寺村秀夫（1984）『日本語のシンタクスと意味II』くろしお出版．
名嶋義直（2007）『ノダの意味・機能―関連性理論の観点から―』くろしお出版．
野田春美（1997）『の（だ）の機能』くろしお出版．
益岡隆志（1991）『モダリティの文法』くろしお出版．
益岡隆志（2013）『日本語構文意味論』くろしお出版．
益岡隆志（2015）「拡張コピュラ構文の意味分析」深田智・西田光一・田村敏弘編『言語研究の視座』開拓社．
松岡弘（1993）「再説―「のだ」の文・「わけだ」の文―」『言語文化』30，一橋大学．
三上章（1953）『現代語法序説』刀江書院［1972年にくろしお出版より復刊］．
Genetti, Carol, A. R. Coupe, Ellen Bartee, Kristine Hildebrandt, and You-Jing Lin（2008）"Syntactic aspects of nominalization in five Tibeto-Burman languages of the Himalayan area." *LTBA* 31-2.
Hale, Austin and Shrestha, Kedār P.（2006）*Newār（Nepāl Bhāsā）*. Language of the World Materials 256. LIMCOM EUROPE.
Kiryu, Kazuyuki（2013）"Mermaid construction in Kathmandu Newar." In: Tasaku Tsunoda

第7章 ネワール語における =gu kha: 文とノダ文

(ed.) *Adnominal clauses and the 'Mermaid Construction': Grammaticalization of nouns*, NINJAL Collaborative Research Project Reports 13-01. Tachikawa: National Institute for Japanese Language and Linguistics.

Matisoff, James (1972) "Lahu nominalization, relativization, and genitivization." In: John P. Kimball (ed.) *Syntax and semantics I*. New York: Seminar Press.

Noonan, Michael (2008) "Nominalizations in Bodic languages." In: Maria Jose Lopez-Couso and Elena Seoane (eds.) *Rethinking grammaticalization: New perspectives*. Amsterdam/Philadelphia: John Benjamins.

Yap, Foong Ha, Karen-Hårsta, and Janick Wrona (eds.) (2011) *Nominalization in Asian languages: Diachronic and typological perspectives*. Amsterdam/Philadelphia: John Benjamins.

# 第8章

# 敬語表現と名詞指向性
日本語と朝鮮語の対照言語学的研究

塚本秀樹

## 1. 序論

　語が用いられる際，その働きの違いによって分類したものが品詞であるが，その品詞のうち，文を構成する要となるのが動詞と名詞である。そうであるにもかかわらず，統語論の研究史を振り返ると，動詞については比較的活発に研究されてきたのに対して，名詞に関する研究が遅れをとっていたことは否めない。

　こういった状況下，本章の目的は，日本語と朝鮮語における敬語表現について考察し，それにおいて明らかにされた両言語間の相違は何を意味し，またどのように捉えるべきであるのか，ということについて対照言語学からのアプローチで論ずることである。

## 2. 動詞／形容詞指向性と名詞指向性

　ある事態を言語で表現しようとした場合，その事態が全く同じものであるにもかかわらず，採用される表現形式が言語によって異なるある一定の傾向があることがこれまでに指摘されてきた。

　日本語と朝鮮語を対照することによってそういったことを論じている研

究の代表的なものとして，梅田・村崎（1982），林八龍（イム＝パルヨン）（1995），井上・金河守（キム＝ハス）（1998），生越（2002），金恩愛（キム＝ウネ）（2003），塚本（2009, 2012: 第13章），井上（2010）などが挙げられる。

これらの研究において，動作・行為を表す表現については，次のような考察が行われている[1]。

(1) a. まもなく東京駅に到着です。
　　b.??곧 동경역에 도착입니다.[2]
　　　??Kot tongkyengyek-ey tochak-ipnita.
　　c. 곧 동경역에 도착하겠습니다.
　　　Kot tongkyengyek-ey tochak-hakeysssupnita.
　　（まもなく東京駅に到着します。）

これからなされる動作・行為について叙述する際，日本語では，(1a)が示すように，動作・行為を表す漢語名詞「到着」がコピュラの「だ」を伴った名詞述語「名詞＋「だ」」を用いて表現することができる。

それに対して，日本語と同様に，朝鮮語で動作・行為を表す漢語名詞「도착<tochak>（到着）」にコピュラの「(이)다<(i)ta>（だ）」が付いた名詞述語「名詞＋「(이)다<(i)ta>（だ）」」を用いて表現すると，(1b)のようになるが，これは自然な朝鮮語とは認められない。受け入れられる朝鮮語になるには，(1c)のように，動作・行為を表す漢語名詞「도착<tochak>（到着）」に動詞「하다<hata>（する）」を後続させた動詞述語を用いて表現する必要がある。

また，状態・性質を表す表現についても，次のような考察が行われている[3]。

---

[1] (1)の例は，井上・金河守（1998: 457）から引用したものであり，それにおける文法性の判断も同人による。

[2] 本章では，便宜上，朝鮮文字（ハングル）にローマ字転写を併記した。ローマ字転写には，The Yale Romanization System を採用した。

[3] (2)の例は，井上・金河守（1998: 463）から引用したものであり，それにおける文法性の

（２）a． 今日はいい天気だ。
　　　b．?오늘은 좋은 날씨다．
　　　　?Onul-un coh-un nalssi-ta.
　　　c．오늘은 날씨가 좋다．
　　　　Onul-un nalssi-ka coh-ta.
　　　　（今日は天気がいい。）

　日本語では，（2a）のように，「天気」といった名詞の状態・性質を叙述する際，その状態・性質を表す形容詞の「いい」が連体形でその名詞を修飾してから，その名詞にコピュラの「だ」が付加された名詞述語を用いて表現することが容認される。

　しかしながら，朝鮮語では，（2b）が示すように，日本語と同じ表現形式をとると，不自然なものとなる。すなわち，「날씨<nalssi>（天気）」といった名詞の状態・性質を表す形容詞「좋다<coh-ta>（いい）」の連体形「좋은<coh-un>」がその名詞を修飾した後，その名詞にコピュラの「(이)다<(i)ta>（だ）」が付加された名詞述語「名詞＋「(이)다<(i)ta>（だ）」」を用いて表現することは困難ということである。認められる朝鮮語にするには，（2c）のように，名詞「날씨<nalssi>（天気）」を主格補語に立てた上で，形容詞「좋다<coh-ta>（いい）」を述語に用いて表現しなければならない。

　以上のことから，次の主張を導き出すことができる。

（３）　動詞／形容詞指向性か名詞指向性か
　　　日本語――名詞中心的な表現をとる言語である。
　　　朝鮮語――動詞／形容詞中心的な表現をとる言語である。

　さらに，新屋（2014）は，日本語のみを考察の対象とした詳細な研究であるが，日本語については今述べたことと同じことを主張している[4]。

---

判断も同人による。

[4]　新屋（2014）は，これまでの個々の論考を1冊の著書にまとめたものである。

## 3. 敬語表現の要点

本節では，日本語と朝鮮語における敬語表現について，両言語それぞれに分け，その要点を押さえることにしたい。また，敬語表現について考察するには，菊地 (2003: 2–4) も述べるように，文法的な側面と社会言語学的な側面の 2 つの側面からアプローチする必要があるが，本節では，議論が大いにかかわる前者の側面に限って行う。

### 3.1 日本語

日本語における敬語表現については，これまで多種多様な研究が行われてきた。その代表的な研究に，南他 (1977)，鈴木・林編 (1984)，南 (1987)，西田 (1987)，益岡・田窪 (1992: 第 V 部第 1 章)，菊地 (1994, 1996)，菊地編 (2003)，文化審議会 (2007) などが挙げられる。以下では，それらの先行研究の要点を論述する。

まず，「敬語」というのは，「同じ事柄を述べるのに，述べ方を変えることによって敬意あるいは丁寧さを表す，そのための専用の表現」（菊地 2003: 1）と定義することができる。

また，その敬語表現は，有している性質に従い，次のように分類が可能である。

(4) 日本語における敬語表現の分類
    （I）素材敬語
        (A) 尊敬語　　(B) 謙譲語 I　　(C) 謙譲語 II（丁重語）
    （II）対者敬語
        (D) 丁寧語　　(E) 美化語

敬語表現は，まず「素材敬語」と「対者敬語」に大別され，前者の「素材敬語」は「尊敬語」「謙譲語 I」「謙譲語 II（丁重語）」の 3 つに，後者の「対者敬語」は「丁寧語」「美化語」の 2 つにそれぞれ分けることができる。この「尊敬語」「謙譲語 I」「謙譲語 II（丁重語）」「丁寧語」「美化語」といった

5分類とその用語は，文化審議会(2007)に依拠したものである。敬語表現の分類にはいくつかの説があり，これまで一般的には「尊敬語」「謙譲語」「丁寧語」の3つに分類されてきたが，文化審議会(2007)は，この3分類では敬語表現を正確に捉えることができないために，上記の5分類を提案したとしている。なお，3分類における「謙譲語」が5分類における「謙譲語Ⅰ」と「謙譲語Ⅱ（丁重語）」に，また3分類における「丁寧語」が5分類における「丁寧語」と「美化語」にそれぞれ該当する。

### 3.1.1 尊敬語

「尊敬語」というのは，事態の主体に対して敬意を払う表現のことであり，動詞述語，形容詞および形容動詞述語，名詞述語，名詞において表される。

（ア）動詞述語にかかわる形式

動詞述語にかかわる第一の形式として，「動詞語幹＋接尾辞'(r)are'」が挙げられる。これは，動詞の語幹の後に接尾辞'(r)are'が付加されたものである。

（5） 先生が論文を書かれる。

第二の形式として，「接頭辞「お」＋動詞連用形＋格助詞「に」＋動詞「なる」」および「接頭辞「ご」＋漢語名詞＋格助詞「に」＋動詞「なる」」というものを指摘することができる。前者は，動詞の連用形の前に接頭辞「お」を付加するとともに，格助詞「に」と動詞「なる」から構成される「になる」を後続させた形式であり，動詞連用形の部分が和語の場合に用いられる。また，前者における動詞連用形の部分が漢語名詞の場合は，後者のように前置される接頭辞が「お」ではなく「ご」に置き換えられて成立する。

（6） 先生が論文をお書きになる。
（7） 先生が論文をご執筆になる。

第三の形式としては，「(接頭辞「ご」＋)漢語名詞＋動詞「なさる」」がある。これは，サ変動詞の「する」を「なさる」に置き換えたものであり，接頭辞「ご」がなじむ漢語名詞についてはそれを前置することが可能である。

（8）　先生が論文を（ご）執筆なさる。

　第四の形式は，「接頭辞「お」＋動詞連用形＋コピュラ「だ」」および「接頭辞「ご」＋漢語名詞＋コピュラ「だ」」であるが，第二の形式における「格助詞「に」＋動詞「なる」」の部分を「コピュラ「だ」」に置き換えて成立したものである。

（9）　先生が論文をお書きだ。
（10）　先生が論文をご執筆だ。

　第五の形式は，「接頭辞「お」＋動詞連用形＋動詞「下さる」」および「接頭辞「ご」＋漢語名詞＋動詞「下さる」」であるが，第四の形式と同様，第二の形式における「格助詞「に」＋動詞「なる」」の部分を「動詞「下さる」」に置き換えて成立したものである。

（11）　先生が論文をお書き下さる。
（12）　先生が論文をご執筆下さる。

　最後に，一部の動詞については，尊敬の意味を表す特定の語彙が存在する。元の動詞との対応関係を示すと，次のようになる。

（13）　いらっしゃる〔←行く；来る；いる〕，おっしゃる〔←言う〕，なさる〔←する〕，召し上がる〔←食べる；飲む〕，下さる〔←くれる〕，見える〔←来る〕

(イ) 形容詞および形容動詞述語にかかわる形式
　形容詞および形容動詞述語にかかわる第一の形式としては，「接頭辞「お／ご」＋｛形容詞／形容動詞｝」が指摘できる。これは，形容詞あるいは形容動詞に接頭辞の「お」か「ご」を付加したものである。（なお，接頭辞の

「お」と「ご」の使い分けは，「(ア)動詞述語にかかわる形式」において述べたことと同様である。)

(14)　先生はお忙しい。
(15)　先生はご健康だ。

　第二の形式としては，「(接頭辞「お／ご」＋){形容詞連用形／形容動詞語幹}＋接続語尾「て」＋動詞「いらっしゃる」」である。これは，形容詞の連用形あるいは形容動詞の語幹の後ろに接続語尾「て」を付け加え，さらに動詞「いらっしゃる」が後続した形式であるが，この動詞「いらっしゃる」は存在を表す動詞「いる」の語彙的な尊敬語である。また，接頭辞「お／ご」がなじむ形容詞および形容動詞の場合は，それを前置することもできる。

(16)　先生は(お)忙しくていらっしゃる。
(17)　先生は(ご)健康でいらっしゃる。

(ウ)名詞述語にかかわる形式
　名詞述語にかかわる形式は，「名詞＋コピュラ連用形「で」＋動詞「いらっしゃる」」である。

(18)　先生は努力家でいらっしゃる。

(エ)名詞にかかわる形式
　名詞にかかわる1つの形式は，「接頭辞「お／ご」＋名詞」というものである。これは，基本的には，(19)のように後続する名詞が和語の場合に接頭辞「お」が，(20)のように後続する名詞が漢語の場合に接頭辞「ご」がそれぞれ付けられるが，(21)のように後続する名詞が漢語であっても，接頭辞「お」が付けられる例がある。

(19)　(先生の)お名前，おところ，お仕事，お体，お心，お手紙
(20)　(先生の)ご氏名，ご住所，ご職業，ご指導，ご健康，ご著書
(21)　(先生の)お時間，お電話，お返事

もう1つは，尊敬の意味を表す漢語形態素が付加された特定の語彙であり，その例としては(22)のようなものが挙げられる。

(22) 貴 -：貴社，貴校，貴国，貴兄，貴信，貴稿
　　 玉 -：玉稿，玉章，玉案
　　 尊 -：尊父，尊影，尊顔，尊家
　　 令 -：令室，令息，令嬢，令兄，令夫人
　　 高 -：高配，高説，高覧
　　 芳 -：芳名，芳志，芳心，芳情

### 3.1.2　謙譲語Ⅰ

「謙譲語Ⅰ」というのは，動作の主体を動作の受け手より低く位置づけて動作の受け手に対して敬意を払う表現のことであり，動詞述語と名詞において表される。

(ア) 動詞述語にかかわる形式

動詞述語にかかわる第一の形式としては，「接頭辞「お」＋動詞連用形＋動詞「する」」および「接頭辞「ご」＋漢語名詞＋動詞「する」」が指摘できる。この形式における接頭辞は，尊敬語におけるのと同様に，動詞連用形が和語の場合には「お」が，それが漢語名詞の場合には「ご」がそれぞれ用いられる。

(23)　友人が先生に書類をお届けする。
(24)　友人が先生をご案内する。

第二の形式は，「接頭辞「お」＋動詞連用形＋動詞「申し上げる」」および「接頭辞「ご」＋漢語名詞＋動詞「申し上げる」」というものであり，第一の形式における動詞「する」が動詞「申し上げる」に置き換わったものである。

(25)　友人が先生に書類をお届け申し上げる。

(26) 友人が先生をご案内申し上げる。

　第三の形式は,「動詞連用形＋接続語尾「て」＋動詞「いただく」」および「漢語名詞＋サ変動詞連用形＋接続語尾「て」＋動詞「いただく」」である。これは,和語動詞の場合はそれを連用形に,また漢語名詞の場合は付加したサ変動詞「する」を連用形にそれぞれ変え,接続語尾「て」および動詞「いただく」をこの順で後続させたものである。なお,動詞「いただく」は,動詞「もらう」の謙譲語として対応する特定の語彙(これについては後述)である。

(27) 友人が先生に論文を読んでいただく。
(28) 友人が先生に指導していただく。

　第四の形式は,「接頭辞「お」＋動詞連用形＋動詞「いただく」」および「接頭辞「ご」＋漢語名詞＋動詞「いただく」」であり,第三の形式から接続語尾「て」を削除した上で接頭辞「お／ご」を先頭に付け加えたものである。

(29) 友人が先生に論文をお読みいただく。
(30) 友人が先生にご指導いただく。

　最後に,一部の動詞については,謙遜の意味を表す特定の語彙が存在する。元の動詞との対応関係を示すと,次のようになる。

(31) 伺う〔←訪ねる；尋ねる；聞く〕,申し上げる〔←言う〕,存じ上げる〔←知る〕,差し上げる〔←あげる〕,いただく；頂戴する〔←もらう〕,拝見する〔←見る〕,拝聴する〔←聞く〕,拝借する〔←借りる〕,お目にかかる〔←会う〕,お目にかける；ご覧に入れる〔←見せる〕,お耳に入れる〔←聞かせる〕

(イ) 名詞にかかわる形式
　名詞にかかわる形式としては,「接頭辞「お／ご」＋名詞」がある。

(32) (先生への) お手紙,お電話,お返事,お願い,お礼
(33) (先生への) ご連絡,ご説明,ご案内,ご無礼

### 3.1.3　謙譲語Ⅱ（丁重語）

「謙譲語Ⅱ（丁重語）」というのは，主体側の事態について，聞き手に敬意を払いながら改まった気持ちを示す表現のことであり，動詞述語と名詞において表される。

(ア) 動詞述語にかかわる形式

動詞述語にかかわる形式としては，「漢語名詞＋動詞「いたす」」が挙げられる（動詞「いたす」については後述）。

(34)　私が実験室を利用いたす。

また，一部の動詞については，丁重の意味を表す特定の語彙が存在する。元の動詞との対応関係を示すと，次のようになる。

(35)　いたす〔←する〕，参る〔←行く；来る〕，申す〔←言う〕，おる〔←いる〕，存じる〔←知る；思う〕

(イ) 名詞にかかわる形式

名詞にかかわる形式には，丁重の意味を表す漢語形態素が付加された特定の語彙があり，その例は次のようなものである。

(36)　愚 -：愚見，愚考，愚妻，愚息，愚僧
　　　小 -：小生，小社，小考，小著，小稿
　　　拙 -：拙者，拙宅，拙著，拙稿，拙僧
　　　弊 -：弊社，弊所，弊宅，弊紙，弊誌，弊店

### 3.1.4　丁寧語

「丁寧語」というのは，話し手が聞き手に丁寧な態度を込めて伝える表現のことであり，動詞述語，形容詞および形容動詞述語，名詞述語において表される。

動詞述語の場合は「動詞連用形＋接尾辞「ます」」という形式が用いられ，形容詞および形容動詞述語，名詞述語の場合はコピュラの丁寧体である「で

す」が付加されて用いられる。なお，それを示す具体例は，紙幅の都合上，割愛する。

### 3.1.5　美化語

「美化語」というのは，物事を聞き手に対して美しく上品に伝える表現のことであり，名詞においてのみ表される。「接頭辞「お／ご」＋名詞」という形式で表現され，具体的な例としては，次のようなものが挙げられる。

(37)　（私の）お菓子，お酒，お料理，お化粧，お洋服，お天気，お昼，ご祝儀

## 3.2　朝鮮語

朝鮮語における敬語表現についても，日本語の場合と同様，様々な考察がなされてきた。その代表的なものに，梅田（1977, 1979），安秉禧（アン＝ビョンヒ）(1989)，韓美卿（ハン＝ミギョン）(1989)，남기심<Nam, Kisim>(ナム＝ギシム)・고영근<Ko, Yengkun>(コ＝ヨングン)（1993: 第12章12.3節），李翊燮（イ＝イクソプ）・李相億（イ＝サンオク）・蔡琬（チェ＝ワン）(2004)，白峰子（ペク＝ポンヂャ）(2004)，油谷（2005: 第7章），姜英淑（カン＝ヨンスク）(2014)，鄭貞美（チョン＝ヂョンミ）(2014)などがある。

以下にそれらの先行研究の要点を論述するが，まず，朝鮮語における敬語表現を整理して提示すると，次のようになる。

(38)　朝鮮語における敬語表現の分類
　　　（Ⅰ）　素材敬語
　　　　　（A）主体敬語　　（B）客体敬語
　　　（Ⅱ）　対者敬語
　　　　　（C）対者敬語

朝鮮語における敬語表現はまず，日本語の場合と同様に「素材敬語」と「対

者敬語」に大別される。一般的にはさらに，前者の「素材敬語」は「主体敬語」と「客体敬語」の2つに分けられ，後者の「対者敬語」は同じ用語で1つの分類として成り立つ。

### 3.2.1 主体敬語

「主体敬語」というのは，事態の主体に対して敬意を払う表現のことであって，日本語において一般的に用いられる用語の「尊敬語」に相当し，動詞述語，形容詞述語，名詞述語，名詞において表される。

(ア) 動詞述語，形容詞述語，名詞述語にかかわる形式

主体敬語は，動詞述語，形容詞述語，名詞述語において，それぞれの語幹の後に接尾辞の「시 <si>」[5]が付加された「語幹＋接尾辞「시 <si>」」という形式で表現される。

(39) 선생님이 논문을 쓰신다.
　　　Sensayngnim-i nonmun-ul ssu-si-nta.
　　　（先生が論文を書かれる。）

(40) 선생님은 바쁘시다.
　　　Sensayngnim-un pappu-si-ta.
　　　（先生はお忙しい。）

(41) 저 분은 의사이시다.
　　　Ce pun-un uysa-i-si-ta.
　　　（あの方は医師でいらっしゃる。）

また，一部の動詞（および形容詞）については，尊敬の意味を表す特定の語彙が存在する。元の動詞（および形容詞）との対応関係を示すと，次のようになる。

(42) 드시다 <tusita>（召し上がる）〔← 먹다 <mekta>（食べる）；마시

---

[5] 接尾辞「시 <si>」は，語幹末が母音で終わる場合はそのまま付加され，語幹末が子音で終わる場合は「으 <u>」を前置してから付加される。

다 <masita>（飲む）〕，잡수시다 <capswusita>（召し上がる）〔←먹다 <mekta>（食べる）〕，계시다 <kyeysita>（いらっしゃる）〔←있다 <issta>（いる；ある）〕，주무시다 <cwumusita>（お休みになる）〔←자다 <cata>（寝る）〕，돌아가시다 <tolakasita>（亡くなられる）〔←죽다 <cwukta>（死ぬ）〕，말씀하시다 <malssumhasita>（おっしゃる）〔←말하다 <malhata>（言う；話す）〕，편찮으시다 <phyenchanhusita>（お加減が悪い）〔←아프다 <aphuta>（具合が悪い）〕

（イ）名詞にかかわる形式

　名詞にかかわる1つの形式としては，尊敬の意味を表す特定の語彙が挙げられる。元の名詞との対応関係を示すと，次のようになる。

(43)　분 <pun>（方）〔←사람 <salam>（人）〕，말씀 <malssum>（お言葉）〔←말 <mal>（言葉）〕，성함 <sengham>〔＝姓銜〕（お名前）〔←이름 <ilum>（名前）〕，연세 <yensey>〔＝年歳〕（お歳）〔←나이 <nai>（歳）〕，댁 <tayk>〔＝宅〕（お宅）〔←집 <cip>（家）〕，진지 <cinci>（ご飯；お食事）〔←밥 <pap>（めし）〕，병환 <pyenghwan>〔＝病患〕（ご病気）〔←병 <pyeng>〔＝病〕（病気）〕，약주 <yakcwu>〔＝薬酒〕（お酒）〔←술 <swul>（酒）〕，생신 <sayngsin>〔＝生辰〕（お誕生日）〔←생일 <sayngil>〔＝生日〕（誕生日）〕，부인 <puin>〔＝夫人〕（奥様）〔←아내 <anay>（妻）〕

　もう1つの形式としては，尊敬の意味を表す形態素が付加された特定の語彙がある。

(44)　귀 - <kwi>〔＝貴〕：귀사 <kwisa>〔＝貴社〕，귀국 <kwikwuk>〔＝貴國〕
　　　옥 - <ok>〔＝玉〕：옥고 <okko>〔＝玉稿〕，옥필 <okphil>〔＝玉筆〕
　　　존 - <con>〔＝尊〕：존가 <conka>〔＝尊家〕，존당 <contang>〔＝尊堂〕
　　　　　　　　　　　　（ご母堂）
　　　영 - <yeng>〔＝令〕：영식 <yengsik>〔＝令息〕，영부인 <yengpuin>〔＝令夫人〕

- 님 <nim>（様）：형님 <hyengnim>（お兄さん），사장님 <sacangnim>（社長様）
- 분 <pun>（方）：형제분 <hyengceypun>（ご兄弟），남자분 <namcapun>（男性の方）

（ウ）助詞にかかわる形式

　助詞によっては尊敬の意味を含み持つものがあり，元の助詞との対応関係を示すと，次のようになる。

(45)　께서 <kkeyse>（が）〔←가 <ka>／이 <i>（が）〕，께서는 <kkeysenun>（は）〔←는 <nun>／은 <un>（は）〕，께 <kkey>（に）〔←에게 <eykey>（に）〕

### 3.2.2　客体敬語

　「客体敬語」というのは，事態の主体を低め，事態の受け手を高める表現のことであって，日本語において一般的に用いられる用語の「謙譲語」に相当し，動詞述語と名詞において表される。

（ア）動詞述語にかかわる形式

　一部の動詞に限り，謙遜を意味する特定の語彙が存在する。元の動詞との対応関係を示すと，次のようになる。

(46)　뵙다 <poypta>；뵈다 <poyta>（お目にかかる）〔←만나다 <mannata>（会う）〕，여쭈다 <yeccwuta>；여쭙다 <yeccwupta>（伺う）〔←묻다 <mutta>（尋ねる）〕，드리다 <tulita>（差し上げる）〔←주다 <cwuta>（やる；くれる）〕，말씀드리다 <malssumtulita>（申し上げる）〔←말하다 <malhata>（言う；話す）〕，모시다 <mosita>（お連れする）〔←데리다 <teylita>（連れる）〕

（イ）名詞にかかわる形式

　名詞にかかわる1つの形式としては，謙遜の意味を表す特定の語彙が指

摘できる。

(47) 저 <ce>（わたくし）〔←나 <na>（わたし）〕，저희 <cehuy>（わたくし達）〔←우리 <wuli>（わたし達）〕，말씀 <malssum>（お話）〔←말 <mal>（言葉）〕

もう1つの形式は，謙遜の意味を表す形態素が付加された特定の語彙である。

(48) 졸 - <col>〔＝拙〕：졸저 <colce>〔＝拙著〕，졸고 <colko>〔＝拙稿〕
폐 - <phyey>〔＝弊〕：폐사 <phyeysa>〔＝弊社〕，폐점 <phyeycem>〔＝弊店〕

### 3.2.3 対者敬語

「対者敬語」というのは，話し手が聞き手に対して丁寧な態度を込めて伝える表現のことであり，日本語における「丁寧語」に相当するが，朝鮮語では一般的に，聞き手をどのように待遇するかといった「待遇法」として捉えられる。

朝鮮語におけるその待遇法は，動詞述語，形容詞述語，名詞述語において表されるが，公の場面で用いられる格式体と，くだけた場面で用いられる非格式体の2種類に大別され，前者の格式体は「합니다 <hapnita> 体〔上称〕」「하오 <hao> 体〔中称〕」「하게 <hakey> 体〔等称〕」「해라 <hayla> 体〔下称〕」の4段階が，また後者の非格式体は「해요 <hayyo> 体〔略体丁寧形〕」「해 <hay> 体〔略体普通形〕」の2段階がある。ここでは，紙幅の都合上，種類・段階分けの指摘にとどめる。

## 4. 両言語間の類似点と相違点

第3節では，日本語と朝鮮語における敬語表現について，それぞれの言語別にその要点を論述したが，両言語間の類似点と相違点を次のようにまと

めることができる。

(49) 類似点
(A) 両言語ともに――敬語表現を有し，尊敬語／主体敬語，謙譲語／客体敬語，丁寧語／対者敬語の3つの種類において表現形式が存在する。
(B) 両言語ともに――尊敬語／主体敬語において動詞述語に尊敬の意味を表す接尾辞を付加した形式が存在する。
(C) 両言語ともに――尊敬語／主体敬語においては，一部の動詞について尊敬の意味を表す特定の語彙と，尊敬の意味を表す形態素が付加された特定の語彙の両者が存在する。
(D) 両言語ともに――謙譲語／客体敬語においては，一部の動詞について謙遜の意味を表す特定の語彙と，謙遜の意味を表す形態素が付加された特定の語彙の両者が存在する。

(50) 相違点
(A) 日本語――尊敬語，謙譲語，丁寧語，美化語にわたって「接頭辞「お／ご」＋名詞」という形式がある。
朝鮮語――それに該当する形式はない。
(B) 日本語――美化語がある。
朝鮮語――美化語がない[6]。
(C) 日本語――尊敬語と謙譲語において迂言的な形式がある。
朝鮮語――それに該当する形式はない。
(D) 日本語――次のことに該当する形式はない。
朝鮮語――尊敬の意味を含み持つ助詞が存在する。
(E) 日本語――総合すると，敬語表現全体が比較的複雑であり，表現形式の種類も多い。

---

[6] 一般的にはこのように言われているが，油谷 (2005: 197) は，朝鮮語でも日本語の美化語に相当するものとして「식사 <siksa>〔＝食事〕（ごはん）」と「약주 <yakcwu>〔＝薬酒〕（お酒）」があることを指摘し，また鄭貞美 (2014: 第8章) は，それらに加えて「말씀 <malssum>（お言葉）」があることを論じている。

朝鮮語——総合すると，敬語表現全体が比較的簡素であり，表現形式の種類は少ない。

## 5. 両言語間の相違点から導き出せること

本節では，第3節で日本語と朝鮮語における敬語表現について考察し，第4節で明らかにした両言語間の相違点から，どういったことが導き出せるのか，ということについて論ずることにしたい。

両言語間の相違点のまとめとして言えることは，(50E)のとおりであるが，まずは，そういったことを支えている1つである(50A)に着目しよう。日本語で「接頭辞「お／ご」＋名詞」という形式が活用されるのは，まさに名詞においてであるとともに，尊敬語・謙譲語・丁寧語・美化語といった広範囲の種類にわたり，しかも非常に生産的である。それに対して，朝鮮語では，名詞にかかわるそれと同等の形式は成立しない。確かに，名詞にかかわる形式は，(49C)と(49D)という両言語間の類似点として指摘したとおり，日本語と同様に朝鮮語でもなくはないが，非生産的であり，語彙的に非常に限られたものである。また，日本語には美化語があるのに対して，朝鮮語にはそれがない，という両言語間の相違の(50B)は，(50A)についての上記のことと大いに関係していると言える。

次に，両言語間の相違点の(50C)に目を転ずることにする。日本語は，尊敬語と謙譲語において迂言的な形式を有し，しかもいくつもの変異形があるのに対して，朝鮮語ではそういった形式は見られない。日本語におけるその迂言的な形式は動詞述語にかかわるものであるが，特徴的であるのは，動詞述語の表現の中に，動詞連用形や漢語といった名詞として機能している要素が入り込んでいる，ということである。

以上のように，朝鮮語では，名詞にかかわっている敬語表現がなくはないが，そのかかわりは非常に浅く，敬語表現は基本的に動詞述語（および形容詞述語や名詞述語）において成り立っているものである。ところが一方，日本語における敬語表現は，動詞述語ばかりではなく，名詞にも浸透した様態

となって成立しているものである。第2節では，いくつかの言語現象について考察すると，日本語は名詞中心的な表現をとる言語であるのに対して，朝鮮語は動詞／形容詞中心的な表現をとる言語であることがこれまでの研究で明らかにされてきたことを指摘した。以上の敬語表現に関する考察から，敬語表現についてもこういった言語の指向性の相違が反映されていると主張することができる。

　また，日本語では尊敬語と謙譲語において迂言的な形式が存在し，しかもいくつもの変異形があるのに対して，朝鮮語ではそういった形式が認められない，という(50C)に示した両言語間の相違は，以下に述べることと大いに関係していると言える。塚本(2004, 2012: 第14章)でも論じたように，日本語と朝鮮語の両言語とも，先行する節・文を一旦中止させ，後続する節・文にかかっていく機能を果たす動詞の形式として同様の連用形を有するが，その動詞連用形が両言語間で決定的に異なるのが次の点である。

(51)　動詞連用形に関する両言語間の相違点
　　　日本語——動詞連用形がそのまま名詞として機能する。
　　　朝鮮語——そういったことは認められない。

こういった両言語間の相違が(50A)に示した両言語間の相違を引き起こす一要因となっていると考えられるのである。

　さらに，敬語表現に関する両言語間の相違を引き起こす一要因となっている，この動詞連用形に関する両言語間の相違は，次に示す「形態・統語的仕組みの違い」という根本的な要因に依拠していると主張することができる。

(52)　「形態・統語的仕組みの違い」という根本的な要因
　　　日本語——語と節・文が重なって融合している性質のものが存在する仕組みになっている。
　　　朝鮮語——語なら語，節・文なら節・文といったように，基本的には語と節・文の地位を区別する仕組みになっている。

この「形態・統語的仕組みの違い」という根本的な要因は，筆者が塚本

(2012) などで，両言語の複合格助詞や複合動詞をはじめとする諸言語現象について考察した結果，導き出されたものである。こういったことが根本にあるため，様々な箇所で両言語間の相違となって現れるわけである。従って，この根本的な要因に基づけば，様々な箇所に現れる両言語間の相違を統一的に捉え，適切に記述・説明することが可能となるのである。

## 6. 結論

本章では，日本語と朝鮮語における敬語表現について考察し，明らかにされた両言語間の相違からどういったことが導き出せるのか，ということについて対照言語学からのアプローチで論じた。本章で得られた考察結果の要点を以下に記すことにより，結びのことばとする。

(53) (A) 議論の前提となる，日本語と朝鮮語における敬語表現の要点を論述するとともに，敬語表現に関する両言語間の類似点と相違点を明らかにした。

(B) 朝鮮語における敬語表現は，一部の限られた名詞にもかかわって生じているものの，基本的には動詞述語（および形容詞述語や名詞述語）において成り立っているのに対して，日本語における敬語表現は，動詞述語ばかりではなく，名詞にも深く関与して成立している。

(C) 他の言語現象の考察によって明らかにされた，日本語は名詞中心的な表現をとる言語であるのに対して，朝鮮語は動詞／形容詞中心的な表現をとる言語である，という両言語間の指向性の相違は，敬語表現においても反映されている。

(D) 上記 (B) にかかわる両言語間の相違は，日本語では動詞連用形がそのまま名詞として機能するのに対して，朝鮮語ではそういったことが認められない，という両言語間の別の相違が一要因となって引き起こされている。

(E) 上記 (D) の動詞連用形にかかわる両言語間の相違は，筆者がこれまで諸言語現象について考察して明らかにした「形態・統語的仕組みの違い」という根本的な要因に依拠していると考えられる。

なお，本章では，言語現象について記述・説明するに当たり，動詞連用形がキーとなっていることを論述したが，動詞連用形については解決すべき問題が多く存在する。これは今後の課題とし，稿を改めて論ずることにしたい。

## 付記

本章は，科学研究費助成事業（学術研究助成基金助成金（基盤研究 (C)））（研究期間：2015 〜 2017 年度，研究課題名：日本語と朝鮮語における節連結の対照言語学的研究─中止法によるものを中心に─，研究代表者：塚本秀樹，課題番号：15K02481）による研究成果の一部である。

## 参照文献

安秉禧（アン＝ビョンヒ）(1989)「敬語の対照言語学的考察」宮地裕他編『講座日本語学 9　敬語史』明治書院.
李翊燮（イ＝イクソプ）・李相億（イ＝サンオク）・蔡琬（チェ＝ワン）著，梅田博之監修，前田真彦訳 (2004)『韓国語概説』大修館書店.
井上優 (2010)「体言締め文と「いい天気だ」構文」『日本語学』第 29 巻第 11 号，明治書院.
井上優・金河守（キム＝ハス）(1998)「名詞述語の動詞性・形容詞性に関する覚え書─日本語と韓国語の場合─」『筑波大学「東西言語文化の類型論」特別プロジェクト研究報告書』平成 10 年度Ⅱ，筑波大学東西言語文化の類型論特別プロジェクト研究組織.
林八龍（イム＝パルヨン）(1995)「日本語と韓国語における表現構造の対照考察─日本語の名詞表現と韓国語の動詞表現を中心として─」宮地裕・敦子先生古稀記念論集刊行会編『宮地裕・敦子先生古稀記念論集　日本語の研究』明治書院.
梅田博之 (1977)「朝鮮語における敬語」『岩波講座　日本語 4　敬語』岩波書店.
梅田博之 (1979)「朝鮮語の敬語」『言語』第 8 巻第 6 号，大修館書店.
梅田博之・村崎恭子 (1982)「現代朝鮮語の格表現」寺村秀夫他編『講座日本語学 10　外国語との対照Ⅰ』明治書院.
生越直樹 (2002)「日本語・朝鮮語における連体修飾表現の使われ方─「きれいな花！」

タイプの文を中心に—」生越直樹編『シリーズ言語科学 4　対照言語学』東京大学出版会.
姜英淑（カン＝ヨンスク）（2014）「敬語」沖森卓也・曺喜澈（チョ＝ヒチョル）編『〈日本語ライブラリー〉韓国語と日本語』朝倉書店.
菊地康人（1994）『敬語』角川書店［1997 年に講談社学術文庫として再刊］.
菊地康人（1996）『敬語再入門』丸善［2010 年に講談社学術文庫として再刊］.
菊地康人（2003）「敬語とその主な研究テーマの概観」菊地康人編『朝倉日本語講座 8　敬語』朝倉書店.
菊地康人編，北原保雄監修（2003）『朝倉日本語講座 8　敬語』朝倉書店.
金恩愛（キム＝ウネ）（2003）「日本語の名詞志向構造（nominal-oriented structure）と韓国語の動詞志向構造（verbal-oriented structure）」『朝鮮学報』第 188 輯.
新屋映子（2014）『日本語の名詞指向性の研究』ひつじ書房.
鈴木一彦・林巨樹編（1984）『研究資料日本文法 9　敬語法編』明治書院.
鄭貞美（チョン＝ヂョンミ）（2014）『日本語と韓国語における敬語の意味・機能に関する研究』博士論文，神戸市外国語大学.
塚本秀樹（2004）「文法体系における動詞連用形の位置づけ—日本語と韓国語の対照研究—」佐藤滋・堀江薫・中村渉編『対照言語学の新展開』ひつじ書房.
塚本秀樹（2009）「日本語と朝鮮語における品詞と言語現象のかかわり—対照言語学からのアプローチ—」由本陽子・岸本秀樹編『語彙の意味と文法』くろしお出版.
塚本秀樹（2012）『形態論と統語論の相互作用—日本語と朝鮮語の対照言語学的研究—』ひつじ書房.
西田直敏（1987）『敬語』東京堂出版.
韓美卿（ハン＝ミギョン）（1989）「韓国語の敬語の用法」寺村秀夫他編『講座日本語学 12　外国語との対照Ⅲ』明治書院.
文化審議会（2007）「敬語の指針〈文化審議会答申〉」『文化庁ウェブサイト』．(http://www.bunka.go.jp/seisaku/bunkashingikai/sokai/sokai_6/pdf/keigo_tousin.pdf, 2015 年 12 月 4 日閲覧)
白峰子（ペク＝ポンヂャ）著，野間秀樹監修，大井秀明訳（2004）『韓国語文法辞典』三修社.
益岡隆志・田窪行則（1992）『基礎日本語文法—改訂版—』くろしお出版.
南不二男（1987）『敬語』岩波書店.
南不二男他（1977）『岩波講座　日本語 4　敬語』岩波書店.
油谷幸利（2005）『日韓対照言語学入門』白帝社.
남기심 <Nam, Kisim>（ナム－ギシム）・고영근 <Ko, Yengkun>（コ＝ヨングン）（1993）『표준 국어문법론 (개정판) <Phyocwun Kwuke-Munqpeplon (Kaycengphan)>（標準国語文法論 (改訂版)）』서울 <Seul>（ソウル）：탑출판사 <Thap-Chwulphansa>（塔出版社）.

# 第III部

# 名詞類の統語現象

# 第9章
# 主題に現れうる名詞の指示特性と名詞述語文の解釈

福田嘉一郎

## 1. はじめに

　日本語の名詞には数，定／不定などの文法範疇を成す形態的あるいは統語的な特徴が見られず，名詞の指示特性は文脈に委ねられている場合が多い。一方，日本語には文の主題を示す形式「は」[1]が存在し，「は」は主題に現れうる名詞の指示特性に対して，他の言語の文法範疇とは異なる種類の制約をかけているものと考えられる。本章では，日本語の主題に現れうる名詞の指示特性を観察し，さらに，そこに認められる制約が名詞述語文の解釈とどのような関係にあるかについて考察する。

## 2. 特定／非特定と定／不定

　話者あるいは聞き手が，ある名詞が文脈において指示する対象（のすべて[2]）を，その名詞が文脈と関わりなく指示しうる他の対象と識別できる（聞き手については識別できると推測される）なら名詞は特定，識別できない（聞

---

[1] 対比・対照を示す「は」は本章では取り扱わない。
[2] 名詞が複数の対象を指示する場合があるため，このように注記する。

き手については識別できないと推測されるか，または識別できるか否か不明と推測される）なら名詞は非特定である。名詞は，話者にとって非特定である場合，常に聞き手にとっても非特定となるが，話者にとって特定である場合，聞き手にとっても特定である場合と，聞き手にとっては非特定である場合とに分かれる。名詞が聞き手にとって（必然的に話者にとっても）特定である場合，名詞は定であり，名詞が聞き手にとって非特定である場合，名詞は不定である。以下，聞き手にとっての特定／非特定はすべて話者による推測とする。

（1） 車〔定〕をどけてくれ。
（2）a. 　　ある日の暮方の事である。一人の下人〔不定：話者←特定〕が，羅生門の下で雨やみを待っていた。
　　　　　広い門の下には，この男のほかに誰もいない。〔略〕羅生門が，朱雀大路にある以上は，この男のほかにも，雨やみをする市女笠や揉烏帽子が，もう二三人はありそうなものである。それが，この男〔定〕のほかには誰もいない。　　　　（芥川龍之介「羅生門」）
　　b. 　　Evening, and **a** lowly servant sat beneath the Rashōmon, waiting for the rain to end.
　　　　　Under the broad gate there was no one else...Situated on a thoroughfare as important as Suzaku Avenue, the Rashōmon could have been sheltering at least a few others from the rain—perhaps a woman in a lacquered reed hat, or a courtier with a soft black cap. Yet there was no one besides **the** man.　　　　（translation by Jay Rubin）
（3）　　そこで（誰か）人〔不定：話者←非特定〕に会いましたか？
（4）　　誰か〔不定：話者←非特定〕から電話あったけど，誰からだか分からない。　　　　（Haspelmath 1997: 312）

　金水（1986），Lyons（1999），庵（2003）等に基づいて通説をまとめると，概ね（表1）のとおりである。

第 9 章　主題に現れうる名詞の指示特性と名詞述語文の解釈

（表 1）　名詞の指示特性

| 話者にとって＼聞き手にとって | 特定 | 非特定 |
|---|---|---|
| 特定 | 定 | 不定 |
| 非特定 | | |

　名詞に定／不定の対立のある言語において，不定が話者にとって特定か非特定かを区別しない場合がある。

（5）　Help!  I need **somebody**
　　　Help!  Not just **anybody**
　　　Help!  You know I need **someone**
　　　Help!　　　　　　　　　　　　　　　　　（The Beatles, *Help!*）

　英語の不定代名詞 anyone; anybody は話者にとっての非特定を表すが，不定代名詞 someone; somebody は話者にとって特定の場合も非特定の場合もある。(5) は動詞 need の意味と関わる someone; somebody の両義性をふまえた歌詞で，この場合の 'someone'; 'somebody' は話者にとって特定（結局 'someone'; 'somebody' = 'you'）であるから，日本語では「誰か助けて」と解釈することはできず，「ある人に助けてほしいんだ」などと解釈しなければならない。Haspelmath (1997: 312) は (6) を文法的としているけれども，実際には不自然な例である。

（6）　?誰かから電話あったけど，誰からだか当ててごらん。


## 3.　非特定の分類：未知と任意

　名詞が話者にとって非特定である場合，さらに，情報が不足しているために指示対象を特定できない場合と，話者に指示対象を特定する意思がない場合とに分類することができる。前者を未知，後者を任意と呼ぶ。((3)

169

(4)は未知の例[3]。

　名詞Nについて，「誰かN」「何か(の)N」「何らかのN」「どこか(の)N」等の表現はNが未知であることを明示し，「あらゆるN」「どのNも」等の表現はNが任意であることを明示する[4]。

(7) a.　（誰か／*あらゆる）人〔未知〕が来たみたいだ。
　　 b.　彼は（*誰か／あらゆる）人〔任意〕を信用していない。
(8) a.　（何か〈の〉／*あらゆる）変な音〔未知〕がしたが，何の音かは分からない。
　　 b.　雪は（*何か〈の〉／あらゆる）音〔任意〕を吸収する。
(9) a.　ガードレールが凹んでいる。（どこかの／*あらゆる）車〔未知〕がぶつかったんだろう。
　　 b.　（*どこかの／あらゆる）車〔任意〕が好きだ。

## 4. 固有名詞・直示的代名詞

　普通名詞は，文脈と関わりがなければ無限の対象を指示しうるため，文脈において特定の場合と非特定の場合とが生じる。これに対し，固有名詞（「聖徳太子」「東京スカイツリー」「日本」「米国」「言語学」等）は文脈と関わりなく唯一の対象を指示する[5]。したがって，固有名詞は常に聞き手にとって特定，すなわち定である。他方，（直示的）代名詞（「私」「あなた」「彼」「これ」「それ」「あれ」等）は文脈と関わりがなければ意味を成さない。文脈における指

---

[3] 未知をさらに，関連する事態があったことはわかっている場合（(4)），関連する事態があったか否かわからない場合（(3)），関連する事態がない場合（「〈誰か〉人にきいてみよう」）等に分類できるかもしれないが，現代日本語でそれらの違いが反映するような現象は今のところ観察されない。

[4] 「あらゆる」が「様々な，いろいろな」の意味で用いられている場合は除く。Kuroda (1972) は，文をまず specific と generic に分類する。任意指示の名詞が主格に来た場合，文は generic になる。

[5] 同名の別人，別の土地等の存在は，あらかじめ想定されているわけではない。

示対象の他に指示しうる対象はなく，直示的代名詞もやはり常に定である。

　名詞 N について，「{或る／とある} N」「{1 ／数} ＋助数詞（『個』『人』『つ』等）＋の N」「{多く／大勢} の N」「何＋助数詞＋かの N」「いくらかの N」等の表現は，N が聞き手にとって非特定，すなわち不定であることを明示する[6]。固有名詞・直示的代名詞 N についてそのような表現は非文法的であり，また，N が未知あるいは任意であることを明示する表現（第3節参照）も非文法的である。

(10) ＊{ある／どこかの／あらゆる}　{富士山／彼女}

## 5. 主題に現れうる名詞の指示特性

### 5.1 定の名詞

　定の名詞は主題「[……] は」の「……」に現れうる。

(11) a.　あの車は太郎のだ。
　　 b.　あの車には乗るな。
(12)　　昔々ある所に，おじいさんとおばあさんがいました。おじいさんは山へ柴刈りに，おばあさんは川へ洗濯に行きました。
(13)　　日本は島国だ。
(14) a.　これは何ですか？
　　 b.　これは持って行こう。

　普通名詞 N について，「{この／その／あの} N」「例の N」「すべての N」等の表現は N が定であることを明示する[7]。

---

[6] これらの表現は名詞 N が話者にとっては特定であることをも明示する。

[7] 「すべての N」では，話者は聞き手に対して，名詞 N が文脈と関わりなく指示しうる，その対象同士を識別させない。なお，定と不定（未知，第3節参照）の表現が共起しているかに見える「その何か」のような例は，「その『何か』」すなわち「その『何か』と呼ばれるもの」に等しい引用的な表現と考える。

## 5.2 不定の名詞

不定の名詞のうち，話者にとって特定，聞き手にとって非特定のものは主題に現れえない。

(15) ＊1人の下人は羅生門の下で雨やみを待っていた。
(16) ＊ある人からは電話があった。
(17) ＊昔々ある所に，おじいさんとおばあさんはいました。

不定の名詞のうち未知のものは，聞き手より話者の方が多くの情報をもっている（と推測される）場合，すなわち質問文・確認要求文以外の文において用いられた場合は，主題に現れえない。

(18) ＊誰かからは電話があった。
(19) ＊(誰か)人は来たみたいだ。
(20) ＊(何か〈の〉)変な音はした。
(21) ＊(どこかの)車はガードレールにぶつかったんだろう。

不定の名詞のうち未知のものは，話者より聞き手の方が多くの情報をもっている（と推測される）場合，すなわち質問文または確認要求文において用いられた場合は，主題に現れうる[8]。この場合，話者にとって未知である名詞の指示対象を聞き手が特定できるか否か不明，すなわち，特定できる可能性があると話者は推測している。

(22)　そこで(誰か)人には {会いました／会いませんでした} か？
(23)　(どこか) 場所は確保しましたか？
(24)　この辺に郵便局は {あります／ありません} か？
(25)　旅先でタクシーには乗りましたよね？

---

[8] 丹羽（2006: 163–181）参照。なお，この場合，名詞述語文にはならないようである。
　i. ＊(誰か) 日本人は宇宙飛行士ですか？
　ii. ＊(どこか) 温泉は世界遺産ですか？

ただし，不定代名詞のみが主題に現れる文は非文法的である[9]。

(26) ＊そこで誰かには会いましたか？
(27) ＊どこかは確保しましたか？

　不定の名詞のうち，任意のものは主題に現れうる[10]。この場合，文は属性叙述文（益岡 2004）となる。

(28)　誰がいけないとゆう(ママ)訳でもないけど
　　　人は皆わがままだ　　　　　　　（尾崎豊「僕が僕であるために」）
(29)　音は空気中を毎秒約 340 メートルの速さで伝わる。
(30)　車には水温計がある。
(31)　ユーカリの葉はコアラが食べる。

## 5.3　名詞の指示特性と主題への出現

　5.1, 5.2 の観察をまとめると，（表 2）（次ページ）のようになる。
　名詞の定／不定は，実際の文脈において用いられたすべての名詞に割り当てられる。それに対して主題は，文の中の相対的な旧情報を表す部分であり，主題のない文（全体が聞き手にとっての新情報を表す）も存在する（久野 1973: 207–218）。ある名詞が主題に現れるためには，話者がその名詞に指示させる対象と，聞き手がその名詞から思い浮かべる指示対象とが一致すると見込まれればよいものと考えられる。野田（1996: 298）等の主張とは異なり，主題中の名詞が聞き手にとって特定，すなわち定である必要はない。

---

[9]　(26)(27) は，「は」を「誰にも会わなかった」「どこも確保していない」との対比・対照を示すものと解釈するなら文法的といえる。

[10]　ただし，「? あらゆる N（＋格助詞＋）は」は翻訳文体で不自然であり，代りに「どの N（＋格助詞＋）も」が用いられる。

(表2) 名詞Nの指示特性と主題「[…N…]は」の可否

| 話者にとって\聞き手にとって | | N：特定 | N：非特定 |
|---|---|---|---|
| N：特定 | | (A) […N…]は：○<br>(11) – (14) | (B) […N…]は：×<br>(15) – (17) |
| N：非特定 | N：未知 | | (C1) 質問文・確認要求文以外の文において<br>[…N…]は：×<br>(18) – (21)<br>(C2) 質問文または確認要求文において<br>[…N…]は：○<br>(22) – (25)<br>ただし「N＝不定代名詞」の場合，<br>[…N…]は：×<br>(26) (27) |
| | N：任意 | | (D) […N…]は：○<br>(28) – (31) |

## 6. 名詞述語文の解釈

### 6.1 いわゆる非指示的名詞句：叙述名詞句と変項名詞句

西山 (2003: 123–) は，いわゆる措定文「AはBだ」を，「Aで指示される指示対象について，Bで表示する属性を帰す」文と規定し，述語の核を成す名詞句Bを叙述名詞句と呼んで，叙述名詞句は世界の中の対象を指示するのではなく，主語名詞句Aの性質・属性を表すとしている[11]。

---

[11] 西山 (2003: 180–181) は次のように述べる。

措定文「AはBだ」のBの位置に現われる叙述名詞句が基本的に非指示的であることはよく知られている。このことは，英語の措定文において，叙述名詞句のあとに非制限的な関係節を付したばあい，(i) のように who ではなく which が用いられること，あるいは先行詞が叙述名詞句であるばあい (ii) に見られるように，who の代わりに that を使わなければならない，といった事実からも十分裏づけられている。

 (i) Mary is a pretty girl, which you are not. 〔source omitted〕
 (ii) I am not the man that I used to be. 〔source omitted〕

(32)　五嶋みどりはヴァイオリニストだ。
(33)　モーツァルトは天才だ。
(34)　鯨は哺乳動物だ。
(35) a.　学生は怠け者だ。
　　 b.　医者は金持ちだ。

　また西山（2003: 74–）は，「B が A だ」と「A は B だ」とが同じ意味で言い替えられる場合，「B が A だ」を指定文，「A は B だ」を倒置指定文，倒置指定文の主語名詞句 A を変項名詞句と呼ぶ。そして，変項名詞句は世界の中の対象を指示するのではなく，変項 x を含む命題関数を表示し，x の値は述語名詞句 B によって与えられるとしている。

(36) a.　洋子の指導教授はあの人だ。（倒置指定文）
　　 b.　あの人が洋子の指導教授だ。（指定文）
　　 c.　［x が洋子の指導教授である］を満たす x の値は「あの人」だ。

## 6.2　指示と同定

　言語が表すすべての事態は話者の意識の中に存在する。事態が現実世界に対応している場合[12]ももちろんあるが，対応していない場合もある。名詞に

---

　しかし，「(i)」の 'girl'，「(ii)」の 'man' ともに関係節の補語であって，主語あるいは目的語ではない。先行詞が叙述名詞句である場合も，それが例えば関係節の主語にあたるなら関係代名詞 who が用いられる。
　i. Onobello is a pretty girl, **who** knows what she wants but sometimes goes overboard.
　　　　　　　　　　（http://www.bellanaija.com/2015/10/21/ono-bello-is-a-pretty-flower-girl-in-new-monthly-cover-editorial-for-onobello-com/, 2015/12/25）
　ii. She is a pretty girl, **who** likes people and absolutly [sic] loves a fuss and cuddle.
　　　　　　　　　　（http://ravensrescueuk.weebly.com/cats-in-need.html, 2015/12/25）
　iii. I am not the man **who** deserves to receive such courtesies.
　　　　　　　（Robert Walser: translated by Damion Searls, *Letter from a Poet to a Gentleman*）
　iv. You're not the man **who** gave me everything I've ever wanted　　（Sade, *You're Not the Man*）

[12]　事態が虚構世界に対応している場合もある。例えば「浦島太郎は竜宮城に着いた」（西山 2003: 63）など。

ついても，世界の中の対象を描き取ったものを指示している場合，すなわち指示対象が同定される場合と，そうでない場合とがある。話者または聞き手において，名詞の指示対象を同定する(世界の中の対象と結びつける)ことができない場合でも，指示対象そのものが存在しないわけではない。

　(32)(33)の場合，主題中の名詞「五嶋みどり」「モーツァルト」は定((表2)A)，述語核の名詞「ヴァイオリニスト」「天才」は話者にとって特定の不定である。また(34)の場合，主題中の名詞「鯨」，述語核の名詞「哺乳動物」ともに全称であり，それぞれ「鯨という動物種」「哺乳動物という範疇に含まれる動物種」を指す[13]。「鯨」は定((表2)A)，「哺乳動物」は話者にとって特定の不定である。

(32′)　五嶋みどり＝あるヴァイオリニスト
(33′)　モーツァルト＝１人の天才
(34′)　鯨＝一種の哺乳動物

　名詞「ヴァイオリニスト」「天才」「哺乳動物」は明らかに世界の中の対象を描き取ったものを指示しており，論理的には(32′)－(34′)が成立する。主題中の名詞(「五嶋みどり」「モーツァルト」「鯨」)の，聞き手が同定できる指示対象についてその属性を叙述することと，話者が述語核の名詞(「ヴァイオリニスト」「天才」「哺乳動物」)の指示対象を同定できることとは両立しうる。

　(35)の場合，主題中の名詞「学生」「医者」は任意の不定((表2)D)，述語核の「怠け者」「金持ち」を形容詞でなく名詞と解するなら，「怠け者」「金持ち」は未知の不定である。いずれの名詞の指示対象をも話者・聞き手ともに同定できないが，それらの指示対象は話者の意識の中にあり，(35′)の論理的関係を成立させている。

---

[13] (35)と同様に，(34)の「鯨」を任意の不定((表2)D)，「哺乳動物」を未知の不定と解釈することも，論理的には可能である。しかし，「あらゆる鯨＝いずれかの哺乳動物」すなわち「どの鯨も哺乳動物だ」は，(34)が表そうとする意味ではおそらくない。福田(2016: 48)では「鯨」を非特定と解したが，不適切であった。

(35′) a. あらゆる学生＝どこかの怠け者(「どの学生も〈どこかの〉怠け者だ」)
　　　b. あらゆる医者＝どこかの金持ち(「どの医者も〈どこかの〉金持ちだ」)

　(36a) の場合，主題中の名詞「指導教授」は定((表2) A)，述語核の名詞「人」も定である。(36a) の聞き手が「指導教授」の指示対象を同定できない[14]ことは確かであるが，「指導教授」の指示対象は話者の意識の中にあり，それを聞き手は名詞「指導教授」が文脈と関わりなく指示しうる他の対象と識別できる。

(36′)　洋子の指導教授＝あの人

論理的には (36′) が成立する。

## 6.3　いわゆる指示的名詞句

西山 (2003: 124) は次のように述べる。

〔略〕あるひとが電車のなかの落書きを見て，思わず，(10) を口にしたとしよう。

(10)　こんな落書きをする奴は馬鹿だ。

この話し手は，「こんな落書きをする奴」でもって特定の人物を念頭に置いているわけではもちろんない。むしろ (10) の下線部は，「こんな落書きをする奴はどこのどいつか知らないが，そいつが誰であれ」の意味であろう。つまり，Donnellan (1966) のいう属性的用法 (attributive use) にほかならない。それにもかかわらず，この文は世界のなかのある個人について「馬鹿だ」という属性を帰しているのであり，その意味で措定文である。要するに，「措定文の主語名詞句 A が指示的名詞句である」と言うときの「指示的名詞句」はこれらのケースをもすべて包括する広

---

[14]「指導教授」の指示対象を，話者・聞き手ともに同定できない場合は (36a) は判断実践文 (「わかった，洋子の指導教授はあの人だ」) となり，聞き手だけが同定できない場合は (36a) は知識表明文 (「洋子の指導教授はあの人だよ」) となる。田野村 (1990) 参照。

い概念であることに注意されたい。

引用部分における「(10)」の主題中の名詞「奴」は定である((表2) A)。すなわち，聞き手[15]は「奴」の指示対象を，名詞「奴」が文脈と関わりなく指示しうる他の対象と識別できる。「(10)」の「奴」を定にしているのは，文脈ではなく，名詞句「こんな落書きをする奴」における修飾語「こんな落書きをする」の意味である。この種の定名詞句は文脈中に照応物を持たず，「属性的に」用いられている。Attributive use は一部の定名詞句に認められる用法であるが，名詞が定であることは，聞き手が名詞の指示対象を同定できるための必要条件であるにすぎない[16]。「(10)」の話者・聞き手ともに「奴」の指示対象を同定できない。

「(10)」の述語核の「馬鹿」を形容詞でなく名詞と解するなら，「馬鹿」は未知の不定であり，論理的には (37') が成立する。

(37)　こんな落書きをする<u>奴</u>は<u>馬鹿</u>だ。
(37')　こんな落書きをする<u>奴</u>＝どこかの<u>馬鹿</u>

## 6.4　名詞の指示特性と名詞述語文の解釈

名詞 $N_1$ を主要部とする名詞句を $NP_1$，名詞 $N_2$ を主要部とする名詞句を $NP_2$ とすると，いわゆる鰻文を除く名詞述語文「$NP_1$ は $NP_2$ だ」は，すべて論理的に「$NP_1 = NP_2$」を表すと説明することができる[17]。「$NP_1$ は $NP_2$ だ」

---

[15]　「(10)」の場合，独話なので仮想的な聞き手である。

[16]　西山 (2003) の「{指示的／非指示的} 名詞句」という概念は曖昧でわかりにくい。話者あるいは聞き手が名詞の指示対象を同定できるか否かが文脈によって決まることは間違いないが，それは名詞の文中の位置によって決まるのではない。

[17]　「$NP_1$ は $NP_2$ だ」を従属節に入れると，「$NP_1$ が $NP_2$ であること」のようになる (Kuroda 1972: 170–，益岡 2004: 4)。「$NP_1$ は」は命題「[$NP_1$ が $NP_2$]」の主格「$NP_1$ が」が主題化されたものと解するのが最も合理的であろう。名詞述語文も主題を持たない (いわゆる現象描写文に該当する) 場合はある。

　i.　あれが阿多多羅山，
　　　あの光るのが阿武隈川。　　　　　　　　　　　　　　（高村光太郎「樹下の二人」）

第 9 章 主題に現れうる名詞の指示特性と名詞述語文の解釈

は主題を持つ文であり，$NP_1$ は相対的旧情報，$NP_2$ は相対的新情報を表す。「$NP_1$ は $NP_2$ だ」と「$NP_2$ が $NP_1$ だ」とが同じ意味であるとき，$NP_2$ は相対的新情報を表すから，「$NP_2$ が $NP_1$ だ」は全体が聞き手にとっての新情報を表す文ではなく，$NP_2$ は情報の焦点ということになる[18]。「$NP_1$ は $NP_2$ だ」が同じ意味で「$NP_2$ が $NP_1$ だ」に言い替えられるか否か，すなわち $NP_2$ が情報の焦点となりうるか否かは，名詞 $N_1$ および $N_2$ の同定性を含む指示特性によって決まり，(図 1) のようにまとめられる。

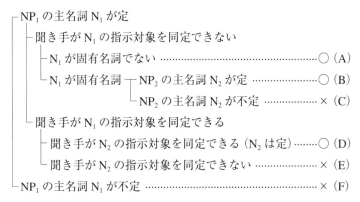

(図 1) 「$NP_1$ は $NP_2$ だ」を同じ意味で「$NP_2$ が $NP_1$ だ」に言い替えることの可否

$NP_1$ の主名詞 $N_1$ が定であって ((表 2) A)，聞き手が $N_1$ の指示対象を同定できない場合[19]，$N_1$ が固有名詞でないなら，「$NP_1$ は $NP_2$ だ」を同じ意味で「$NP_2$ が $NP_1$ だ」に言い替えることができる ((図 1) A)。

(36) a. 洋子の指導教授〔話者・聞き手ともに，または聞き手だけが同定できない〕はあの人〔定〕だ。
  b. あの人が洋子の指導教授だ。

---

[18] 「$NP_2$ が $NP_1$ だ」は，実際に「は」が用いられていない以上，主題を持たない文である。

[19] $NP_1$ が西山 (2003) の言う変項名詞句である場合を含む。西山 (2003) に従えば (37) (39a) の類は措定文と見なされるけれども，(37″) (39b) のような倒置が可能である。

(37) こんな落書きをする奴〔話者・聞き手ともに同定できない〕は馬鹿〔未知の不定〕だ。
(37″) きっとどこかの馬鹿がこんな落書きをする奴だ。
(38) a. 犯人〔聞き手だけが同定できない〕は女〔話者にとって特定の不定〕だったよ。
   b. 女が犯人だったよ。
(39) a. 父〔聞き手だけが同定できない〕(というの)はこの会社の社長〔定〕だ。
   b. この会社の社長が父だ。

　$N_1$ が固有名詞である場合,「$NP_1$ は $NP_2$ だ」が同じ意味で「$NP_2$ が $NP_1$ だ」に言い替えられるためには,$NP_2$ の主名詞 $N_2$ が定でなければならない((図1) BC)。

(40) a. 山田太郎さん〔聞き手だけが同定できない〕(というの)は,4年前,洋子の息子が溺れていた時助けてくれた親切な人〔定〕だよ。
                                              (西山 2003: 170)
   b. 4年前,洋子の息子が溺れていた時助けてくれた親切な人が,山田太郎さんだよ。
   c. 山田太郎さん〔聞き手だけが同定できない〕(というの)は銀行員〔話者にとって特定の不定〕だよ。
   d. *(ある)銀行員が山田太郎さんだよ。
(41) a. ジキル博士〔話者・聞き手ともに同定できない〕(というの)はハイド氏〔定〕(のこと)だろう。
   b. ハイド氏がジキル博士だろう。
   c. ジキル博士〔話者・聞き手ともに同定できない〕(というの)は(どこかの)外科医〔未知の不定〕だろう。
   d. *外科医がジキル博士だろう。

　$NP_1$ の主名詞 $N_1$ が定であって((表2) A),聞き手が $N_1$ の指示対象を同定

できる場合[20]，聞き手がNP$_2$の主名詞N$_2$の指示対象をも同定できるなら[21]（N$_2$は必然的に定），「NP$_1$はNP$_2$だ」を同じ意味で「NP$_2$がNP$_1$だ」に言い替えることができる（（図1）D）．

(42) a. こいつは（その／噂の）山田村長の次男〔聞き手が同定できる〕だ。
  b. 山田村長の次男がこいつだ。
(43) a. こいつは，きのう公園の入口でぶつかったあの男〔聞き手が同定できる〕だ。
  b. きのう公園の入口でぶつかったあの男がこいつだ。

(西山 2003: 174)

(44) a. （あの）ジキル博士は（実はあの）ハイド氏〔聞き手が同定できる〕だ。
  b. ハイド氏がジキル博士だ。

聞き手がN$_2$の指示対象を同定できない場合，「NP$_1$はNP$_2$だ」を同じ意味で「NP$_2$がNP$_1$だ」に言い替えることはできない[22]（（図1）E）．N$_2$は定の場合もあり，不定の場合もある。

(45) a. この人は山田太郎さん〔定，聞き手だけが同定できない〕です。
  b. *山田太郎さんがこの人です。
(46) a. 父はこの会社の社長〔定，聞き手だけが同定できない〕だ。

---

[20] 代表的にはN$_1$が直示的代名詞の場合である。

[21] (42b)のような，西山 (2003) の言う同定文は，聞き手がN$_2$の指示対象に関する十分な情報をもっていて，その指示対象を同定できる場合にのみ適格となる。(43b) (44b) のような，西山 (2003) の言う同一性文と区別されるべき根拠は弱い。なお，(46b) を適格と判定する話者は，「この会社の社長」の指示対象が著名人で聞き手がそれを同定できるといった文脈を想定しているものと思われる。

[22] 今田 (2011: 123) はiのような例を挙げる。
  i. 警部「おい，今ここを警視総監が通らなかったか？」
    警官「警視総監なら，あちらに向かわれましたが。」
    a. 警部「ばかもーん，そいつはルパンだ！」
    b. *警部「ばかもーん，ルパンがそいつだ！」
  銭形警部の判断が正しいとすれば，目の前を通り過ぎるルパンを見逃した警官は，「ルパン」の指示対象の同定に失敗している。

b. ?この会社の社長が父だ。
(32)　五嶋みどりはヴァイオリニスト〔話者にとって特定の不定〕だ。
(32″)＊あるヴァイオリニストが五嶋みどりだ。
(33)　モーツァルトは天才〔話者にとって特定の不定〕だ。
(33″)＊1人の天才がモーツァルトだ。
(34)　鯨は哺乳動物〔話者にとって特定の不定〕だ。
(34″)＊一種の哺乳動物が鯨だ。
(47) a.　(あの)山田太郎さんは銀行員〔未知の不定〕だろう。
　　 b.＊誰か銀行員が山田太郎さんだろう。
(48) a.　(あの)ジキル博士は外科医〔未知の不定〕だろう。
　　 b.＊どこかの外科医がジキル博士だろう。

　$NP_1$ の主名詞 $N_1$ が任意の不定である場合（(表2) D），「$NP_1$ は $NP_2$ だ」を同じ意味で「$NP_2$ が $NP_1$ だ」に言い替えることはできない（(図1) F）。そもそも，任意の不定名詞は肯定文の述語の核になれない[23]（「＊……あらゆる N だ」）。

(35) a.　学生は怠け者〔未知の不定〕だ。
　　 b.　医者は金持ち〔未知の不定〕だ。
(35″) a.＊どこかの怠け者があらゆる学生だ。
　　  b.＊どこかの金持ちがあらゆる医者だ。


# 7. おわりに

　本章では，日本語の文の主題に現れうる名詞の指示特性を観察し，そこに認められる制約が名詞述語文の解釈とどのような関係にあるかについて考察した。その結果，(I) – (IV) が明らかになった。

---

[23]　「どの N もだ」という表現は「どの N がも｛そう／そのよう｝だ」の意味であり，「＊$N_2$ がどの $N_1$ もだ」は非文法的となる（「＊どこかの怠け者がどの学生もだ」）。

(I) ある名詞が「は」で示される主題，すなわち文の中の相対的な旧情報を表す部分に現れているとき，その名詞は必ずしも定ではない。任意の不定の場合もあり，質問文または確認要求文においては未知の不定の場合もある。

(II) 文脈において，名詞が話者の意識の中に指示対象を有することと，話者あるいは聞き手が名詞の指示対象を同定できることとは別個の概念である。名詞が定であることは，聞き手が名詞の指示対象を同定できるための必要条件ではあるが，十分条件ではない。

(III) 名詞述語文「$NP_1$ は $NP_2$ だ」の命題「[$NP_1$ が $NP_2$]」は，単に「$NP_1$ = $NP_2$」という意味を表している。

(IV) 「$NP_1$ は $NP_2$ だ」が同じ意味で「$NP_2$ が $NP_1$ だ」に言い替えられるか否かは，どのような種類の $NP_2$ が情報の焦点となりうるかということであり，それは $NP_1$ および $NP_2$ の主名詞の指示特性によって決定する。

　名詞の指示特性を適切に把握するなら，日本語の単純な構造の名詞述語文を意味上の諸型に分類することは不要になるものと考える。


**参照文献**

庵功雄（2003）「見えない冠詞」『言語』第 32 巻第 10 号，大修館書店.

今田水穂（2011）「名詞述語文の焦点の質的特性―主語焦点と述語焦点―」『日本語文法』第 11 巻第 1 号.

金水敏（1986）「名詞の指示について」築島裕博士還暦記念会編『築島裕博士還暦記念国語学論集』明治書院.

久野暲（1973）『日本文法研究』大修館書店.

田野村忠温（1990）「文における判断をめぐって」崎山理・佐藤昭裕他編『アジアの諸言語と一般言語学』三省堂.

西山佑司（2003）『日本語名詞句の意味論と語用論―指示的名詞句と非指示的名詞句―』ひつじ書房.

丹羽哲也（2006）『日本語の題目文』和泉書院.

野田尚史（1996）『「は」と「が」』くろしお出版.

福田嘉一郎（2016）「〔書評〕工藤真由美著『現代日本語ムード・テンス・アスペクト

論』」『日本語の研究』第 12 巻第 1 号.
益岡隆志(2004)「日本語の主題―叙述の類型の観点から―」益岡隆志編『主題の対照』くろしお出版.
Donnellan, Keith S. (1966) "Reference and definite descriptions." *The Philosophical Review* 75-3.
Haspelmath, Martin (1997) *Indefinite pronouns.* Oxford: Oxford University Press.
Kuroda, S.-Y. (1972) "The categorical and the thetic judgment: Evidence from Japanese syntax." *Foundations of Language* 9-2.
Lyons, Christopher (1999) *Definiteness.* Cambridge: Cambridge University Press.

第10章

# 引用形式を用いた提題文の主題名詞句と叙述の類型
「といえば，といったら，というと」を中心に

岩男考哲

## 1. はじめに

　本章では，「と言う」の条件形のうち「といえば，といったら，というと」が提題標識として機能する文を対象に考察を行う[1]。

　従来，引用形式に由来する提題標識をめぐっては，特に「って（や「という＋普通名詞」）」についての議論が盛んに行われてきた。その一方で，それ以外の提題標識についての考察となると，特に体系的な研究は辞書的な研究を除くとあまり見られない[2]。

　提題標識「といえば，といったら，というと」は非常に似た働きをする形式群で，第2節で触れる先行研究でも同じカテゴリにまとめられている。本章はその形式間の異同を多少詳しく見る試みである。

　本章の構成は以下のようになる。まず第2節で本章の考察対象となる提題標識を全て扱った先行研究を概観し，そこに残された問題点は何なのかを述べる。そして第3節では主題名詞句の性質と当該の文の叙述の類型（益岡 1987, 2000，益岡編 2008）という観点から各提題文を観察し，それぞれの

---

[1] これらの提題標識については岩男（2012）も参照されたい。

[2] 数少ない例外の1つに藤田（2000）が挙げられる。ただし，そこでも「といったら」は扱われていない。

特徴を示す。ここで，本章が考察対象とする提題文の主題名詞句の性質とその叙述の類型とが明らかになる。そして第4節では第3節の考察結果の意義を，叙述の類型研究の観点から述べる。近年の叙述の類型研究では，属性の内実や時間表現と叙述の類型との関わり等といった考察は盛んに行われているが，文の構造という点への言及は少ないように思われる。しかし，第4節でも述べるように，この点についての発言は，叙述の類型研究の初期の頃よりくり返し行われてきているのである。最後に第5節で本章のまとめと今後の課題を述べて考察を終えることにする。

## 2. 先行研究概観

本節では，提題標識としての「といえば，といったら，というと」が先行研究においてどう扱われてきたのかを観察する。

この3つの標識全てを扱った先行研究の代表的なものとして，森田・松木(1989)，日本語記述文法研究会編(2009)が挙げられる。両研究は，3標識を提題標識としてカテゴライズする点と，「といったら」のみが評価的な意味を表すことがあると指摘している点が一致している[3]。これについては本章も賛同するところであるのだが，それでもまだ考えるべき問題は残されているように思う。

例えば，日本語記述文法研究会編(2009)では3つの標識が用いられる提題文の叙述の内容について「主題から連想されることを述べるのが一般的である」とし，その「連想」の内容について「その主題の主要な属性や特徴であるものもあれば，話し手の体験や個人的な発想もある」と述べている (p. 248)。しかし，各標識の実例を観察してみると，同じ「主題の主要な属性」であっても標識によっては容認度が下がる場合がある。それは「話し手の体験」であっても同様である。よって，各標識を用いた提題文がどういう場合に容認度が上がり，どういう場合に容認度が下がるのかを各提題文の主題名

---

[3] 評価を示す用法については後述する。

詞句や「主要な属性」「話し手の体験」に注目してより詳しく整理する必要があるだろう。

したがって本章では，「主要な属性」や「話し手の体験」等を同一の枠組みで扱うことが可能な，叙述の類型の観点から3つの提題標識を観察する。具体的には，各提題文の表す叙述の類型が主題名詞句の内在的属性なのか非内在的属性なのかに注目し，そこに主題名詞句が同定可能なのか否かという観点を交えながら各提題文の観察を行う。

## 3. 主題名詞句と叙述の類型に注目して

本節では主題名詞句の性質と叙述の類型に着目して各提題文を観察する。具体的には，述部で述べられる叙述の内容が主題名詞句にとって内在的なものなのか非内在的なものなのかという観点から大きく2つにわけ，それぞれの特徴を見ていきたい。

### 3.1　内在的な属性を述べる場合

まずは，各提題文が主題名詞句の内在的な属性を述べる場合を観察する。これには以下のような例が挙げられる。

(1) a.　昨日，田中に会ったよ。
　　b.　え？田中（というと／??といったら／*といえば）誰かな？

これは助詞「って」についての議論で話題になる現象（田窪1989, 2002）を本章で扱う3標識にあてはめたもので，主題名詞句が同定不可能な状況を表すものである。この例は，言語記号を構成する要素である指示対象や意味を問題とする表現である（田窪1989）ため，当該名詞句の使用を成立させる内在的な属性について述べる文だと言うことができよう。このことは，以下のように文の内容が時間的な限定を受けないことからも確認できる。

(1′)　田中というと，(*昨日は) 誰だったかな？

これは，述語のタ形が，文の表す事態そのものが過去の時点において起こったことを表しているのではなく，話者の記憶を探る意味を表していると解釈するのが自然である[4]。このように，文の表す事態が時間的限定を受けない属性であることから，(1)は内在的な属性を述べていると考えることができる。

　これに類する他の例も挙げる（例はBCCWJ[5]）。

(2)　ポアロ「夜になったころはどうでした？」
　　　リチャード「夜になったころ，<u>というと</u>（*といったら／*といえば）？」
　　　ポアロ「はい，晩餐が終わってから。」
　　　リチャード「ああ！そのことですか。」
　　　　　　　　　（BCCWJ，アガサ・クリスティー著，麻田実訳
　　　　　　　　　　　　　　　『ブラック・コーヒー』（LBs9_00055））
(3)　「こら，鳴海絞りですがな」と，かすれ声でいって，「白地に木目を絞り染めしてあります。これは堀留もんに限ります」「堀留<u>というと</u>（*といったら／*といえば）？」「東京の堀留ですよ」
　　　　　　　　　（BCCWJ，水上勉『現代民話』（LBc9_00003））

上記の例から分かるように，この状況では「といったら」「といえば」を用いると不自然で，「というと」のみが自然に用いられる。これらも，以下のように過去のある時点の出来事だという解釈は困難であることから，内在的属性であることが確認できる。

(2′)　*夜になったころ<u>というと</u>，<u>昨日はいつのことでしたか</u>？
(3′)　*堀留<u>というと</u>，<u>先週の土曜日はどこでしたか</u>？

---

[4] (1)は指定叙述文なのか属性叙述文なのかという議論へと発展し得る例である。本章では「*誰が田中かな？」への置き換えの容認度が低い点を踏まえ，言語記号の属性の叙述として扱うことにする（指定叙述文の「は」と「が」の置き換えについては，西山（2003）を参照）。この点についての詳細は今後の課題としたい。

[5] 「BCCWJ」とは「現代日本語書き言葉均衡コーパス」からの例であることを示す。

第10章　引用形式を用いた提題文の主題名詞句と叙述の類型

　以上の観察から，主題名詞句が同定不可能な場合，3標識の中では「というと」のみが用いられるとまとめることができそうである。
　ところが，上記の3標識の働きについて日本語記述文法研究会編（2009）は以下のように述べている。

> 聞き手の発話中のことばを引用して提示し，その指示対象を確認したり尋ねたりするのにも用いられるが，これには「というと」「といったら」が用いられ，「といえば」は用いられない　　　　　　　　　（p. 248）

この「発話中のことばを引用して提示し，その指示対象を確認したり尋ねたりする」というのは（1）～（3）もあてはまるものと思われる。しかし既に見たように，「といったら」は「というと」に比べると容認度が低い。では，上記抜粋部の指摘は何を意味するのであろうか。それを考察するために日本語記述文法研究会編（2009）が実際に用いた例を観察してみたい。
　上記の説明とともに日本語記述文法研究会編（2009）が挙げているのは，以下のような例である（例文番号は本章にあわせてある）[6]。

(4) a.　田中さんが結婚するらしいよ。
　　 b.　田中さん<u>っていうと</u>，あの営業部の切れ者？　　　（p. 248）

この例も主題名詞句の指示対象の確認がまだ済んでいないため，同定不可能な例だと言って良い。確かにこの場合，（1）～（3）と比べると「といったら」の容認度は高いように思われる[7]。

(4′) a.　田中さんが結婚するらしいよ。

---

[6] 日本語記述文法研究会編（2009）には（4）の他に以下のような例も挙がっている。
　i. a. この件は次回に持ち越しましょうかね。
　　 b. 次回といいますと，いつになりますか。
　しかしこの場合，（1）～（4）と異なり「は」との置き換えが可能である（cf. 次回はいつになりますか？）。よって性質が異なると考えられるため，ここでは扱わない。

[7] この場合，「というと」とは違い「といったら？」で文を終えると容認度が低い。
　i. ??田中さんといったら？（cf. 田中さんというと？）

b. 田中さんといったら (??といえば)，あの営業部の切れ者？

では（1）～（3）と（4）の違いは何だろうか？それは主題名詞句の定義を尋ねているのか確認しているのかの違いだと考えられる。（1）～（3）は主題名詞句の名前（ラベル）しか分からずにその言語記号の意味等を尋ねる文，（4）は当該の文の発話者自身の知識にも「田中さん」の候補はあるものの，それが妥当であるか否か確認している文だと言える。

　現に，「といったら」を用いると容認度が低い，指示対象を尋ねる文（B1）を指示対象を確認する文（B2）に変えると容認度が上がる。

（5）A： 用度掛に行ってください。
　　B1：*用度掛といったら，どこの？
　　B2： 用度掛といったら，あの5階の？

　このことから名詞句の同定ができていない状況にも段階があり，完全に同定不可能な場合，つまり言葉の定義を行う必要がある場合，「というと」が用いられ，定義の候補はあるものの確認が必要な場合には「というと」と「といったら」が用いられることが分かる。しかし，いずれのケースも当該名詞句の言語記号としての意味等を扱う文であるため，主題名詞句の内在的な属性を述べている点では同じである。

　なお，この両ケースは，その談話における当該の主題名詞句の使われ方にも違いがある。定義が必要な場合，直接は知らない名詞句がその談話で導入されるわけであるから，一度定義が済んだとしても，(田窪 (1989, 2002)，田窪・金水 (1996) が「って」やソ形指示詞について述べたように) その談話の間は当該の名詞句は間接形(引用形式を伴うか，ソ形指示詞を用いるか)で使用される。それに対して，定義の確認の場合，そこで確認が済めば（自身の定義が妥当であることが確認されれば），その候補は「というと」あるいは「といったら」を含む文の発話者自身にとっても発話前から既知の事物であるため，それ以降は直接形(裸の名詞句やア系指示詞)で使用することが可能である。このことを例を挙げて確認する。

（6）a. 昨日，田中に会ったよ。
　　 b. ええと，田中というと（*といったら／*といえば）誰かな？
　　 a. あ。同じ大学の後輩なんだけど，よく御多福珈琲で会うんだよ。
　　 b. へぇ。（その人／*あの人），珈琲が好きなの？
（7）a. 昨日，三条寺町のあたりで畑さんを見たよ。
　　 b. 畑さんといったら（というと／*といえば），あの喫茶店のマスターの？
　　 a. そうそう。あの坊主頭の。
　　 b. へぇ。（あの人／*その人），あんな遠くまで出かけるんだね。

　次の現象に移ろう。各提題文が内在的な属性を扱う例はこれだけではない。次のような例もそれに当たる（BCCWJ）。

（8）Q　2歳になるメスのゴールデンハムスターって，子どもを産めるでしょうか？1度出産させているのですが，どうしても，その子と同じ毛色の子がほしいのです。
　　 A　2歳というと（といったら／といえば），平均寿命に近くなっています。現在の健康状態がわかりませんが，あまり，無理はさせない方がいいでしょう。
　　　　　　　　　　　　　　　　（BCCWJ，佐草一優監修
　　　　　　　『ドキドキ！！ハムスターと遊ぼ！』（LBo6_00030））
（9）　交通の要衝であるうえ，交通の便が良いので，寺田屋は薩摩藩の定宿になっていた。寺田屋といえば（といったら／というと），坂本龍馬とお登勢の話で有名だが，そもそも龍馬を寺田屋に紹介したのは，西郷隆盛であったという。
　　　　　　　　　（BCCWJ，松永義弘『大久保利通』（LBd9_00158））

　これまでに見てきた例と（8）（9）の違いは，後者は話者が確認等しなくても主題名詞句の同定ができている点にある。指示対象等の確認は行わずに，当該の名詞句についての解説を行っていることからもそのことが分かる。そして，属性はそれぞれ「（ハムスターの）2歳」は平均寿命に近いこと

や「寺田屋」が坂本龍馬とお登勢の話で有名であること等，主題名詞句の内在的な属性である。よって，以下のように時間軸上の一時点における出来事といった解釈は困難である。

(8′) ＊2歳というと，この日は平均寿命に近くなっていました。
(9′) ＊寺田屋といえば，昨日は坂本龍馬とお登勢の話で有名でした。

そしてこの場合，(8)(9)から分かるように，3標識ともに用いることが可能なのである。

これまでの観察をまとめる。各提題文が内在的な属性を述べる時，主題名詞句の定義を尋ねる文では「というと」のみが用いられ，定義を確認する文では「というと，といったら」が用いられることが分かった。そして，主題名詞句が同定可能な場合は，3標識ともに使用が可能であることも明らかになった。

### 3.2　非内在的な属性を述べる場合

次に各提題文が主題名詞句の非内在的な属性を述べる場合を観察していく。このケースの例としてまずは以下のような例を見てみよう（BCCWJ）。

(10) 「だれがハウスユースとして泊まっていましたか」「客室支配人の田島さんです。我々の上司ですが，凄いやり手で上層部の信頼も厚い人です」「客室支配人といえば（?といったら／＊というと），たしか私たちが異変を連絡したとき，二千五百十五号室へ駆けつけたホテル側スタッフの中にいたように記憶しておりますが」
　　　　　　　　　　　　（BCCWJ，森村誠一『異型の街角』（LBa9_00095））
(11) "世界に一つだけの花も"では舞台いっぱいにお子様たちが出(ママ)で来てましたわ。いいなぁ～～お子様！中居クンが俺のこと馬鹿にしたべ？？とか言ったようでしたが。そうそう中居クンといえば（?といったら／＊というと）ソロもカッコよかったです～～～～。
　　　　　　　　　　　　（BCCWJ，Yahoo!ブログ（OY04_03686））

## 第10章 引用形式を用いた提題文の主題名詞句と叙述の類型

　まず確認したいのは，(10)(11)の例は，主題名詞句の同定が可能である点である。現に主題名詞句に注目すると，(10)の主題名詞句「客室支配人」は文脈上既に目撃していると判断できることから同定可能だと考えられ，(11)も「中居クン」という固有名詞を裸の形で用いていることから同定できていることが分かる。

　次にこれらの文の叙述の類型を確認する。これらの例はそれぞれ，「スタッフの中にいた」「カッコよかった」と時空間上のある特定の位置の出来事を述べている。つまり，本節の冒頭で述べたように非内在的な属性を述べている文であることが確認できる。この場合「というと」は容認度が低く，先に見た同定不可能な名詞句の内在的な属性を述べる場合と対照的である。

　しかし，次のようにすると，(10)(11)のように主題名詞句が同定可能で，かつ，非内在的な属性を述べる文であっても，全ての形式の容認度が低くなる。

(12) *やれやれ…。唐井 (というと／といったら／といえば)，あんな所にいるよ…。

　(10)(11)と(12)の容認度の違いは何に起因するのであろうか。この問題を考えるために，両ケースの主題名詞句の違いに着目しよう。すると，両者の差異は主題名詞句が談話上既出の表現を提示しているのか ((10)(11))，発話現場に存在するものを提示しているのか ((12)) にあることが分かる。つまり，「といえば」(容認度がやや下がるが一応「といったら」も) を用いた提題文は非内在的な属性を述べる文に用いることは可能ではあるのだが，その主題部に発話現場に存在する事物を直接指示する名詞句を提示すると容認度が低くなり，談話上に言語的な先行詞が存在する名詞句を提示するのであれば容認度が上がるのである。このことは，両複合辞に「言う」という動詞が含まれていることと無関係ではあるまい。現に，同じ引用の助詞「と」が用いられる複合辞「ときたら」であれば (12) の状況であっても容認度は高い。

(12′)　やれやれ…。唐井<u>ときたら</u>，あんな所にいるよ…。

　付言ながら，(10)(11)で非内在的な属性としたものは，果たして属性とすべきなのか事象とすべきなのかという問も生じ得るが，(12)のように特定の時空間上で知覚した事象を表すことができないということは，「というと，といったら，といえば」の3標識は事象叙述には適さないと言うことができるだろう。このことから，(10)(11)は非内在的な属性を述べていると考えられることが改めて確認できる。

　話を主題名詞句の問題に戻そう。言語的な先行詞が存在するというのは，3.1の考察を含め，これまでに見てきた3標識が用いられる事例全てにあてはまる。3.1の同定不可能な名詞句の属性を述べる場合，(1)〜(4)から分かるように，前出の発話の中の同定不可能な表現を主題名詞句として提示している。また，同定可能な名詞句の内在的属性を述べる場合も同様に言語的な先行詞が必要であり，(12)あるいは次の(13)のように主題名詞句で発話現場に存在する事物を直接指示することはできない。

(13)　―会話の冒頭で―
　　＊あちらに見える寺田屋（というと／といったら／といえば），坂本龍馬とお登勢の話で有名です。
　　cf. あちらに見える寺田屋は，坂本龍馬とお登勢の話で有名です。

　つまり，ここまで見てきた例は叙述の類型が内在的属性であれ非内在的属性であれ，主題名詞句の言語的な先行詞が談話上に存在する点では一致しているのである。

　このように，「言う」を含む引用形式由来の提題標識は談話上に言語的先行詞が存在する名詞句を主題として提示するものであることが分かる。つまり，少なくとも日本語には談話上に存在するものを主題として提示するための提題標識が存在するのである。そして，そのために「言う」を含んだ引用形式由来の標識を用いるのは自然なことであるように思える。

　それに対して次の例はどうだろうか。これまでの例とは性質が異なる例で

ある（BCCWJ）。

(14) 冷やしたジョッキにこれまたキンキンに冷やしたビールを注いで風呂上がりの，まだ体が火照り汗が止まらない時腰にバスタオルを巻いたまま片手を腰にゴクッゴクッゴクッ…プハァ〜と一気に半分ほど飲み干す美味さ<u>といったら</u>（*というと／*といえば），…たまりませんな。　　　　　　　　（BCCWJ，Yahoo! 知恵袋（OC08_06191））

(15) けわしく立ち並んだ峯には，応援隊の鬼たちが，幾万とも知れないほど鈴なりになったまま，絶えず口を耳のつけ根まで開けながら，自分たちの選手をはげますための応援歌を，雷みたいな声でもって謡うのですからそのにぎやかなこと<u>といったら</u>（*というと／*といえば），今にも天地が動き出すかと思われるほどです。
（BCCWJ，江口渙『日本ジュニア文学名作全集』（LBon_00034））

　(14)(15)は，主題名詞句の同定が可能なものだと言えるが，特に言語的な先行詞が存在するとも考えられない[8]。そしてこれらの共通点として，主題名詞句の「程度のはなはだしさ」や「評価」等といった「話し手の評価」（日本語記述文法研究会編 2009）を述べたものであるという点が挙げられる。話し手の評価とは対象に備わったものというよりは極めて主観的なものであるため，本章では対象にとっては非内在的な属性だと考える。こうした例の場合「といったら」のみが使用可能となるのである[9]。このように，「といったら」は「話し手の評価」を述べる場合にも用いられ，その際は言語的な先行詞に関する制約が他の場合に比べると弱まると言うことができる[10]。

---

[8] 例えば，会話の冒頭で「いやあ，こんな暑い日に冷たいビールを飲み干す美味しさといったら，たまりませんな」と発言することは可能であろう。

[9] 「(その美味しさ)といったらない／なかった」という評価を表す固定表現にも「といったら」が用いられていることも評価用法には「といったら」が用いられることを示唆している。

[10] とは言え，「話し手の評価」を表す場合もやはり発話現場に存在する事物を直接指示するのは困難である。
　i. やれやれ。うちの旦那（ときたら／*といったら），また片付けもしないで寝てやがる。

以上，ここまで主題名詞句の非内在的な属性を述べる場合を観察してきた。3.1 の考察結果と併せてまとめると以下のとおりである。

(表 1)　観察のまとめ

| 叙述の類型 | 内在的属性 | | | 非内在的属性 | |
|---|---|---|---|---|---|
| 主題名詞句 | 同定不可<br>(尋ね) | 同定不可<br>(確認) | 同定可 | 同定可 | 同定可<br>(評価) |
| というと | ○ | ○ | ○ | × | × |
| といったら | × | ○ | ○ | △ | ○ |
| といえば | × | × | ○ | ○ | × |

本章のここまでの考察によると，「というと，といったら，といえば」の 3 標識は属性叙述文において用いられるということになる。これは，言語表現に関わる事象叙述文には既に引用構文が存在するためであろう。

## 3.3 「はといえば」と「はというと」

本節の最後に，これまでの考察結果に基づくと，ある表現の存在理由に 1 つの説明を与えることが可能となることを示したい。

次に挙げるのは，「といえば」と「というと」に助詞「は」が前接するものである。これは「といったら」には見られず，「といえば」「というと」に見られる（BCCWJ）[11]。

(16)　セイモウリアは，脊椎動物が両生類から爬虫類に進化したときの，いちばんさいごの両生類だった，というわけです。そのまた，セイモウリアの先祖は，といえば，古生代デボン紀のおわりにいた，「イクチオステガ」(図八十九)という両生類がしられています。
　　　(BCCWJ，井尻正二・後藤仁敏『恐竜の世界をたずねて』(LBa4_00010))

---

また，(14) も「美味しさ」という具体物が存在せず言葉で表現するしかない事物であるし，(15) も「そのにぎやかなこと」とあるように，談話上の情報から導き出された名詞句である点でやはり，主題名詞句は制約から完全には解放されていないと考えられる。

[11]　2015 年 8 月 2 日の段階で「BCCWJ」で「はといったら」の文字列で検索しても 1 例もヒットしない。

第 10 章　引用形式を用いた提題文の主題名詞句と叙述の類型

(17)　こうした上級生の活躍によって，とうとう校長が更迭されることになった。私はといえば，上級生の演説によって，前の校長はわるく，自分らは大化の改新のごとき事業を行っていると信じて疑わなかった。　　　　　　　　（BCCWJ，北杜夫『マンボウ交友録』（LBa9_00078））
(18)　現在，一般につかわれる「海老」は中国からの借用。蛯の文字は人の苗字として残っている程度である。ところで，全体の国字の数はというと，これが百数十もある。
　　　　（BCCWJ，日本語倶楽部『＜字源＞の謎にこだわる本』（LBh8_00014））
(19)　旧地主の家の庭先に，麦を収穫して積み上げた麦束の山が火を噴いているのでした。農民達はというと，驚いたことに火を囲んで，焼けてポップコーン状になった麦を，手に手に拾い集めて食べているではありませんか。
　　　　　　　　　　　　（BCCWJ，中山登紀子『海外単身赴任』（LBc3_00054））

　この「は」を伴う形が「といえば」と「というと」にしか存在しないことは，日本語記述文法研究会編（2009）でも指摘されている。しかし，その理由には触れられていない。
　この理由については，本章のこれまでの考察から次のように考えられる。「というと」「といえば」の 2 標識は，言語的な先行詞が存在しない限り，名詞句を主題として提示することが不可能なのであった。そのため，先行詞が存在しない事物を「というと」「といえば」で提示するためには，それを補う必要から言語的な先行詞を必要としない提題助詞である「は」を伴った形で用いられるものと考えられるのである。
　こうした説明が可能であることも，本節の観察の有益さを示していると言うことができよう。


## 4.　叙述の類型と文の構造

　論を終える前に，本章の考察結果の意義を更に述べておきたい。そのため

にまず，4.1 で叙述の類型研究の中でも本節の考察に直接関連する部分を概観した後に，4.2 で実際に考察に移ることにする。

## 4.1 叙述の類型と提題文

叙述の類型研究で提示された様々な主張の中に，「文の統語構造を考えるうえで，「叙述の類型」の概念が重要な意義を有する」（益岡 1987: 38-39）というものがある。この主張の具体的なものに，属性叙述文は提題文で表現されるのが基本だという指摘がある。以下，本節ではこの点に関わる先行研究を概観することにしたい。

佐久間（1941）以来，三上（1953, 1963），益岡（1987, 2000 等）と継承されてきた説の1つに，属性叙述文は提題文として表現されるという主張がある[12]。これはつまり，叙述の類型は単に意味的な問題に留まらず，文の構造との間にも対応関係があることを指摘したものである。

例えば，佐久間（1941）では事象叙述文（佐久間（1941）では「物語り文」と呼ばれる）の文型が (20) のように，そして属性叙述文（佐久間（1941）では「品さだめ文」）が (21) や (22) のように規定されている[13]（下線は筆者による）。

(20)　（何々）<u>が</u>（どうか）する［した］。　　〈事象叙述文〉
(21)　（何々）<u>は</u>（かう〵）だ。　　　　　　　〈属性叙述文〉
(22)　（何々）<u>は</u>（何か）だ。　　　　　　　　〈属性叙述文〉

佐久間（1941）のこの指摘が現在にも引き継がれていることは，例えば三上（1953）や益岡（1987）に以下のような発言があることからも分かる。

> 外形にあらわれる特徴として，動詞文は係助詞「ハ」がなくても完全でありえるのに対し，<u>名詞文は「ハ」に助けられる</u>のを原則とする。

---

[12] 国内における叙述類型論の研究史については岩男（2008）もあわせて参照されたい。
[13] 佐久間（1941）は「品さだめ文」を更に「性状の表現」と「判断の表現」に下位分類するのだが，本章ではこれらの差異には触れない。

(三上 1953: 42,下線は筆者)

属性叙述文は,一般に対象表示成分が「主題」(「名詞＋ハ」)の形式で表される,という点が特徴的である。　　　　　　　　　　(益岡 1987: 23)

このように,叙述の類型研究においてその叙述の類型と文の構造との対応関係を考察することは重要なテーマの1つであり,佐久間,三上,益岡とくり返し指摘されている。この点について,叙述の類型研究の現状はどうなっているのか,そして,本章の考察がこの問題にどう関わるのか,それを次節において考えたい。

## 4.2 叙述の類型と本章の考察結果

4.1で述べたように,叙述の類型をめぐる議論において叙述の類型と文の構造(具体的には,提題文であるか否か)との間にある一定の対応関係が存在することは初期の頃より指摘されてきたことであった。にもかかわらず,この点についての考察は現在十分に行われているとは言い難い。管見の限りでは,近年この問題について言及した研究の数少ない例としては,「は」を用いた提題文は属性叙述文だけではなく,事象叙述文として用いられることもある点に対して,「文内主題」「談話・テクスト主題」といった概念を用いて説明を行った研究が挙げられるのみである(益岡 2004, 2007)。そこで以下,この問題に本章でこれまで行ってきた考察がどう関与するかを述べたい。

第3節の議論をふり返ると,「といえば,といったら,というと」の3標識は全て,内在的か非内在的かの差異はあるものの,属性叙述文として機能していることが分かった[14]。これを先に見た叙述の類型研究の議論に乗せて考えると,引用形式由来の提題標識を用いた提題文は,属性叙述文と対応関係にあると言うことができる。

このことが何を意味するのか述べる。既述のように,叙述の類型研究にお

---

14　厳密には,属性叙述文だけではなく指定叙述文も存在する。しかし,指定叙述文はその構造も含め明らかになっていないことが数多く存在するため本章では扱わないことにする。

　 i. このクラスで一番背が高い人(といえば／といったら／というと)誰かな？

いて，属性叙述文との対応関係があるとされてきたのは多くの場合「は」を用いた提題文であった。ところが，この「は」を用いた提題文は以下のように，事象叙述文においても使用することが可能であることは周知のとおりである。

(23)　昨日，建石さんは，K大学まで出かけた。

　こうした現状では，叙述の類型と文の構造との対応関係を主張する議論の有益さが見えづらくなっているとも言えよう[15]。
　ところが本章の考察結果は，ある特定の提題文は属性叙述との対応関係を持つことを示していた。つまり，この結果は叙述の類型研究における，叙述の類型と文の構造との対応関係を議論することの意義を再び示すことへとつながるのである。
　そして，更に細かく見ていくと，それぞれの提題文が同じ属性叙述の中でもある一定の領域内でのみ用いられていることが分かる。これは，日本語に「は」以外にも複数存在する提題標識が何を表しわけているのかという問に対する1つの答えとなり得る。提題文を単に「主題」と「解説」を表す表現だとするだけでは，提題標識が複数存在する理由へと問が発展しない。しかし，本章のように叙述の類型という観点から各提題文を観察することで，提題標識がこのように複数存在することの理由へと関心を向けることが可能となるのである[16]。
　また，こうした比較的新しい提題標識群が属性叙述に偏るという現象は益

---

[15]　益岡（2004，2007）による「文内主題」「談話・テクスト主題」という概念はこの点を解決すべく提示された概念である。

[16]　なお，本文中で発話現場に存在する事物を指示する名詞句を提示することが可能だとした「ときたら」であるが，それでも以下のように時空間上の出来事を「話し手の評価」を込めずに描写する表現だと容認度が低い。つまり純粋な事象叙述文としては用いられにくいと考えられる。
　　 i. ―校庭を見て―
　　　 ??宮下ときたら，校庭を走ってるよ。
　　　　（cf. やれやれ。宮下ときたら，こんな時にも校庭を走ってるよ。）
「ときたら」については藤田（2000）や岩男（2009，2014），益岡（2012）を参照。

岡（2004, 2007）が述べる，日本語は「属性叙述文が文構成の基本モデルになっている」（益岡 2004: 14）という指摘との関わりも出てくる可能性があり興味深い。

以上，本節では本章で第3節までに行ってきた考察の結果がどういった意義を持ち得るのかを叙述の類型研究の文脈の中で確認した。

## 5. おわりに

以上，本章では引用形式由来の提題標識である「といえば，といったら，というと」が用いられた提題文について考察を行った。具体的には，各提題文の主題名詞句の性質と叙述の類型に基づき，それぞれの提題文の働きの一端を明らかにした。そして後半では，本章の考察結果は叙述の類型研究においてどう有益であるのかについて言及した。

ただし，本章では各形式の働きの棲みわけを提示したのみであり，こうした棲みわけが生じる理由までは述べることができなかった。この点についての考察が次の課題となるだろう。これについては稿を改めて論じたい。

### 付記

本章は JSPS 科研費（15K04420, 16K02908）の助成を受けた研究成果の一部です。

### 参照文献

岩男考哲 (2008)「叙述類型研究史（国内編）」益岡隆志編『叙述類型論』くろしお出版.
岩男考哲 (2009)「「ときたら」文をめぐって」『日本語文法』9巻2号.
岩男考哲 (2012)「「と言う」の条件形を用いた文の広がり」『日本語文法』12巻2号.
岩男考哲 (2014)「「ときたら」構文の意味と主題」『日本語文法』14巻2号.
佐久間鼎 (1941)『日本語の特質』育英書院.
田窪行則 (1989)「名詞句のモダリティ」仁田義雄・益岡隆志編『日本語のモダリティ』くろしお出版.
田窪行則 (2002)「談話における名詞の使用」野田尚史・益岡隆志・佐久間まゆみ・田窪行則著『日本語の文法4　複文と談話』岩波書店.

田窪行則・金水敏（1996）「複数の心的領域による談話管理」『認知科学』3 巻 3 号.
西山佑司（2003）『日本語名詞句の意味論と語用論―指示的名詞句と非指示的名詞句―』ひつじ書房.
日本語記述文法研究会編（2009）『現代日本語文法 5』くろしお出版.
藤田保幸（2000）『国語引用構文の研究』和泉書院.
益岡隆志（1987）『命題の文法』くろしお出版.
益岡隆志（2000）「属性叙述と事象叙述」『日本語文法の諸相』くろしお出版.
益岡隆志（2004）「日本語の主題―叙述の類型の観点から―」益岡隆志編『主題の対照』くろしお出版.
益岡隆志（2007）『日本語モダリティ探究』くろしお出版.
益岡隆志（2012）「属性叙述と主題標識」影山太郎編『属性叙述の世界』くろしお出版.
益岡隆志編（2008）『叙述類型論』くろしお出版.
三上章（1953）『現代語法序説』刀江書院［1972 年にくろしお出版より復刊］.
三上章（1963）『日本語の構文』くろしお出版.
森田良行・松木正恵（1989）『日本語表現文型　用例中心・複合辞の意味と用法』アルク.

# 第11章

# 「ウナギ文」再び
日英語の違いに着目して

金水　敏

## 1. はじめに

「ウナギ文」は日本語のコピュラ文の一種で，次のような例を典型とする。

（1）a.　ぼくはウナギだ。
　　 b.　クラーク君はシドニーだ。
　　 c.　高山くんは白金マンションだ。　　　（以上，奥津 1978 より摘出）

　これらの例は，言うまでもなく主語名詞句と述語名詞句の指示対象の包摂，指定，一致関係を表すものではなく，例えば「(レストランで)ぼくはウナギを注文する。」「クラーク君はシドニーからやってくる。」「高山くんは家は白金マンションだ。」といった意味を表すものである。

　ウナギ文という名称を日本語文法学界で一般的なものとし，本格的な考察を加えた奥津 (1978) では，「「ダ」による動詞の代用」および「格助詞の削除」という二段階の統語操作によってこの現象を説明している。

（2）「ダ」による動詞の代用　（任意）
　　　NP が　NP　C　V　Tense　→
　　　NP が　NP　C　d　Tense

(NPは名詞句，Cは格助詞，Vは動詞の語幹，Tenseは時制詞，dは「ダ」の語幹）

例．ぼくが　うなぎ　を　食べ-る
　　ぼくが　うなぎ　を　d-a

(3)　格助詞の消去（任意）
　　NPが　　NP　　C　d　Tense　→
　　NPが　　NP　　　　d　Tense

例．ぼくが　うなぎ　を　だ　→
　　ぼくが　うなぎ　　　だ

　その後も，ウナギ文の分析に対して「分裂文説」，「メトニミー説」その他の分析が提案されたが，西山（2003）ではそれまでの学説を批判し，「ウナギ文＝措定文」説を唱えた。

　本章では，西山（2003）の説を妥当なものと受け入れつつ，新たに「英語のウナギ文」というべき現象を提示し，これに基づいてウナギ文にすくなくとも三種類の構文が区別できることを述べる。

## 2.　西山（2003）より

### 2.1　奥津（1978）への批判

　西山（2003）では先行学説の詳細な検討と批判が述べられているが，ここでは本章に関係ある部分についてのみ参照しておきたい。

　まず，奥津（1978）の「「ダ」による動詞の代用」説については，主として生成文法の理論内部から「少なくとも，今日の生成文法では，このような派生を認める者はいないであろう。」(p. 323) とした上で，さらに「ウナギ文の基底にあるとされる完全な文がはたして唯一的に定まるのかどうか」という点が疑問として生じるとしている。すなわち「基底にある完全な文」は次のように多様なものが存在し，「このような多様な基底構造から単一の構造を派生する変形操作は，統語操作としていかにも不自然である。」としてい

る (p. 324)。

(4) a. ぼくが注文するのは，ウナギだ。
  b. ぼくが注文したいと思っているのは，ウナギだ。
  c. ぼくの注文料理は，ウナギだ。
  d. ぼくは，ウナギの注文者だ。
  e. ぼくは，ウナギを注文する。
  f. ぼくは，ウナギを注文するのだ。
  g. ぼくについて言えば，注文したいのはウナギだ。
  h. 何を注文するかというと，ぼくはウナギだ。
  i. ぼくはウナギにする。
  j. ぼくは，ウナギに決めた。

## 2.2 メトニミー説への批判

メトニミーとは次のような現象である。

(5)　The clarinet had to go to the powder room.
　　〈楽器→楽器の演奏者〉
(6)　太郎は，アサヒビールを7000円で買った。
　　〈会社→会社の株〉

　これらの例文では，ヤマ括弧のなかのような語用論的マッピング規則によってメトニミーとして理解されている（西山 2003: 326）。Fauconnier (1985/1994) は，メトニミーの拡大されたものとして，(7)(8)をあげ，〈著者→その人の書いた本〉や〈客→その注文する食べ物〉という語用論的関数が働いている，とする。

(7)　Prato is the red book; Homer is the black book.
　　（プラトンは赤い本で，ホーマーは黒い本だ。）
　　〈著者→その人の書いた本〉
(8)　I'm the ham sandwich; the quiche is my friend.

（わたくしは，ハムサンドです。キシュはわたくしの友人です。）
　　〈客→その注文する食べ物〉

　西山（2003）は，「（8）（原文では（17））の前半はまさにウナギ文そのものである。」としている。
　西山（2003）は，メトニミーに基づくウナギ文解釈は次のように一般化できるとする。

（9）a.　αは，vだ
　　　　　↓
　　b.　αのRは，vだ

実例としてはつぎのようなものである。

（10）a.　ぼくは，ウナギだ
　　　　　　↓〈客→注文料理〉
　　 b.　ぼくの注文料理は，ウナギだ

　このような解釈に対し，西山（2003）は「一般性の欠如」「代名詞の照応」「量化詞・数量詞の振る舞い」「同一対象指示の名詞句による置換の許容性」「ウナギ文の倒置可能性」という5つの観点から批判を加え，メトニミー説を否定している。
　「一般性の欠如」とは，メトニミーはあらゆる名詞句で常に起こりうるはずだから，措定文や非コピュラ文でも起こるはずだが，〈ぼく→ぼくの注文料理〉というマッピング関係は措定文や非コピュラ文では起こらないという点をおかしいとするのである。

（11）a.　?ぼくは，おいしい／高い。
　　 b.　?あの店員はぼくを運んでいる。
　　　　　（いずれも〈ぼく→ぼくの注文料理〉として）

　次に，「代名詞の照応」とは，〈ぼく→ぼくの注文料理〉というマッピング

が成立しているとするならば，それを受ける代名詞は「ぼくの注文料理」を受けるものでなければならないはずだが，そうではない，という点である。

(12) a. 甲：花子さんが遅れてくるそうだが，彼女のために注文しておいてあげよう。花子さんは何だろう，天丼かな。
   b. 乙：花子さん，ああ，彼女はウナギだよ。
   c. ?乙：花子さん，ああ，それはウナギだよ。

次に，「量化詞・数量詞の振る舞い」とは，〈ぼく→ぼくの注文料理〉というマッピングが成立しているとするならば，それを受ける遊離数量詞は「ぼくの注文料理」に対応するものでなければならないはずだが，そうではない，という点である。

(13) a. 学生は，3人ウナギだ。
   b. ?学生は，3つウナギだ。

「同一対象指示の名詞句による置換の許容性」と「ウナギ文の倒置可能性」については，本章の議論には直接関与しないので省略することとする。

## 2.3 「ウナギ文＝措定文」説

以上のような検討の後，西山 (2003) は，次のような説を提案している。すなわち，「ぼくは，ウナギだ。」という文は語用論的に解釈され，「意味補完 (saturation)」として「ぼくは，注文料理はウナギだ。」という表意を得る，とするものである。なお，「(ぼくの) 注文料理はウナギだ。」という部分は「倒置指定文」(＝変項名詞句「注文料理」の値を指定する文) であるが，全体としては「ぼく」という指示的名詞句の属性を述べる「措定文」である，と考えるとしている (「指定文」「措定文」「倒置指定文」については西山 (2003: 第3章) および金水 (2015) 参照)。西山 (2003) におけるまとめを引用しておく。

(14) a. ウナギ文「ぼくは，ウナギだ」は，措定文であり，その言語的意味

（ウナギ読み）は，〈ぼくは，[φはウナギだ]〉である。
b.　「ウナギ」それ自体を叙述名詞句とみなすわけにはいかない。
c.　[φはウナギだ]の部分は倒置指定文の意味をもつ。
d.　φは変項名詞句の機能を果たし，「ウナギ」は，その変項名詞句の値を表す。
e.　コンテクストから，語用論的な補完操作によってφの中身が補完される。φの中身が補完されれば，たとえば「ぼくは，注文料理はウナギだ」のような解釈が得られる。これは，ウナギ文の発話が伝える内容，すなわち表意であって，ウナギ文自体の言語的意味ではない。
f.　ウナギ文における「ウナギ」は，φの中身を補完して，たとえば「注文料理はウナギだ」のような(「ぼく」に帰すべき)属性を語用論的に構築する際の重要な手がかりを与える。

　　　　　　　　　　　　　　　　　　　　　（以上，西山 2003: 340 の (59)）。


## 3. 日英対照の視点から

### 3.1　英語の「ウナギ文」

　よく，「英語にはウナギ文はない」と言われ，I am an eel. は，ウナギが自己紹介をしている解釈しかないと言われる（西山 (2003: 340) でも，ウナギの自己紹介読みのことを「"I am an eel" 読み」としている）。ところが一方で，(8) で示した I'm the ham sandwich. (Fauconnier 1985/1994 の例) を西山 (2003) は「まさにウナギ文そのもの」としている。一体，英語にウナギ文はあるのかないのか。

　この点について英語のネイティブ話者[1]に確かめたところ，「今から注文をする状況で "I'm a ham sandwich." ということはできないが，注文した品物

---

[1] 1989 年イギリス・ロンドン生まれの英国人男性。ただし 19 歳から 20 歳までと，22 歳以降は留学で日本に滞在している。

が届いた状況で "I'm the ham sandwich." ということはできる」という解答を得た。この違いは，名詞の定性に端的に表れている。つまり，英語で言えないのは，まだ指示対象が決まっていない不定名詞句 "a ham sandwich" を用いた文であり，英語で言えるのは既に指示対象が明らかな定名詞句 "the ham sandwich" を用いた文である。ということは，それぞれに対応する日本語のウナギ文にも，何らかの構造的な区別があるかもしれないということを示唆している。

### 3.2 代用述語の用法と「だ」代用説

英語と日本語でウナギ文の可能性を比べた場合，「ぼくはハムサンドを注文する。」（英語："I'll have a ham sandwich." など）を「ぼくはハムサンドだ。」と日本語で言うことはできるが，英語で "I'm a ham sandwich." と言うことはできない。一方，注文料理が出てきたあとで「ぼくは，注文したのはハムサンドだ。」を日本語で「ぼくはハムサンドだ。」と言うことができるのは当然として，英語でも "I'm the ham sandwich." と言うことができる，ということになる。つまり，英語で言えないタイプは，動態叙述文（動詞文）をコピュラ文にするタイプのもので，英語で言えるタイプはもともと名詞文であるものをウナギ文にするようなタイプである，とも言えそうである。

このことを補強するかと思われる現象を一つ示しておこう。ウナギ文の後続文脈における，同じ内容を繰り返す場合の代用述語「そうする」と「そうだ」の使い分けである。つまり，これから注文しようという文脈では，

(15) a. 甲：ぼくはウナギだ。
　　 b. 乙：ぼくも {そうする／?そうだ}。

のように，「そうする」を代用述語として用いることは自然であるが，「そうだ」はややぎこちない。これを，ウナギ文ではない動詞文に置き換えてみるとその差がはっきりする。

(16) a. 甲：ぼくはウナギを注文する。

b. 乙：ぼくも {そうする／?そうだ}。

一方，注文料理が届けられた後では，この関係が逆転すると思われる。

(17) a. 甲：ぼくはウナギだ。
   b. 乙：ぼくも {?そうした／そうだ}。

これも，ウナギ文ではない文に置き換えた場合にその違いが明らかとなる。

(18) a. 甲：ぼくは，注文したのはウナギだ。
   b. 乙：ぼくも {?そうした／そうだ}。

すなわち，動態述語（「注文する」）を受ける場合は「そうする」が適切であり，静態述語（「ウナギだ」）を受ける場合は「そうだ」が適切なのである。ということは，「そうする」で受けるのが自然な (15a) は，コピュラ文の形をしているが，意味的には動詞文と解釈するのが自然である。この解釈を直接的に反映する学説は，奥津 (1978) の「だ」による動詞の代用説だろう。先に見たように，この説には西山 (2003) の反論があるが，生成文法の理論内部の問題は別として，代用前の文が一意に決まらないという批判に対しては，「動態述語（＝動詞）の削除とコピュラの付加」という点でより限定された操作として規定できる。日英語の違いは「動詞削除＋コピュラ付加の規則が日本語にはあり，英語にはない」と言ってしまうと，同語反復にしか過ぎないので真の説明にはならない。この違いを生む両言語の本質的な違いについては後ほど考察する。

## 3.3 英語の「ウナギ文」とメトニミー転換

注文料理が来た後の状況において，日本語の「私はウナギだ」については，西山 (2003) の「措定文」説がよく当てはまりそうだ。しかし，英語の "I'm the ham sandwich." についてはどうか。西山説によれば，"ウナギ文読み" の「私はウナギだ」の表意は，「私は, [注文料理はウナギだ]」という二

重主語文であるということになる。しかしこの説を英語にそのまま適用することはむずかしい。なぜならば，英語にはこのような二重主語文が存在し得ないからである。いくら「語用論的」に解釈された「表意」とはいえ，その言語に存在しない文型を表意とする訳にはいかないだろう。

では，英語の "I'm the ham sandwich." に適用出来そうな解釈は何だろうか。それは，メトニミー転換説であると考える。ウナギ文−メトニミー説については，西山 (2003) で説得的な批判が展開されているので，復活の余地はないはずである。しかも，もし主語名詞句 "I" に「私の注文料理」という転換が施されているとすれば，人称が変わってしまうので，動詞自体が am ではなく is にならなければならない。ここでいうメトニミー転換は，主語にかかるのではなく，補語，すなわち the ham sandwich の方にかかる。つまり，「料理→注文主」という転換である。強いて言えば，"I'm the ham sandwich." の意味は，"I'm the man who ordered the ham sandwich." ということになる。これならば，西山 (2003) が展開した批判はすべて回避できる。

ところが，この説を採った場合には，これから注文する場面での "I am a ham sandwich." も言えることになってしまわないか (つまり，"I'm a man who orders a ham sandwich." という意味で)，という疑問が生じてくる。この問題については，まさしく定性そのものがメトニミーの成否に関わる可能性を考えたい。不定名詞句とは，新たな集合を当該の文によって定義する文脈で現れるので，名詞本来の意味で用いなければならないはずであり，メトニミーのような意味の「ずらし」は解釈を妨げることになってしまうと予測される。この問題については，次節でもう一度ふり返る。

## 4. 日英の言語差と課題

英語において，補語名詞句におけるメトニミー転換の可能性を指摘したが，日本語でも同様に可能性が追求できる。すなわち，西山 (2003) が措定文としての解釈を示した「ぼくはウナギだ」(「そうだ」で受けられるタイプ) は，改めてメトニミー転換としての解釈もできそうだ。すると，日英語

の「ウナギ文」の成否は次のような表にまとめられる。

(表1) 日英語の「ウナギ文」の種類

|  | 日本語 | 英語 |
| --- | --- | --- |
| a. 動態述語の"削除"＋コピュラの"付加" | ○ | × |
| b. 倒置指定文＋措定文の複合（二重主語文） | ○ | × |
| c. 述語名詞句（または補語）のメトニミー転換 | ○ | ○ |

ここで，日英語のcのケースについてもう一度考えておく。

(19) a. ぼくはハムサンドだ。

b. I'm the ham sandwich.

西山 (2003) によれば，(19a) は語用論的な解釈によって「ぼくは，注文料理はハムサンドだ。」という表意が得られるような表現である (＝bの解釈)。一方，(19b) は補語名詞句 the ham sandwich がメトニミー転換によって the man who ordered ham sandwich (ハムサンドを頼んだ人間) という解釈を持ちうるのだと考えた (＝cの解釈)。とすれば，(19a) の日本語も，英語と同様に，「ハムサンド」を「ハムサンドを頼んだ人間」を指し示すメトニミーであると解釈する余地がある (＝cの解釈)。なお，ここで言うメトニミーは，大田垣 (2011, 2013) で，語用論的コネクターが適用されてトリガーとは別の対象が指示される「(真性の) 換喩」である。

本章では，英語の"換喩"についてはたった1例について見ただけなので，本章の仮説がどこまで妥当性を持つかは今後の検証を俟たなければならない。その際重要なポイントは，英語の「ウナギ文」が成立するための条件は先にその定性に着目したように，いつ語用論的コネクターが適用されるのか，どのような条件で適用可能になるのか，という点のみに関わるのに対し，日本語の場合はメトニミー解釈も可能だが，bの解釈，すなわち西山 (2003) で示された表意による解釈も可能であるということで，予測としては日本語の方が英語より「ウナギ文」解釈を許すケースがずっと広くなるはずである。なお，考察を深めたい。

さて，次に，a を許す日英語の差異はどこからくるのか。これについては SOV 言語か SVO 言語かという語順の違いに依存する可能性が高い。なぜならば，日本語におけるウナギ文発動の動機付けが，「S は O（などの補充・修飾成文）……」まで発話すれば文脈上十分伝達が成立するので，詳しい述語を省略してコピュラで済ませる，というような点にあると考え得るのに対し，英語の場合は，「SVO」の V を取り換える操作となるので，同じ動機付けからは説明できないからである。しかし，このような説明がどこまで妥当性を持つかも，さらに慎重な検討が必要である。ウナギ文に加えて，日本語はコピュラ文，さらに広い意味での「名詞化」の果たす役割が英語に比して大変高いように思われる。併せて考えるべき日本語のコピュラ文の類型について，挙げておく。

(20) **格助詞付きウナギ文**
 a. このバスは<u>シドニーまで</u>だ。
 b. 今日のデートは<u>ジェニファーと</u>だ。
 c. 次の学会は<u>ホノルルで</u>だ。　　　　　　（以上，奥津 1978: 14）

(21) **（格助詞付き）分裂文**
 殴られたのは，<u>山田が田中に</u>だ。

(22) "lonesome NC[2] sequence"（Fukushima 2003）または「**非帰一連鎖**」（川添 2002）
 a. 最近の朝食は<u>毎朝リンゴを 2 個</u>だ。
 b. 注文は，<u>3 番テーブルが酎ハイを 2 杯</u>と<u>4 番テーブルが生ビールを 3 杯</u>だ。
 c. 最後の賭けは，<u>「赤」に有り金を全部</u>だ。

(23) **人魚構文**（角田 2012 など）
 田中は<u>今日上京する予定</u>だ。

(24) **ノダ文**（野田 1997 など）
 田中は今日は休んでいる。<u>風邪を引いたの</u>だ。

---

[2] NC は numeral-classifier すなわち助数詞のこと。

すなわち，「名詞化」という概念も鍵となると考えられるのである。これらの構文について，どこが共通でどこが違うか，統語構造・構文的意味と語用論的解釈の兼ね合いはどのようであるか，言語類型論的な違いはどのようであるか，など考えるべき課題は大変多い。今後追求していきたい。

## 付記

本稿のドラフトに対して，柴谷方良氏が口頭で「注文物で注文主を指すメトニミーは日本語では不自然な例ばかりではないか。独立した例で自然なメトニミーの例は示せないのか」とのコメントをいただいた。この点について，福田嘉一郎氏の個人的コメントがよい示唆を与えてくれる。すなわち，

(i) ウナギが3人，カツ丼が2人いた。

のような存在文はきわめて自然に作ることができ，しかも遊離数量詞の助数詞によってメトニミー変換が起こっていることが確かめられるのである。有益な議論の手がかりを与えてくださった柴谷氏，福田氏に感謝いたします。

## 参照文献

大田垣仁（2011）「換喩と個体性―名詞句単位の換喩における語用論的コネクターの存否からみた―」『待兼山論叢』45，大阪大学．
大田垣仁（2013）「換喩もどきの指示性について」『語文』100・101，大阪大学．
奥津敬一郎（1978）『『ボクハ　ウナギダ』の文法―ダとノ―』くろしお出版．
川添愛（2002）「「と」による等位接続と遊離数量詞」『言語研究』第122号．
金水敏（2015）「「変項名詞句」の意味解釈について」『日中言語研究』8．
角田太作（2012）「人魚構文と名詞の文法化」『国語研プロジェクトレビュー』7．
西山佑司（2003）『日本語名詞句の意味論と語用論―指示的名詞句と非指示的名詞句―』ひつじ書房．
野田春美（1997）『の（だ）の機能』くろしお出版．
フォコニエ，ジル（著）坂原茂・水光雅則・田窪行則・三藤博訳（1996）『メンタル・スペース―自然言語理解の認知インターフェイス―』白水社．
Fauconnier, Gille（1985/1994）*Mental spaces*. Cambridge, MA: MIT Press.
Fukushima, Kazuhiko（2003）"Verb-raising and numeral classifier: Incompatible bedfellows." *Journal of East Asian Linguistics* 12-4.

第12章

# 叙述の類型と名詞文の構造

益岡隆志

## 1. はじめに

　名詞をめぐる文法研究には様々な可能性が考えられるが，そのなかの重要課題の1つが名詞を述語とする構文の研究である。名詞を述語とする構文は「名詞述語構文」と呼ぶことができるが，本章における考察の直接の対象が「文」であるところから，「名詞述語構文」の代わりに「名詞述語文」，略して「名詞文」という名称を用いることにする。

　従来の研究では，名詞文の研究は動詞文(動詞述語文)の研究に並ぶ高い関心が寄せられてきたとは言えなかった。動詞文に対する関心の高さは，そこに格・ヴォイス・アスペクト・テンスなど数多くの興味深い課題が見出せることに由来する。それに対して名詞文のほうは，その単純な構造の特性ゆえに動詞文における格などの文法カテゴリーを取り出すことが容易でなく，構文研究を進めるための観点が見出しがたかったものと考えられる。

　本章は，名詞文をめぐるこのような研究状況を変えていくことを目指し，益岡編(2008)や影山編(2012)が提唱する叙述類型論の観点から名詞文の研究にアプローチしようとするものである。本章の具体的な目標は，名詞文が叙述の類型にどう関わるかを検討したうえで，名詞文の構造特性を明らかにすることである。併せて，名詞文の構造特性が動詞文(事象叙述文)の構造に

どのように投影されるのかという話題にも言及したいと思う。

　本章の構成は以下の通りである。まず第2節で叙述の類型の概要を述べ，それをもとに第3節で名詞文が属性叙述を代表することを指摘する。次に，第4節で名詞文の構文様式を「カテゴリー化」の特徴の検討を通して明らかにするとともに，その構文様式を属性叙述文の構文様式として一般化する。最後に第5節で，属性叙述文の構文様式が事象叙述文の構造にどのように投影されるかという問題を取り上げることにする。

## 2. 叙述の類型

　本章の論述を叙述の類型の概要を述べるところから始めたい。本節の前半で叙述類型論の系譜を素描し，それをもとに後半で筆者の見方の要点を整理して示すことにする。

　まず叙述類型論の系譜であるが，ここでは系譜の要をなすと思われる佐久間（1941），三上（1953），寺村（1973），川端（1976, 2004）の研究に触れることにする。このうちの佐久間（1941），三上（1953），寺村（1973）のあいだには系譜上の直接的なつながりがある。

　叙述の類型に関わって最初にまとまった形で論を展開したのが佐久間（1941）である。文の組み立て（構文）の問題を重視しその解明に力を注いだ佐久間は，「演述」の機能を担う文（「いいたて文」）の組み立てにおいて「品さだめ文」・「物語り文」という2つの異なる類型が認められることを指摘した。「品さだめ文」とは「物事の性質や状態を述べたり，判断をいいあらわしたりするという役割をあてがわれるもの」であり，「物語り文」とは「事件の成行を述べるという役目に応じるもの」であるとされる。

　佐久間によれば，これら2つの類型は文の組み立ての違いに反映されるという。すなわち，品さだめ文は「（何々）は（こうこう/何か）だ」という構文様式を取り，そこでは主部に「（何々）は」という主題（提題）の形式が現れるとされる。それに対して，物語り文のほうは「（何々）が（どうか）する/した」という構文様式を取り，そこでは，述語に動詞が要求されることに加

え，「事のおこる舞台というものが，何かしらわかっていないと，物語りが効果を発揮するわけにはいかない」ことから，「時所的限定」が必要となるとされる。

この佐久間の品さだめ文・物語り文という文類型を引き継いだのが三上(1953)である。シンタクス（文論）の構築を目指す三上(1953)は，佐久間の文類型に関する見方を受け継ぎ，品さだめ文・物語り文という類型を述語の品詞に着目した「名詞文」・「動詞文」という名称により受け継いだ。

三上(1953)の言う「名詞文」・「動詞文」は，それぞれ「事物の性質(quality)を表す」もの，「事象の経過(process)を表す」ものである。日本語における主題（題目）の地位を重視する三上(1953)は，佐久間の見方を受け継ぎ，名詞文は「主題（全体ハ）解説（部分（部面）ガシカジカ）」という構文様式により包摂判断を表すとしたうえで，「名詞文の主題はいわば自己中心的な無格の主体であって，それぞれの性質を持った部分や部面がそれへ帰属し，内属するというおもむきがある。」と述べている。

一方，動詞文の典型は主題が関与しない構文様式を取るとされる。三上(1953)は「動詞文中の動詞文，いわば単純報告体ともいうべきセンテンスは提示の「ハ」なしに成立する。」と指摘したうえで，歴史の年表では「欽明天皇ノ十三年―百済カラ仏教ガ伝来シタ。」のように主題を持たない形を取ると述べている。

佐久間(1941)，三上(1953)の見方を受けて，寺村(1973)は「品さだめ文」(「名詞文」)と「物語り文」(「動詞文」)の違いを，判断を表す文と描写の性格を持つ文の違いとして捉えている。すなわち，寺村(1973)は品さだめ文の典型を三上と同じく「鯨は哺乳動物だ」のような名詞文に見たうえで，名詞文においては客体界にあるのは主部の名詞だけであり，述部は話し手が頭の中で作り出した観念であり，話し手は判断主体として文の外に立っていると論じている。

一方，物語り文を代表するのは「鯨が潮を吹いている」のような動詞文であり，そこでは話し手は事象の描き手として文の外に立っているとされる。品さだめ文（名詞文）が主観的な判断の性格を持つのに対して，物語り文（動

詞文）は「客観的な描写という性格を本来的にもっている」というのが寺村の主張である。

叙述の類型に関わるもう1つの重要な先行研究が川端（1976, 2004）である。川端の論は佐久間・三上・寺村の論とは独立に構築されたものであるが，文法論において文に重きを置く点では佐久間・三上・寺村と共通する。

川端は文を判断に対応するものとしたうえで，「形容詞文」・「動詞文」という文の類型を設ける。このうち「形容詞文」は，判断（判断の構造）に直接対応するものであり，それを反映し主語と述語の二項からなるとされる。川端にとって，「主語」は第一義的には形容詞文における概念である。

それに対して「動詞文」のほうは，時間と空間—第一義的には時間—を原理として個別化されたものであるとされる。そのため，動詞文は述語の部分に「相（ヴォイス）」・「態（アスペクト）」・「時制（テンス）」が分化するという。動詞文はまた，形容詞文の主語に対応するものとして格が成立するとされる。

以上述べた研究史の素描をもとに，益岡（1987, 2004, 2008, 2013, 未公刊）で提示した叙述の類型に関する私見の要点を記すことにしよう[1]。筆者は佐久間・三上・寺村・川端の言う「品さだめ文」・「名詞文」・「形容詞文」と「物語り文」・「動詞文」をそれぞれ「属性叙述」（property predication）の文，「事象叙述」（event predication）の文と称している。この名称に従い以下，事象叙述文，属性叙述文の順にそれぞれの特徴を整理してみたいと思う。

まず事象叙述文から始めよう。事象叙述文とは，特定の時空間に出現する出来事（event）を叙述する文である。事象叙述を支えるのは出来事のタイプを表す述語であり，その中心は動詞である。そこで，事象叙述文の典型は次の（1）のような動詞文ということになる。

（1） 親が子供を軽々と抱き上げた。

事象叙述文は主要部と従属部で構成される。主要部は構文の枠組みを定め

---

[1] 叙述の類型について新たな見解を提示している研究に影山（2009, 2012）がある。

るところの述語である。従属部のうち，主要部である述語を補う働きをするのが「親が」・「子供を」のような「項」である。従属部には，「軽々と」のような，事象をより詳しく表現するための「付加語」が現れることがある。このように，事象叙述文は述語を主要部とし項・付加語を従属部とする内心構造を持つ。

また，特定の時空間に出現するという事象の性格から，事象叙述文を特徴づけるものとして時空間性が挙げられる。文法的には，とりわけ時間性の関与が重要な意味を持つ。時間性の文法的現れを代表するのは「テンス」のカテゴリーであり，さらに動的事象については，動きの展開に関わる「アスペクト」のカテゴリーも関係する。

項については，述語との関係を表示する「格」のカテゴリーが問題となる。（1）の例で言えば，項は主格（「〜ガ」）と対格（「〜ヲ」）で表されている。また，述語が取る項のあいだには優位差があることから，その優位性の違いに拠って主語・目的語などの文法関係（grammatical relations）を認めることができる。（1）の場合で言えば，「親が」と「子供を」がそれぞれ主語，目的語と認定される[2]。

次は属性叙述文である。属性叙述とは，所与の対象が有する属性（property）を叙述するものであり，次の（2）がその例である。

（2）　あの人は作家だ。

この例では，対象である「あの人」に対して「作家だ」という属性が付与されている。

属性叙述の重要な特徴は，属性の存在はそれを有する対象の存在を要求し，同様に対象の存在はそれが有する属性の存在を要求するという，対象と属性のあいだの相互依存の関係である。

属性叙述文は，対象 X を設定しその X について属性を付与するという属性叙述における思考の様式に対応して，対象を表す部分が主題となり属性を

---

[2] 語順に関する言語類型として話題にされる SVO 型や SOV 型という捉え方は動詞文（事象叙述文）がモデルとなっている。

表す部分がそれに対する解説となる（3）のような外心構造を持つ。

(3)　［Xハ（対象表示部分＝主題）［述語句（属性表示部分＝解説）］］

　（2）の例で言えば、「あの人は」が対象表示部分であり、「作家だ」が属性表示部分である。このように、属性叙述文の特徴は有題文の構文様式を取る点である。この点は、事象叙述文の典型が、（1）の例のように、主題提示を欠く無題文になるのと対照的である。

## 3. 属性叙述における名詞文の位置

　前節で略述した叙述類型論の研究史において、事象叙述文の代表が動詞文であるという点は意見の一致を見ているが、属性叙述文については、名詞文がそれを代表すると見る三上（1953）・寺村（1973）と形容詞文が代表すると見る川端（1976, 2004）で見方が分かれている。そこで、本節では名詞文と形容詞文のいずれが属性叙述文を代表するのかという点を考えてみたい。

　結論から言えば、本章では名詞文が属性叙述文を代表するという見方を採る。前述の通り、川端（1976, 2004）は文を判断に対応するものとしたうえで、判断（判断の構造）に直接対応するのは形容詞文であると論じている。しかしながら、筆者の見るところ、判断に直接対応するものとしては形容詞文よりも名詞文のほうが相応しい。

　佐久間（1941）は「品さだめ文」の下位類として名詞が述語になる文と形容詞が述語になる文を区分けし、これらをそれぞれ「判断措定」、「性状規定」と特徴づけている。ここで、「判断」という概念を名詞文に付与している点に留意したい。このような判断の概念と名詞文の関係をより明確に指摘したのが寺村（1973）である。

　寺村（1973）は、前述の通り、品さだめ文の典型は「鯨は哺乳動物だ」のような名詞文であるとしたうえで、名詞文は判断文の性格を持つと主張した。寺村によれば、「鯨が潮を吹いている」のような物語り文では話し手は事象の「描き手」として文の外に立っており、その意味で客観的な性格を持

つとされる。一方，品さだめ文においては話し手は「判断主体」として文の外に立っており，その意味で主観的な性格を持つという。ここに，「主観的な判断」（名詞文）vs.「客観的な描写」（動詞文）という対立を認めることができる。判断を表す文の原型を名詞文（コピュラ文）に見るというのは古典論理学以来の伝統的な見方であり，本章でもこの見方を妥当なものとして受け入れたいと考える[3]。

　名詞文を属性叙述文の代表と見るとき，そこからどのような展望が開けるであろうか。この点について注目されるのが名詞文の「カテゴリー化」の働きである。ここでいう「カテゴリー化」は益岡（2004, 2008, 2013, 未公刊）で「カテゴリー属性の付与」と呼んだものである。

　名詞文におけるカテゴリー化の働きは，その構文様式に反映される。名詞文「XハYダ」は古代語（古典語）では「XハYナリ」に当たるが，この「XハYナリ」は「XハYニアリ」に由来する。そして，この「XハYニアリ」という構文様式は対象XがYというカテゴリーに存在すること（'X IS LOCATED IN Y'），すなわち，Yというカテゴリーに所属すること（'X BELONGS TO Y'）を表している。例えば先に挙げた「あの人は作家だ」という名詞文の場合，対象である「あの人」が「作家」というカテゴリーに所属することを表すわけである。

　名詞文に認められる，カテゴリー所属を表すという働きを，名詞文による「カテゴリー化」と呼ぶことにしよう。カテゴリー化は名詞文の基本的な働きであり，三上（1953），西山（2003）・西山編（2013）などにおいて名詞文における「措定」の機能として注目されてきたものである[4]。本章では，以下，名詞文のカテゴリー化の働きに着目することにより属性叙述文の構造特性を明らかにしていきたいと思うが，ここでその準備として益岡（2004, 2008,

---

[3] Benveniste（1966）は，コピュラを取る名詞文とコピュラを取らない名詞文を区別する必要があると説いている。

[4] 三上（1953）や西山（2003）・西山編（2013）は，名詞文について「措定」の他に「指定」や「端折り（ウナギ文）」の機能を認めているが，本章では「指定」や「端折り（ウナギ文）」の問題には立ち入らない。

2013)に基づき，名詞文に対して形容詞文が属性叙述との関わりにおいてどのような特徴を持つのかという点を押さえておく。

　形容詞文は一般に属性形容詞を取るものと感情形容詞を取るものに大別されるが，属性叙述文となるのは，言うまでもなく，属性形容詞を取るものである。例えば次の（4）は，属性形容詞を取る属性叙述文である。

（4）　あの人は優しい。

この文は「あの人には優しさがある」という構文様式，すなわち，対象 X に性質 Y が備わっているという様式（「X ニハ Y アリ」（'X IS ENDOWED WITH Y'））を持つ。そして，「X ニハ Y アリ」という様式は対象 X が性質 Y を所有している（'X POSSESSES Y'）という意味を表す。

　この点は次の（5）の例でより明確に捉えることができよう。

（5）　あの人は上品だ。

（5）の文は，「あの人に品がある（備わっている）」という意味，すなわち，「あの人が品を有している」という意味を表す。この場合も，属性叙述の内実は「上品」という性質を所有するという属性の付与である。

　形容詞文に認められるこのような属性を「性質所有属性」，略して「性質属性」と名づけることにする[5]。名詞文に認められる代表的な属性が"存在・所属"の概念に支えられた「カテゴリー属性」であるのに対し，形容詞文に認められる代表的な属性は"所有"の概念に支えられた「性質属性」である[6]。

## 4.　名詞文の構造

　前節では，名詞文の基本的な働きがカテゴリー化であるという見方を提出

---

[5]　益岡（2004, 2008, 2013）では，「性質属性」を「単純所有属性」と称した。

[6]　カテゴリー属性と性質属性は近い関係にある。この点については高橋（1984），澤田（2003a, 2003b）を参照されたい。英語などで名詞文と形容詞文がともにコピュラを取る点も，カテゴリー属性と性質属性の近接性を示唆している。

した。この見方をもとに，本節ではカテゴリー化という様式が名詞文の構造にどのように映し出されるかをより詳しく見てみたい。

　名詞文をめぐる先行研究における重要な指摘として，名詞文がしばしば（6）や（7）のように「ＸハＹガＺダ」の構文様式を取って現れるという点が挙げられる。

（6）　あの人は職業が作家だ。
（7）　あの人は顔が卵型だ。

　この構文様式においてはＸとＹのあいだに「ＸノＹ」で表せるような密接な意味的関係が成り立つ。次の（8）や（9）のように，「ＸノＹハＺダ」の構文様式で言い換えることが可能なわけである。

（8）　あの人の職業は作家だ。
（9）　あの人の顔は卵型だ。

　（6）や（7）のような「ＸハＹガＺダ」は「二重主語文」や「二重主格文」の名称で呼ばれている[7]。例えばKuno（1973, 2010）は，「ＹガＺ（ダ）」の部分で主語・述語の関係が成り立つと同時に「Ｘハ」と「ＹガＺ（ダ）」のあいだにも主語・述語の関係が成り立つと見て「二重主語文」と名づけている。他方，Shibatani and Cotton（1977）は，「Ｘハ」が格で言えば「Ｘガ」という主格の関係にあることから，「二重主格文」と称している。本章では以下，後者の「二重主格文」という名称を用いることにする。

　二重主格文「ＸハＹガＺダ」においては，前述の通り，ＸとＹのあいだに「ＸノＹ」のような密接な意味的関係が成り立つのであるが，この「ＸノＹ」の関係については，三上（1953），高橋（1975, 1984），澤田（2003a, 2003b）などの指摘にあるように，Ｙは主にＸの「部面」（「側面」）または「部分」を表す[8]。先に挙げた例で言えば，（6）では「職業」が「あの人」の部面

---

[7]　このタイプの構文様式の存在に最初に注目した草野（1901）は，「総主」の文という名称を用いた。

[8]　この点に関連して，天野（2002）を参照のこと。

（側面）を，（7）では「顔」が「あの人」の部分をそれぞれ表している。

　名詞文が二重主格文の構文様式を取るのは，カテゴリー化の様式を反映したものと考えられる。カテゴリー化の様式というのは次の通りである。すなわち，所与の対象Xについて領域Yを設定し，その設定された領域Yについてカテゴリー Zが選定されるということである。このようなカテゴリー化の様式を構造化したものが（10）の二重主格文の構文様式である。

（10）　［X（対象）ハ［Y（領域）ガZダ］］

　この領域設定の典型が，先の（6）のような「部面」（「側面」）が領域となる場合である。

（6）　あの人は職業が作家だ。

　この例では，所与の対象「あの人」について「職業」という領域が設定され，その「職業」という領域のなかで「作家」というカテゴリーが選定されている。ただし，選定されたカテゴリーを示すことで当該領域を含意し得る場合，領域は言語化されない。（6）は通常「あの人は作家だ」と表現するだけで十分であろう[9]。

　（10）の構造で留意すべきは，領域Yとカテゴリー Zの関係が相互依存関係にあるという点である。すなわち，対象表示部分「Xハ」と属性表示部分「YガZダ」のあいだに相互依存の関係が認められるのと同様に，属性表示部分である「YガZダ」の部分における「Yガ」と「Zダ」のあいだにも相

---

[9]　名詞文にはiのような文も存在する。
　i.　あの人は長野県の出身だ。（cf. あの人は長野県出身だ。）
　この文はiiのような二重主格文で言い換えることができる。
　ii.　あの人は出身が長野県だ。
　同様に，述部の名詞が連体節を取るiiiやivのような文も存在する。
　iii.　母は思ったことをズケズケと言う性格である。　　（北杜夫「どくとるマンボウ回想記」）
　iv.　父はあんまり話を好まない性質でした。　　　　　　　　（松本清張「装飾評伝」）
　iiiについては，余剰的な表現にはなるが，vのように述部の名詞「性格」を主格に取る二重主格文も成立し得る。
　v.　母は性格が思ったことをズケズケと言う性格である。

互依存関係が認められるということである。「Y ガ」はその点において「Z ダ」に対して主題の役割を果たすと言えるが，単一の述語に与えられる主題は 1 つに限られるという原則から，Y はその主題性が抑制され，「Y ハ」ではなく「Y ガ」の形を取ることになる。

　次は，領域 Y が「部分」の場合である。先の例で言えば，（7）がそれに該当する。

（7）　あの人は顔が卵型だ。

　この例では，所与の対象「あの人」について「顔」という領域が設定され，その「顔」という領域のなかで「卵型」というカテゴリーが選定されている。この場合，「顔」は「あの人」の部分を表している。「卵型」というカテゴリーが成立するのは「顔」という部分に限定される。したがって，領域が部分を表す場合は，当該の領域を明示する必要があり，それを省略すると文脈からの補足的情報がないかぎり不自然になる[10]。

　領域が部分である場合，より正確に言えば，その部分の領域から直接にカテゴリーが選ばれるわけではなく，その部分について部面（側面）の領域が設定され，その部面（側面）の領域のなかからカテゴリーが選ばれるということである。例えば（7）の場合では，（11）に示すように，部分である「顔」から「形」という部面の領域が設定され，その領域のなかで「卵型」というカテゴリーが選ばれるわけである。

（11）　あの人は顔が形が卵型だ。（cf. あの人は顔の形が卵型だ。）

この場合，カテゴリー化の直接の対象は部分たる「顔」であり，その意味では「あの人」のカテゴリー化は間接的なものと言える[11]。

---

[10]　領域が部分を表すもののなかには，i のように，部分が対象から独立した自立的存在である場合もある。
　i．あの人はお父さんが医者だ。

[11]　付言ながら，領域が部分を表す場合も，部面を表す場合と同様に，部分が構文の中心に置かれると，部分を表す句は主題の形を取る。

名詞文に関する以上の考察から，名詞文の構文様式は (12) のようにまとめることができる。

(12) ［X（対象）ハ［Y（領域（部面））ガ Z ダ］］または，
　　　［X（対象）ハ［Y（領域（部分））ガ［W（領域（部面））ガ Z ダ］］］

次に問われるのは，この名詞文の構文様式が属性叙述を表す形容詞文にも当てはまるかどうかという点である。結論から言えば，この構文様式は形容詞文による属性叙述に拡げて認めることができるように思われる。以下，この点を具体例を挙げつつ概略的に述べておく。

属性叙述を表す形容詞文にも部面（側面）と部分を表す領域の設定が関与する。まず部面の設定が関わる場合としては，次の (13) や (14) のような例が挙げられる。

(13)　あの建物は色が赤い。
(14)　あの人は性格が大人しい。

(13) の例では，対象の「あの建物」について部面の「色」が領域として設定され，その「色」について「赤い」という性質属性が選定されている。同様に (14) においても，「性格」という部面が設定され，それについて「大人しい」という性質属性が与えられている[12]。

次に，部分の設定が関わる場合であるが，その例としては (15) や (16) を挙げることができる[13]。

(15)　あの建物は屋根が赤い。

---

　i. あの人の顔（の形）は卵型だ。

[12]　(13)・(14) は以下の名詞文に置き換え得る。
　i. あの建物は赤い色だ。
　ii. あの人は大人しい性格だ。

[13]　形容詞文にも，先に名詞文のところで話題にした，部分が対象から独立した自立的存在である場合が見られる。
　i. あの人はお母さんが若い。

(16)　日本の数学は裾野が広い。　　　　　　（日本経済新聞 2015・9・2）

　名詞文と同様に，領域が部分である場合，その部分について部面（側面）の領域が設定され，その部面（側面）の領域について性質属性が選ばれるということが考えられる。例えば (15) の例では，(17) に示すように，部分である「屋根」から「色」という部面の領域が設定され，その領域について「赤い」という性質属性が選ばれることになる[14]。

(17)　あの建物は屋根が色が赤い。　　　　（cf. あの建物は屋根の色が赤い。）

　以上の考察をまとめると，名詞文と形容詞文による属性叙述文の構文様式は (18) に示す形で一般化することができる[15]。

(18)　[X（対象）ハ [Y（領域（部面））ガ述語句（属性）]] または，
　　　[X（対象）ハ [Y（領域（部分））ガ [W（領域（部面））ガ述語句（属性）]]]

## 5.　「テンプレート構造論」の仮説

　前節では，カテゴリー化が名詞文の構造に二重主格という構文様式の特性を与えること，及び，その構文様式の特性が形容詞を述語とする属性叙述文にも適用されることを見た。名詞文と形容詞文が有題文であることは属性叙述文であることの帰結であるが，二重主格という構文特性は名詞文のカテゴリー化にその源泉が求められる。これは形容詞文が名詞文の構文様式の特性を活用しているということを意味する。本節では，このような構文様式の活

---

[14] ちなみに，領域の設定が関わる (13) 〜 (16) はいずれも二重主格文となるが，部面／部分が構文の中心に置かれると，i や ii に示されるように，部面／部分が主題で表される。
　i. あの建物の色は赤い。
　ii. あの建物の屋根は赤い。

[15] 部面と部分を「領域」という概念のもとで括るのは，当該の対象に属するという共通点があることに因る。ただし，部分にはその領域として部面を設定することができることから，部分と部面はシンタグマティクな関係にもあると言える。部面と部分の関係については，なおよく考えてみたい。

用という観点から事象叙述文(動詞文)の構造のあり方を益岡(2004, 2008, 未公刊)の見方を展開する形で述べることとしたい。

　益岡(2004, 2008, 未公刊)の見方の重要なポイントは，日本語は属性叙述文の構成を文構造の基盤とするというものである。この点を上記の観点から捉えなおせば，属性叙述文の構文様式を事象叙述文においてテンプレート(鋳型)として活用するという考えに至る。本章では，これを「テンプレート構造活用論」，略して「テンプレート構造論」と仮称する。

　属性叙述文の構文様式を事象叙述文においてテンプレート(鋳型)として活用するということは，具体的には，先の(18)に示した属性叙述文の構文様式を事象叙述文の組み立てに活用するということである。

(18)　[X(対象)ハ[Y(領域(部面))ガ述語句(属性)]]または，
　　　[X(対象)ハ[Y(領域(部分))ガ[W(領域(部面))ガ述語句(属性)]]]

より具体的に言い換えれば，(19a)に示した有題文のテンプレートの活用，及び，(19b)に示した二重主格文のテンプレートの活用ということである。

(19) a　[Xハ述語句]
　　 b　[Xハ+[Y(領域(部面/部分))ガ述語句]]

　このうちの有題文のテンプレートの活用は，述語を主要部とする内心構造を基本とする事象叙述文における項の主題化として捉えられる。例えば先の(1)に対応して，(20)のような有題文が成立する。

(1)　親が子供を軽々と抱き上げた。
(20)　(その)親は子供を軽々と抱き上げた。

　ここに，(1)のような無題文と(20)のような有題文との対立が生まれることになる。

　それでは，この場合の主題化の条件はいかなるものであろうか。主題に認められる重要な特徴は，その指示対象が"叙述にあたって既に存在が与えられた対象"という意味での"given"(「所与」)の性格を持つという点である。主

題に認められるこの"given"の性格も属性叙述にその源泉が求められる。属性叙述においては，属性が付与される対象はその存在が既に与えられたものである。

　事象叙述文は，それ自身の内発的要請として主題の設定が求められることはないが，文が置かれた文脈の状況から特定の項に"given"の性格を持たせることはあり，その場合，当該の項は主題として提示されることになる。(20)のような有題文はそうした文脈のもとで成り立つものと考えられる。

　もう1つのテンプレートの活用は，二重主格文という構文様式の活用である。これには属性叙述文に倣って，(21)のように部面（側面）が関わる場合と，(22)のように部分が関わる場合がある[16]。

(21)　あの店のカレーは以前より味がおいしくなった。
(22)　佐藤さんは手が震えた。

これらの二重主格文には以下の単一主格文が対応する。

(23)　あの店のカレーの味がおいしくなった。
(24)　佐藤さんの手が震えた。

　この種の二重主格文は(25)に示すような構文様式を持つものと考えられるが，その成立にはどのような条件が課されるのであろうか。

(25)　[X ハ + [Y ガ 述語句（事象）]]

　この構文様式の特徴は，「Y ガ 述語句」で表される事象が X のコントロールの及ばないところにあるという点である。この点は，益岡(1987)に従って，X が当該の事象に間接的にのみ関与すると言い換えることができる。X が当該の事象に直接関与するなら，二重主格文ではなく他動詞文のような構文様式を取るであろう。

　X が自身のコントロールの及ばない事象に間接的に関与するという場合，

---

[16]　事象叙述の二重主格文には，次のiのような，感情形容詞を述語とするタイプもある。
　i.　私はそれが悲しかった。　　　　　　　　　（北杜夫「どくとるマンボウ回想記」）

Xは当該の事象の「経験者」(experiencer) としてその事象に関わることが考えられる。Xにおける「経験者」という性格は，(22) のようなXが有生名詞の場合に典型的に当てはまる。(21) のようにXが無生名詞の場合は，「準経験者」とでも言うことができよう。そうした「準経験者」を含む広義の経験者を主体とする文を「(広義)経験文」と呼ぶなら，本節で話題にしている二重主格文の成立には，「(広義)経験文」であることという条件が課されることになる。

次に，以上述べたテンプレート構造論をもう一歩進めたものとして，益岡 (2004, 2008, 未公刊) で言及した，主題主語に関する言語類型をめぐる話題を提供しておきたいと思う。それは，Li and Thompson (1976) のいう「主題卓越型言語 vs. 主語卓越型言語」という言語類型に関係する話題である。

LiとThompsonは主題・主語論に関わって「主題−解説」の構造を基盤とする「主題卓越型言語」(topic-prominent language) と「主語−述語」の構造を基盤とする「主語卓越型言語」(subject-prominent language) を区別した。この言語類型に関して益岡 (2004, 2008, 未公刊) では，そこに叙述の類型のあり方が関与するという見方を提案した。すなわち，属性叙述文の構成を文構造の基盤とする言語を1つの類型と見たうえで，日本語をこの型の言語とみなした。「主題−解説」の構造を基盤とする日本語のような言語は「主題卓越型言語」になるとともに，二重主格文が成立する。

属性叙述文の構成を文構造の基盤とする言語が認められるならば，その一方に，事象叙述文の構成を文構造の基盤とする言語があってもよいことになる。そのような言語が存在するなら，それは属性叙述文が事象叙述文の構文様式をテンプレートとして活用する言語であるということになる。事象叙述文の構造は述語を主要部とする内心構造を基本とするが，そこに関係する項のあいだには優位差があることから，最も優位な地位にある「主語」，それに次いで優位な地位にある「目的語」といった文法関係が重要な役割を担う。

この類型の言語では，「主題−解説」という構造の代わりに「主語−述語」という構造が基盤となる。そこでは，属性叙述文においても「主語−述語」の構造がテンプレートとして活用され，属性の対象を主語で表すことにな

る。これが英語やフランス語に代表される「主語卓越型言語」であると考えられる。主語卓越型言語においては，主語などの文法関係が顕在化する一方で，二重主格文を成立させる基盤は認めがたい。

以上が「テンプレート構造論」（仮称）の概略である。この見方のもとでは，主題卓越という特性と二重主格文の存在という特性の共存は偶発的なものではないと言える。ただし，ここで略述したテンプレート構造論の見方は未だ仮説の段階にあり，その妥当性は今後の検討に委ねなければならない。

## 6. おわりに

本章では名詞文を対象に叙述の類型の観点—とりわけ，属性叙述の観点—から考察を試みた。名詞文が属性叙述文を代表するとの見方のもと，考察の中心を属性叙述文の構文様式の解明に置いた。考察の結果，属性叙述文の構文様式が[X（対象）ハ[Y（領域（部面））ガ述語句（属性）]]または[X（対象）ハ[Y（領域（部分））ガ[W（領域（部面））ガ述語句（属性）]]]という形で捉えられることを指摘した。

さらに，属性叙述文の構文様式の問題に関わって，日本語は属性叙述文の構成を文構造の基盤とするという「テンプレート構造論」（仮称）の見方に立ち，属性叙述文の構造が事象叙述文にどのように活用されるかという話題に言及した。

**参照文献**

天野みどり（2002）『文の理解と意味の創造』笠間書院．
小野秀樹（2008）『統辞論における中国語名詞句の意味と機能』白帝社．
尾上圭介・木村英樹・西村義樹（1998）「二重主語とその周辺—日中英対照—」『言語』第 27 巻第 11 号，大修館書店．
影山太郎（2009）「言語の構造制約と叙述機能」『言語研究』第 136 号．
影山太郎（2012）「属性叙述の文法的意義」影山太郎編『属性叙述の世界』くろしお出版．
影山太郎編（2012）『属性叙述の世界』くろしお出版．
川端善明（1976）「用言」宮地裕・北原保雄・渡辺実・山口佳紀・川端善明・市川孝・尾崎利光・古田東朔・奥津敬一郎著『岩波講座日本語第 6 巻　文法 I』岩波書店．

川端善明（2004）「文法と意味」尾上圭介編『朝倉日本語講座第 6 巻　文法 II』朝倉書店.
草野清民（1901）『日本文法』冨山房.
佐久間鼎（1941）『日本語の特質』育英書院.
澤田浩子（2003a）「属性叙述における名詞述語文」『日本語教育』116 号.
澤田浩子（2003b）『認知カテゴリーと属性叙述に関する日中対照研究—「属性の階層構造」に基づく構文類型—』博士論文，神戸大学.
髙橋太郎（1975）「文中にあらわれる所属関係の種々相」『国語学』103 集.
髙橋太郎（1984）「名詞述語文における主語と述語の意味的な関係」『日本語学』3 巻 12 号，明治書院.
寺村秀夫（1973）「感情表現のシンタクス—『高次の文』による分析の一例—」『言語』第 2 巻第 2 号，大修館書店.
西山佑司（2003）『日本語名詞句の意味論と語用論—指示的名詞句と非指示的名詞句—』ひつじ書房.
西山佑司編（2013）『名詞句の世界—その意味と解釈の神秘に迫る—』ひつじ書房.
野田尚史（1996）『「は」と「が」』くろしお出版.
益岡隆志（1987）『命題の文法』くろしお出版.
益岡隆志（2004）「日本語の主題—叙述の類型の観点から—」益岡隆志編『主題の対照』くろしお出版.
益岡隆志（2008）「叙述類型論に向けて」益岡隆志編『叙述類型論』くろしお出版.
益岡隆志（2013）『日本語構文意味論』くろしお出版.
益岡隆志（未公刊）「日本語の主題と主語」.
益岡隆志編（2008）『叙述類型論』くろしお出版.
三上章（1953）『現代語法序説』刀江書院.
三上章（1960）『象は鼻が長い』くろしお出版.
三上章（1970）『文法小論集』くろしお出版.
Benveniste, Émile（1966）*Problèmes de linguisque générale I*. Paris: Gallimard［邦訳：岸本通夫（監訳）（1983）『一般言語学の諸問題』みすず書房］.
Kuno, Susumu（1973）*The structure of the Japanese language*. Cambridge, MA: MIT Press.
Kuno, Susumu（2010）"Revisiting the two double-nominative constructions in Japanese." *Journal of Japanese Linguistics* 26.
Li, Charles N. and Sandra A. Thompson（1976）"Subject and topic: A new typology of language." In: Charles N. Li（ed.）*Subject and topic*. New York: Academic Press.
Shibatani, Masayoshi and Chiseko Cotton（1977）"Remarks on double-nominative sentences." *Papers in Japanese Linguistics* 5.
Shibatani, Masayoshi（2001）"Non-canonical constructions in Japanese." In: Alexandra Y. Aikhenvald, R. M. W. Dixon, and Masayuki Onishi（eds.）*Non-canonical marking of subjects and objects*. Amsterdam: John Benjamins.

# あとがき

　本書は，日本語学の分野，特に日本語記述文法の分野とその関連領域において多大な功績を残してこられた益岡隆志先生のご退職を機に編まれたものです。益岡先生は常に日本語記述文法の分野を牽引されてきましたが，ここで簡単にそのご研究活動やお人柄について紹介させていただきます。

　益岡先生は 1979 年から 36 年半もの間，神戸市外国語大学にて教鞭をとられました。その中で，益岡先生から直接的に指導を受けた学生や大学院生もいれば，学会，研究会などで益岡先生に接することで影響を受けた人物もおり，多くの研究者に影響を与えてこられました。

　益岡先生は 2016 年 1 月に行われた神戸市外国語大学での最終講義の際に，主に関わってこられた研究会として「大阪外国語大学の研究会」（1970 年代），「土曜ことばの会」（1980 年代：京都），「文法研究会」（1990 年代：神戸市外国語大学），「対照研究セミナー」（2000 年代〜：神戸市外国語大学）のことを話されていました。私自身もそれらの研究会のことを益岡先生から直接伺ったことがあり，「大阪外国語大学の研究会」では，故林栄一氏や故寺村秀夫氏のお名前が出ていましたし，「土曜ことばの会」では，仁田義雄氏，田窪行則氏，金水敏氏，野田尚史氏，森山卓郎氏らとともに研究会を行っていたと伺ったことがあります。また，90 年代に入ってからは，「文法研究会」では益岡ゼミのメンバーを中心に，「対照研究セミナー」では本書の執筆者である山口治彦氏，福田嘉一郎氏をはじめとする神戸市外国語大学の教員を中心に研究会活動を行ってらっしゃいました。このころは常に研究者を育成するという視点で研究を進めてこられたのではないかと推察しております。

あとがき

　私が初めて益岡先生にお会いしたのは学部4年生（1996年6月）の時に参加させていただいた「文法研究会」ですが，まるで昨日のことのように覚えています。その後，益岡ゼミの一員として修士課程，博士課程で大変お世話になりました。修士課程時はなかなか修士論文が仕上がらない私を温かく見守っていただき，博士課程時は学会誌への投稿や年に一度の学会発表など，博士論文を仕上げるための道筋を作ってくださいました。

　また，博士課程修了後の2005年からは，博士論文を執筆した若手の研究者を集めた「TLM研究発表会」という研究会を作っていただき，ずっと面倒を見ていただきました。本書の執筆者である岩男考哲氏，坂本智香氏，松瀬育子氏，眞野美穂氏もその研究会のメンバーです。研究会の際，益岡先生はどのような発表に対しても，決して批判的なコメントはされず，常に前向きで，建設的なコメントをされています。その姿勢は益岡先生の真摯で誠実なお人柄をよく表しており，私も真似をしたいと考えている部分です（おそらく無理だとは思いますが…）。

　研究会のメンバー内で益岡先生のご退職にあわせて何かできないかと話し合ったことも本書のきっかけの一つになっています。そして，名詞類の文法をテーマとするパネルセッションとして日本語文法学会第14回大会（於：早稲田大学）で「名詞句間の関係に着目した名詞研究の可能性」（建石始，岩男考哲，坂本智香，眞野美穂），ワークショップとして日本言語学会第149回大会（於：愛媛大学）で「名詞述語研究への新たな話題提示」（岩男考哲，松瀬育子，建石始）を行いました。

　上記の活動を通して，益岡先生のご退職記念に代わる論集が出版できることは望外の喜びです。最後に，本書の出版を快諾してくださったくろしお出版，ならびに企画から校正の段階までお世話になった荻原典子さんに心より感謝申し上げます。

2016年8月

編者　建石　始

# 索　引

**あ行**

石垣法則　105
1項名詞　7
意味補完　207
引用形式　185
引用実詞　81, 82
引用名詞類　81, 83
迂言的な形式　159, 160
ウナギ文　203

**か行**

外心構造　220
カテゴリー化　216
カテゴリー属性　221
換言　132
漢語　159
漢語形態素　150, 152
漢語名詞　147, 148, 150
間接引用　81
間接話法　81
換喩　212
帰結説明　125
客体敬語　153, 156, 158
旧情報　173
共起関係　72
近代語　14

具体名詞　67
経験文　230
敬語　146
形状性名詞句　111
形容詞および形容動詞述語　148, 152
形容詞述語　154, 159, 161
形容詞文　218
『源氏物語』　107
謙譲語　158, 159
謙譲語Ⅰ　146, 150
謙譲語Ⅱ（丁重語）　146, 152
現代語　11
現代日本語書き言葉均衡コーパス
　　（BCCWJ）　8, 26, 65, 188
限定　54
限定詞　8
項　7, 219
語順　213
コピュラ文　203
固有名詞　25, 170
語用論　205
語用論的コネクター　212

**さ行**

作用性名詞句　111
時間的限定　188

索　引

時間名詞　69
指示対象　29, 30
事象叙述　194
事象叙述文　196, 216
事情説明　125
指定指示　8
指定文　175, 207
自由間接話法　82
主語卓越型言語　230
主題　171, 194, 216
主題化　178, 228
主体敬語　153, 154, 158
主題卓越型言語　230
主題提示機能　116
準体句　105
照応　10
状態名詞　32
焦点　136, 179
焦点化　134
焦点標示機能　116
叙述の類型　185
叙述類型論　215
新情報　173, 179
数量詞　23
数量名詞　41
スコープのノダ　123
性質属性　222
先行詞　8
前提　136
前提状況　123
属性　31
属性叙述　200
属性叙述文　173, 196, 216
素材敬語　146, 153
措定文　174, 204, 206, 207

尊敬語　146, 147, 158, 159

た行
体言締め文　124
代行指示　8
対者敬語　146, 153, 157, 158
対照研究　123
代名詞　170
太陽コーパス　10
代用述語　209
中古語　105
抽象名詞　68
「中納言」　65
直接引用　81
直接話法　81, 82
定　11, 168
定化　11
定性　12
提題標識　185
提題文　186
丁寧語　146, 152, 158, 159
テンプレート構造論　228
同格　21
動詞述語　144, 147, 150, 152, 154, 156, 159, 161
動詞連用形　147, 148, 150, 159, 160, 161, 162
動態叙述文　209
倒置指定文　175, 207
同定　175
特定　167

な行
内在的属性　187, 192
内心構造　219

二重主格文 223
ネワール語 121
ノダ文 122, 213

## は行

判断 217
PMW 71
美化語 146, 153, 158, 159
非限定 54
非現場指示 61
非特定 168
人名詞 67
非内在的属性 187, 192
非飽和名詞 31
普通名詞 170
不定 11, 168
不定代名詞 173
部面 223
文脈指示 8
分裂文 204, 213
並立法 24
変異形 159, 160
変項名詞句 207

## ま行

『枕草子』107
ムードのノダ 123
名詞化 213, 214
名詞化接辞 121
名詞修飾成分 11
名詞述語 144, 145, 149, 152, 154, 159, 161
名詞述語文 178
名詞文 41, 215
メトニミー 204, 205, 210

モダリティ形式 105

## や行

遊離数量詞 207

## ら行

ラベル貼り 13
領域 224
0項名詞 7
連体修飾 21

## わ行

話法 81

# 執筆者紹介 （論文掲載順。*は編者）

**庵　功雄（いおり　いさお）**
大阪大学大学院文学研究科博士後期課程修了（1997 年）。博士（文学）。現在，一橋大学国際教育センター教授。主な業績として，『日本語のテキストにおける結束性の研究』（くろしお出版，2007），『新しい日本語学入門（第 2 版）』（スリーエーネットワーク，2012），『日本語学，日本語教育の「次の一手」』（くろしお出版，2013），『やさしい日本語』（岩波書店，2016）などがある。

**眞野美穂（まの　みほ）**
神戸大学大学院文化学研究科博士後期課程修了（2005 年）。博士（学術）。現在，鳴門教育大学大学院学校教育研究科准教授。主な業績として，「生成語彙理論による助数詞の分析」（『レキシコン・フォーラム』6，2013），「名詞の数え方と類別」（共著，『日英対照　名詞の意味と構文』大修館書店，2011）などがある。

**坂本智香（さかもと　ちか）**
神戸大学大学院総合人間科学研究科博士後期課程修了（2005 年）。博士（学術）。現在，高知大学学生総合支援センター特任講師。主な業績として，「数と様態―日本語の数量表現をめぐって―」（『国際文化学』4，2001），「作文テストによる文章表現能力の測定―大学 1 年次生に対する教育効果の分析―」（『人文学部紀要』28，2008）などがある。

**建石　始（たていし　はじめ）*** 
神戸市外国語大学大学院外国語学研究科博士課程単位取得退学（2003 年）。博士（文学）。現在，神戸女学院大学文学部准教授。主な業績として，「非現場指示のア系と結びつく名詞の特徴」（『日本語教育文法のための多様なアプローチ』ひつじ書房，2011），「類義表現から見た文法シラバス」（『データに基づく文法シラバス』くろしお出版，2015），「現実のコミュニケーションにおける「～ないでください」とは」（『日本語／日本語教育研究』6，2015）などがある。

**山口治彦（やまぐち　はるひこ）**
大阪市立大学大学院文学研究科後期博士課程単位取得退学（1989 年）。現在，神戸市外国語大学外国語学部教授。主な業績として，『語りのレトリック』（海鳴社，1998），『明晰な引用，しなやかな引用―話法の日英対照研究―』（くろしお出版，2009），「「城の崎にて」を読む―語りの構造と描写のストラテジー―」（『日本語研究とその可能性』開拓社，2015）などがある。

執筆者紹介

高山善行（たかやま　よしゆき）
大阪大学大学院文学研究科博士後期課程中退（1987 年）。博士（文学）。現在、福井大学教育学部教授。主な業績として，『日本語モダリティの史的研究』（ひつじ書房，2002）、『シリーズ日本語史 3　文法史』（共編著，岩波書店，2011）、『日本語文法史研究 1 ～ 3』（共編，ひつじ書房，2012, 2014, 2016）などがある。

松瀬育子（まつせ　いくこ）
神戸大学大学院文化学研究科博士後期課程単位取得退学（1995 年）。現在，ネワール言語文化研究所代表。主な業績として，「ネワール語における Conjunct と証拠性」（『ことばの対照』くろしお出版，2010）、「ネワール語における自他動詞対―民話テキストの動詞分類と考察―」（『有対動詞の通言語的研究―語的日本語と諸言語の対照から見えてくるもの―』くろしお出版，2015）、「ネワール語における移動表現」（『移動表現の類型論』くろしお出版，近刊）などがある。

塚本秀樹（つかもと　ひでき）
京都大学大学院文学研究科博士後期課程研究指導認定退学（1987 年）。現在，愛媛大学法文学部教授。主な業績として，『日本語基本動詞用法辞典』（共編著，大修館書店，1989）、『形態論と統語論の相互作用―日本語と朝鮮語の対照言語学的研究―』（ひつじ書房，2012）、『〈日本語ライブラリー〉韓国語と日本語』（共著，朝倉書店，2014）などがある。

福田嘉一郎（ふくだ　よしいちろう）*
京都大学大学院文学研究科修士課程修了（1989 年）。博士（文学）。現在，神戸市外国語大学外国語学部教授。主な業績として，『ガイドブック 日本語文法史』（共著，ひつじ書房，2010）、『日本語文法史研究 1』（共編著，ひつじ書房，2012）、「叙想的テンスの出現条件」（『国語国文』84-5，2015）などがある。

岩男考哲（いわお　たかのり）
大阪大学大学院言語文化研究科博士後期課程修了（2005 年）。博士（言語文化学）。現在，信州大学教育学部准教授。主な業績として，「「と言う」条件形を用いた文の広がり」（『日本語文法』12-2，2012）、「「ときたら」構文の意味と主題―提題文の体系化に向けて―」（『日本語文法』14-2, 2014）、「複合辞「というと」の接続表現的用法について」（『日本語文法』16-1, 2016）などがある。

金水　敏（きんすい　さとし）
東京大学大学院人文科学研究科博士課程中退（1982 年）。博士（文学）。現在，大阪大学大学院文学研究科教授。主な業績として，『ヴァーチャル日本語　役割語の謎』（岩波書店，2003）、『日本語存在表現の歴史』（ひつじ書房，2006）などがある。

益岡隆志（ますおか　たかし）
大阪外国語大学大学院外国語学研究科修士課程修了（1976 年）。博士（文学）。神戸市外国語大学名誉教授。現在，関西外国語大学外国語学部教授。主な業績として，『命題の文法』（くろしお出版，1987）、『日本語構文意味論』（くろしお出版，2013）などがある。

## 名詞類の文法
<ruby>名<rt>めい</rt>詞<rt>し</rt>類<rt>るい</rt></ruby>の<ruby>文<rt>ぶん</rt>法<rt>ぽう</rt></ruby>

| | |
|---|---|
| 発　行 | 2016年11月25日　　初版第1刷発行 |
| 編　者 | <ruby>福田嘉一郎<rt>ふくだ よしいちろう</rt></ruby>・<ruby>建石 始<rt>たていし はじめ</rt></ruby> |
| 発行所 | 株式会社　くろしお出版<br>〒113-0033　東京都文京区本郷 3-21-10<br>TEL: 03-5684-3389　FAX: 03-5684-4762<br>URL: http://www.9640.jp　e-mail: kurosio@9640.jp |
| 印刷所 | 株式会社三秀舎 |
| 装　丁 | 折原カズヒロ |

© Yoshiichiro FUKUDA and Hajime TATEISHI 2016  Printed in Japan
ISBN 978-4-87424-717-4　C3081
●乱丁・落丁はおとりかえいたします。本書の無断転載・複製を禁じます。